Systemdämon

SYSTEM DÄMON

Wie du die Matrix wirklich verlässt:
Eine Reise durch unsere Geschichten
(und) vom Sinn des Lebens

NADINE EDEN

Bibliografische Information der Deutschen Nationalbibliothek: Die Deutsche Nationalbibliothek verzeichnet diese Publikation in der Deutschen Nationalbibliografie; detaillierte bibliografische Daten sind im Internet über dnb.dnb.de abrufbar.

Buchgestaltung, Satz & Covergestaltung: Nadine Eden

Verlag: BoD · Books on Demand GmbH, Überseering 33, 22297 Hamburg, bod@bod.de

Druck: Libri Plureos GmbH, Friedensallee 273, 22763 Hamburg

ISBN: 978-3-7693-1312-3

Meiner gesamten Blutlinie,
insbesondere Peter Meeme Eden †
und für Elisa.

„In des Menschen Tiefe ruht die Möglichkeit eines Mitwissen mit dem Ursprung. Ist die Tiefe verschüttet, gehen die Wogen des Daseins darüber hin, als wenn sie gar nicht wäre."

[Karl Jaspers]

Bruder Jakob,
Bruder Jakob,
schläfst du noch?
schläfst du noch?
Hörst du nicht die Glocken,
hörst du nicht die Glocken?
[klingelnder Glockenemoji]
[klingelnder Glockenemoji]

Inhalt

Losi gehtsi

Na wie wunderbar, dass Sie und ich zusammengefunden haben. Ich glaube ja nicht an Zufälle, Sie denn etwa?

Wenn mir etwas „*zu*-fällt", dann schien es ja wohl an mich adressiert gewesen zu sein, sonst wäre es ja einfach *hingefallen* oder nur *gefallen*, jedenfalls ohne die Richtungsangabe eines „zu", aber nun gut, das können sie freilich anders sehen.

Ich hab' ja absolut keine Ahnung, wer Sie sind oder für wen Sie sich halten, während Sie diese Zeilen lesen. Ich wünsche Ihnen einzig, dass Sie berechtigterweise von sich selbst ein gutes Bild haben.

Über mich wissen Sie am Ende dieses Buches vielleicht auch nicht viel mehr – aber Sie werden sich mit Sicherheit ein Bild von mir gemacht haben. Das wird Ihr Kopf für Sie getan haben, ohne dass Sie es überhaupt bemerkt hätten, denn so machen das unsere Köpfe nun einmal: Sie rechnen Informationen für uns zusammen und machen daraus genau das Bild, das wir dann von einer Sache, einem Umstand oder einer Person haben.

Wenn ich Sie also frage, wie Sie dieses oder jenes finden, dann werden Sie mir eine Antwort geben können, auch wenn es nur die ist, dass Sie es noch nicht einschätzen können, aber irgendein Bild wird da sein – egal wie verschwommen.

Wissen Sie, wir erfassen die komplette Welt, die wir unsere Realität nennen, in solchen „Bildern". Dabei sind diese Bilder weniger optisch nachvollziehbare Eindrücke, als dass sie Geschichten gleichen. Und diese Geschichten, die wir uns über etwas erzählen, bestehen nicht nur aus Ideen und Gedanken, sondern auch aus Gefühlen und ganz vielen anderen Dingen, die wir zwar nicht sehen, wohl aber irgendwie wahrnehmen können.

Ja, und wenn wir etwas wahrnehmen, dann jagt unser fleißiger Denkapparat diese Eindrücke durch ein komplexes Filtersystem. Dort werden sie mit unseren Erfahrungen abgeglichen und so angepasst, dass sie gekürzt, verallgemeinert oder mit einer bestimmten Bedeutung versehen werden. Am Ende ergibt das dann genau das Bild, das wir uns von etwas oder jemandem machen – oder anders gesagt: die Geschichte, die wir uns darüber erzählen.

Wir nehmen also immer nur einen bestimmten personalisierten Ausschnitt der Realität wahr, dessen Beschaffenheit ein Resultat der Programme und Algorithmen unserer neuronalen Netzwerke ist, also all der abgespeicherten Erinnerungen, Werte, Deutungen, Reaktionsmustern und und und. Damit ist dieser Realitätsausschnitt also eher eine Konstruktion von Realität, als dass er wirklich ein direkter Ausschnitt dessen ist, was stattfindet. Dabei mag Ihnen freilich bereits auffallen, dass dieser ganze Prozess unserer Realitätswahrnehmung gar nicht so aktiv und bewusst abläuft, wie wir es wohl annehmen mögen; haben wir doch in der Regel ein Gefühl von einer zumindest irgendwie gearteten Form von bewusster Steuerung der Art und Weise, wie wir die Welt sehen. Doch so bewusst, wie uns das alles erscheint, ist das gar nicht. Und dann ist da unter der Oberfläche unseres denkenden Verstandes ja auch noch dieser riesige unbekannte Ozean des Unterbewusstseins, ja Sapperlot! Glauben Sie mir gern, wenn ich Ihnen versichere, dass da tagein tagaus so einige Geschichten über unser Dasein erzählt werden.

Über solche Geschichten möchte ich hier mit Ihnen sprechen – nicht nur – aber auch, denn wir wollen schauen, welche Geschichten wir uns, also Sie und ich und wir alle gemeinsam in unserer

2

Gesellschaft über uns, die Welt und uns in der Welt erzählen. Dabei wollen wir nicht nur schauen, woher diese Geschichten kommen, sondern auch, wie funktional diese Geschichten für unser aller Leben sind und waren.

Ich möchte Sie höflichst darum bitten, während Sie sich dieses Buch zu Gemüte führen, diese Fragestellungen als eine Art Rahmen im Hinterkopf zu behalten. Zusätzlich würde ich Sie gern auch noch äußerst höflich darum bitten, sich überhaupt hier und da mal die ein oder andere Frage zu stellen und dann und wann am besten auch mal generell alles in Frage zu stellen. Das hat in den meisten Fällen wirklich enorme Vorteile, glauben Sie mir.

Seit einiger Zeit stelle ich mir nun bereits recht große Fragen und es hat sich nun wirklich in hundert Prozent der Fälle gelohnt. Diese hohe Erfolgsquote liegt wohl darin begründet, dass ich auf diesem Weg lernen durfte, die richtigen Fragen auf die richtige Art und Weise zu stellen. Denn auch das dürfen Sie mir gern glauben: Viel öfter als man meinen würde, ist es die Art und Weise der Fragestellung, die uns nicht zur Antwort führt, sondern gleichsam zu dieser wird. Der Weg ist das Ziel, das kommt Ihnen ja sicherlich bekannt vor.

Doch bevor wir zu tief eintauchen in uns – zumindest zum Teil noch – unbekannte Gewässer, da will ich mich Ihnen zunächst vorstellen. Das soll einzig und allein deswegen geschehen, damit ich in Ihrer Ansprache nicht allzu ungehobelt zum ''Du'' wechsle. Ich wollte Ihnen aber auch nicht zu schnell zu nahe treten, denn in diesen wilden Zeiten, in denen wir alle leben, da gibt es doch immer noch einen großen Anteil an Menschen, der sich vulgär auf einen imaginären Schlips getreten fühlt, wenn man ihn so mir nichts, dir nichts, einfach duzt.

Ja, stellen Sie sich vor, da wird doch von einem verlangt, dass man sich auf die Unterschiede erpicht und sich möglichst getrennt voneinander versteht und das, obwohl wir doch ziemlich augenscheinlich der gleichen Spezies angehören.

Nun denn, so wird in diesem Buch nicht verfahren, denn als ich das letzte mal nachgesehen habe, da gab es doch viel mehr Gemeinsamkeiten zwischen uns Menschen als es Dinge gab, die mir als legitim genug vorkamen, als dass sie eine Trennung und ein daraus resultierendes Siezen rechtfertigen würden.

Also dann: Mich nannte man Nadine. Also nach meiner Geburt, denn man nennt mich immer noch so und tut das hoffentlich auch noch eine Weile [Autorin klopft energisch dreimal auf Holz]. Ich heiße also Nadine und ich finde es sehr schön, dich kennenzulernen. Wenn auch unser Gespräch sehr einseitig wird, so freue ich mich dennoch außerordentlich darauf, mit dir in den Dialog zu gehen. Stell dir einfach vor, wie ich dir gegenüber an einem nett hergerichteten Tischlein sitze; wie wir beide in bequeme Sessel verfrachtet sind und wie ich dir freundschaftlich ein paar Gedankenbilder mit Worten ausmale. Ich wiederum stelle mir einfach vor, wie du hier und da mal mit dem Kopf nickst. Dann stelle ich mir auch dann und wann vor, wie du etwas einwenden willst und ich mit meinen Händen wedle und sage „warte, warte, das kommt gleich" und dann hoffe ich natürlich, dass es dann auch gleich kommt und sich dein Einwand auflöst. Falls nicht, dann können wir ja noch einmal miteinander sprechen und schauen, wie wir weiter vorgehen sollen. Wir finden bestimmt immer eine Lösung. Ja, jedes Problem hat doch sowieso immer eine Lösung und jede Frage hat doch auch immer zumindest eine Antwort, meinst du nicht?

Von Fragen und Antworten

Ich werde dir kurz vorstellen, worum es gehen soll, damit du dann auch bald entscheiden kannst, ob Du weiterlesen magst. Das finde ich dir gegenüber nur fair, denn unsere Zeit hier auf Erden ist streng begrenzt – so behauptet es jedenfalls die ein oder andere weise Stimme. Und da dieses Buch nun auch nicht nur fünfzig Seiten hat und somit recht schnell zu lesen wäre und da es sich dazu wohl auch noch mit ziemlich großen Fragen befasst, solltest du dir doch wirklich gut und vernünftig überlegen, ob du es lesen willst. Ja und schließlich, da könnten die Erkenntnisse dieses Buches dazu führen, dass sich dein Leben verändert und ob du das willst, ja das darfst du dir nun wirklich sehr gut überlegen.

Wenn ich mir die Frage stelle, worüber dieses Buch handelt, und überhaupt auch welchem Genre es angehört, so darfst du dir folgendes vorstellen: Erstmal hörst du ein entschlossenes *„Puh"* – aber kein genervtes oder gar verzweifeltes, sondern eher so ein kurzes, das andeutet, dass jetzt ein wenig Denk- und Erklärarbeit folgen wird. Dann runzle ich die Stirn etwas und mache dabei eine merkwürdige Bewegung mit den Lippen, etwas kussmundartig, aber flacher, um unentschlossen in einem etwas knirschigem und sanft schnaufenden *„mhmh"* zu enden.

Das ist wahrlich eine gute Frage, und auch eine – da würdest du mir wohl zustimmen – die wir jetzt klären sollten, damit du deine Lese-Entscheidung so oder so ausfallen lassen kannst.

Nun, da wir uns mit unseren Geschichten vom Kosmos und der Geschichte von uns in genau diesem Kosmos beschäftigen, will ich eigentlich *Philosophie* antworten. Das ist ja gemeinhin mit *Liebe zur Weisheit* zu übersetzen. Ich glaube nämlich, dass es hier und da auf den nächsten Seiten schon mal ja doch zumindest vereinzelt weise wird und Weisheit mag man doch generell ganz gerne, oder nicht? Es wird ja wohl kaum jemand sagen, dass er nicht gern weise ist oder es zumindest der Möglichkeit nach wäre. Dann werden wir auch einige kritische Gedanken haben und die ein oder andere Perspektive ausprobieren und das macht man in der Philosophie wohl auch gern mal.

Doch stellt dieses Buch keine Philosophie in einem akademischen Sinn dar. Ja, ganz im Gegenteil: aus dieser Perspektive handelt es sich um Schwurbelei der ersten Güteklasse. Schön irrational, unbeweisbar, anekdotisch und mehrdeutig, dann auch noch ohne Verweise, voller Vermutungen und triefend vor nicht-linearen und schon gar nicht kausalen Schlussfolgerungen.

Aber in dem Sinne, in dem Menschen schon ein Stammtischgespräch zum Sinn des Lebens als Philosophie verstehen, da geht es in diesem Buch vielleicht dann doch um Philosophie – und wir sind ja hier auch nicht an der Uni. Ich bitte dich deswegen jetzt nicht direkt enttäuscht zu sein, noch bevor die Sache angefangen hat, denn – und das kannst du mir wahrhaftig glauben – du fändest es letztlich auch bestimmt gar nicht so spannend, über die Fragen, die dieses Buch behandelt, auf die Art und Weise nachzudenken, wie man es gemeinhin an den deutschen Universitäten im Fach Philosophie tut – so gehts dann auch etlichen Studienbeginnenden, die nach ein paar Semestern der Philosophie den Rücken kehren, um *etwas praktisches* zu studieren, wie BWL etwa oder Jura (als wäre es nicht das praktischste der Welt, sich gute Theorie zu Gemüte zu führen! – aber gut, da spalten sich gemeinhin die Geister). Darüber hinaus langweilte dich die hierzulande praktizierte Art, Philosophie zu betreiben, vermutlich auch zu Tode. Das kannst du dir in etwa wie die Anwendung deutscher Bürokratie auf das Verstehen unserer Wirklichkeit vorstellen – also ganz und gar *l-a-n-g-w-e-i-l-i-g* und oh Gott, auch langwierig.

Dieses Buch wendet sich dann wohl vielleicht nicht an Menschen mit erhöhtem akademischem Anspruch, sondern vielmehr an alle, die sich hier und da mal die ein oder andere große oder größere Frage des Lebens stellen. Es ist für die, die sich fragen, wie das eigentlich alles mit dem Sein und dem Nicht-Sein funktioniert, die aber gleichzeitig auch nicht unbedingt die Zeit haben, für die Antworten eine Uni zu besuchen – Es wird also eher eine Art Alltagsphilosophie. Ja, das kommt vielleicht hin. Aber auch nicht so ganz, also nur zum Teil, weil wir hier grenzübergreifend denken: Wir bleiben nicht auf dem Terrain der „nüchternen" Philosophie, sondern unternehmen auch wilde Abenteuerreisen in die Ländereien der Unbeweisbarkeit, also solche Orte, an denen der Glaube regiert.

Dieses Buch richtet sich dann also auch an alle Menschen, denen die Geschichten der Religionen genauso komisch vorkommen, wie die Geschichte, dass es nur Materie in diesem Kosmos geben soll. Und an all die, für die Spiritualität nach einem Zauberwort klingt.

So könnte ich auf die Frage, worum es in diesem Buch geht, statt mit *Philosophie* auch mit *Spiritualität* antworten und sogar behaupten, es sei ein spirituelles Werk oder sogar ein Selbsthilfebuch, denn man könnte es als ein solches nutzen, doch, das wäre bestimmt möglich. Aber Gedanken kann man ja an und für sich immer für sich nutzen, kommt wohl ganz darauf an, wie man sie wahrnimmt, also welche Geschichte man sich über sie erzählt. Da wären wir ja auch schon wieder beim Thema.

Eigentlich wollte ich den Term Spiritualität auch noch gar nicht droppen, vor allem jetzt schon, weil ich doch weiß, dass so viele

Menschen allergisch auf dieses Wort reagieren – zu Recht! Gibt es da draußen doch jedwede vorstellbare Art von verquerer Logik, Hokuspokus und eben genau dem: bodenloser Schwurbelei [selbstironischer Sonnenbrillen-Emoji].

Über dieses Thema zu sprechen ist wie auf frisch gebohnert und gewachstem Boden zu rennen. Also in etwa solchen Böden, die glatt wie Bowlingbahnen sind. Da kann man schon mal ausrutschen – *muss man nicht*, aber die Chancen stehen doch höher als auf anderen Böden.

Dazu habe ich auch direkt eine kleine Anekdote, denn neulich las ich im Internet einen Kommentar unter einem Beitrag einer Art Gesundheits-Influencerin, die ein Zitat postete, das das Wort *Vibration* enthielt – oder *Frequenz*, ich weiß es nicht mehr genau, aber eines von diesen beiden wird es gewesen sein.

„Bitte nicht in den Esobereich abdriften" stand dann da als Kommentar darunter und ich denke mal, dass es da hingeschrieben wurde, weil sie eben eines dieser Wörter verwendet hat, die man nicht verwenden sollte, wenn man ernst genommen werden will. Da ist sie aus Sicht des gemeinen Volkes wohl ausgerutscht – oder eben abgedriftet, wie auch immer, aber in jedem Fall scheint sie aus der Sicht einiger damit vom rechten Pfad der Vernunft abgekommen zu sein.

Kann ja mal passieren, das passiert mir ja selbst andauernd. Doch was mich eigentlich daran ein wenig überrascht hat war, dass die Grenzen dessen, was als rational vertretbar toleriert wird und dessen, was dann doch zu sehr dem Hokuspokus angehört, in der allgemeinen Bevölkerung enger beieinander liegen zu scheinen, als ich es erwartet hätte. Ja, es scheint schon eine relativ klare Geschichte darüber zu geben, wo Vernunft endet und wo Unsinn beginnt.

Nun, da wir uns in diesem Buch unter anderem aber gerade mit solchen Themen befassen wollen, die „traditionell" wohl auch in der Unsinns-Kategorie landen könnten (und der Frage, warum diese Grenzen vielleicht genau da gesteckt worden sind, wo sie gesteckt wurden), verstehst du sicherlich, dass einige Vorsicht geboten ist. Schließlich will ich nicht bereits an dieser Stelle den Großteil meiner Leser:innenschaft verlieren. Ich will vor allem dich nicht jetzt schon verlieren (und später ja eigentlich auch nicht…). Oh Gott, ich hoffe, das gegenderte Wort hat dich jetzt nicht allzu sehr innerlich aufgewühlt! Aiaiai, ich unternehme hier aber auch wirklich eine Gratwanderung.

Heutzutage kann man es ja wirklich niemandem mehr recht machen. Das ist durchaus ärgerlich, denn eigentlich sollte mir hier doch sowas wie dieser Gesundheits-Influencerin nicht passieren – kleiner Scherz am Rande, denn seien wir ehrlich, wir wissen beide, dass es schon seit dem Titel längst zu spät ist.

Weil also einige Wörter irgendwie solch ein nicht zu unterschätzendes Potenzial besitzen, eine starke Reaktion in den Menschen hervorzurufen, ja fast schon eine Art Allergie auszulösen, möchte ich, bevor wir so richtig anfangen, einen kühnen Rettungsversuch unternehmen. Deshalb handeln wir einfach erst einmal einen Großteil dieser Wörter kurz ab, bevor wir richtig loslegen.

Wir wollen diese bestimmten Wörter als unsere *geistigen Allergene* bezeichnen und behandeln, denn so kann jede:r einmal richtig kräftig niesen – oder auch öfter, je nachdem – damit wir uns alle sodann wieder besinnen können, wenn die Trigger abgeklungen sind. Ich wähle hierfür die Form eines Wolken-Clusters, was auch sehr praktisch ist, weil wir dadurch schon mal eine Abbildung eingefügt haben und ich persönlich Abbildungen in Büchern immer sehr schätze, weil sie alles ein wenig auflockern, findest du nicht?

Es bleibt dann wohl auch bei dieser einen Abbildung, also hol da und aus dir bitte raus, was du kannst. Dafür besorgst du dir am besten erst einmal ein Taschentuch und schaust dir die Abbildung erst dann genauer an.

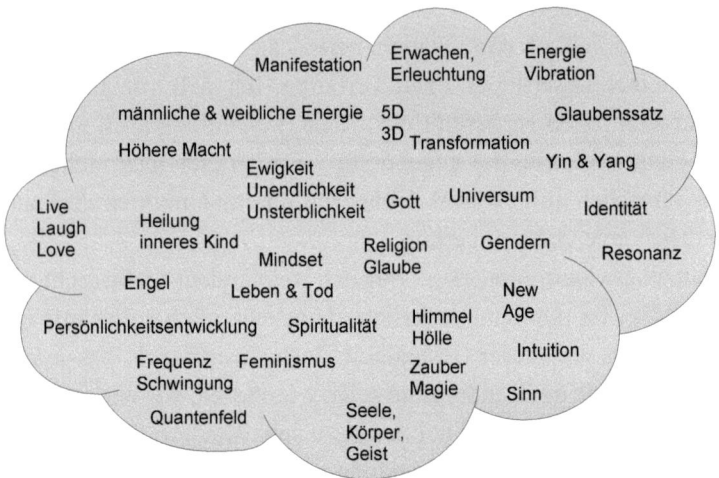

A. Abb. 1 „Hatschi" – geistige Allergene – Potenzielle Triggerwörter
(A.Abb. = *Aktive* Abbildung, weil du dich bitte so viel triggern lässt, wie es eben geht. Das soll den Geist von Voreingenommenheit reinigen. *We love some good katharsis, don't we?*)

Gesundheit. Ich hoffe, das hat zumindest einigermaßen gesessen – und das wirklich im positivsten, wohlwollendsten Sinn, den du da potenziell reinlesen könntest.

In diesem Zuge lade ich dich dazu ein, die Grenzen des Möglichen in deiner Vorstellungskraft nicht zu starr und zu begrenzt zu halten, wenn du weiterliest. Falls du nicht weißt, wie das geht, dann ist es immer ein guter Ansatz, dich einfach so lange es dir möglich ist, eines Urteils über die Dinge, die wir hier besprechen wollen, zu enthalten. In anderen Worten bedeutet das, die Geschichte, die du dir über die Dinge erzählst noch nicht als druckreif zu verstehen, ja den Stift, mit dem du den Dingen Bedeutung einschreibst, noch nicht allzu früh aus der Hand zu legen. Also Schwurbeli hin Schwurbeli her, tasten wir uns einmal weiter vor.

Wo waren wir? Ahja, wir haben die Frage nach dem Genre noch nicht ganz beantwortet. Irgendwie ist es also Philosophie und irgendwie auch Spiritualität. Nennen wir es vielleicht eine spirituell-philosophische Reise durch diejenigen Geschichten, die unsere Wahrnehmung von Realität betreffen und konstituieren. Es geht also um nichts Geringeres als die Zusammensetzung unserer je ganz eigenen Wirklichkeit.

Dies gegeben macht es ja schon auch irgendwie Sinn, sich vielleicht mal ein paar Gedanken über unsere Realität zu machen, oder meinst du nicht? Ich mein', es geht da ja nicht einfach um irgendwas banales, sondern um alles, was wir haben und sind! Und unser Leben ist ja auch keine Probeaufführung und wir haben ja auch keine zweite Chance – und es ist ja auch nicht so, dass man bei der Geburt 'ne Bedienungsanleitung für den Laden hier kriegt. Wir lernen ja erst beim Fahren, wie man lenkt, wie der Motor funktioniert, wo die Straßen hinführen und und und.

Naja, also im besten Fall natürlich. Doch im Normalfall – so habe ich es zumindest beobachtet – werden wir alle einfach irgendwie irgendwo irgendwann geboren (richtiger Nena-Modus), sind so mir nichts, dir nichts, PLOPP einfach da und von da an irgendwie schon mitten im Lebensrausch – und dann rauschen wir einfach durch bis wir tot sind und haben bis zum Ende keine Ahnung, was oder wer wir sind und was das alles hier soll.

Die wenigsten halten ja mal kurz inne und stellen sich irgendwelche Fragen, die den Sinn dieses ganzen mysteriösen Dings namens

Leben betreffen. Nö. Sie rasen durch ihr Leben wie durch einen Tunnel und haben dabei auch noch Scheuklappen auf. Da bleibt ja nicht allzu viel Raum für Reflexion oder Möglichkeit für einen gewissen Weitblick.

Das ist an und für sich ja auch absolut kein Thema und voll in Ordnung so. Aber du wirst wohl leicht einsehen, dass es sich unter Umständen durchaus lohnen könnte, mal kurz inne zu halten und zu reflektieren, was hier eigentlich so abgeht, oder? Für mich hat es sich jedenfalls so verhalten, denn mir hat diese Reflexion unserer Realität dabei geholfen, mein komplettes Leben einmal von innen nach außen umzukrempeln und aus Unsicherheit und Ohnmacht Vertrauen und Selbstermächtigung zu machen.

Fühlt sich definitiv um einiges besser an als vorher – und damit untertreibe ich lächerlich maßlos. Ich hatte ja keine Ahnung, wie gut sich das Lebendigsein anfühlen kann! Es ist ein wenig so, als wäre überall, innen und außen der weichste, flauschigste Teppich verlegt. Ich wünschte, ich könnte dir irgendwie zeigen, wie ich mich fühle. Aber gut, soweit ist unsere Technik noch nicht und deshalb erzähl ich dir einfach ein paar Dinge, die mir in diesem Transformationsprozess (der mein ganzes bisheriges Leben gedauert hat) klar geworden sind und vielleicht, wenn alles gut läuft, dann fühlst du danach – oder dann eines Tages – das gleiche wie ich. Das wünsche ich dir zumindest.

Doch halt halt, erstmal wieder zurück zum Reflexionsprozess unserer Wahrnehmung von Realität. Warum auch immer war es mir persönlich nie möglich, einfach so durch diese Realitätserfahrung von Leben durchzurauschen, wie es das anderen zu sein schien. Ich *musste* irgendwie durch diesen Prozess gehen. Bereits in jungen Jahren hab ich mir allerlei Fragen gestellt, weil ich schon früh das Gefühl hatte, *dass da noch mehr sein muss,* also dass ich nicht *einfach nur so* lebe, als wäre meine Existenz ein dummer Zufall und nichts von dem, was hier auf Planet Erde in meinem Leben passiert irgendwie relevant oder wichtig. Ja, ich hatte schon immer den Drang und das Bedürfnis, das Leben in seiner Tiefe zu verstehen und den dahinterliegenden Sinn ausfindig zu machen. Irgendwie war all das, was ich tagein und tagaus tue, für mich ganz und gar nicht unabhängig von dem, als was wir Leben verstehen und was wir den Sinn des Lebens nennen. Ja, ganz im Gegenteil!

Also hab ich mir fleißig jahrelang Fragen gestellt und Antworten erprobt. Das waren Fragen danach, warum wir leben, wie wir leben. Wie es um den Menschen und um seine Stellung im Kosmos steht. Was Sein und Nicht-Sein sein sollen und was es mit dem Universum überhaupt auf sich hat. Ob es denn den Zufall gibt oder ob wirklich alles einen Grund hat und eben auch die Frage aller Fragen, die berühmte Grönemeyer-Frage. Nein, nicht die, wann ein Mann ein Mann ist, sondern die andere, die nach dem Sinn hinter dem ganzen fragt: Die Frage: *WAS SOLL DAS?* Denn diese Sinnfrage ist ja auch immer irgendwie die Frage danach, ob es Gott gibt und die war für mich immer die allerwichtigste Frage, weil ihre Beantwortung für mich den ganzen Rahmen meines und unser aller Dasein bestimmt.

Mir persönlich zumindest schien und scheint es deshalb logisch, unserer Wahrnehmung von Realität ab und an mal den Boden unter den Füßen wegzuziehen, um zu prüfen, ob die Antworten auf die großen Fragen des Daseins und seiner Sinnhaftigkeit in Einklang sind mit dem, was wir denken, fühlen und leben.

Doch in diesem ganzen Prozess, da schien es mir nicht einmal so, dass es auf diese Frage aller Fragen keine Antwort gäbe. Im Gegenteil. Denn diese ganze Matrix, ja dieses ganze System scheint mir so beschaffen, dass die Antwort auf die Frage nach Gottes Existenz ein klares, deutliches Nein ist – und damit einhergehend die Antwort auf die Grönemeyer-Frage ein „*Nichts, alles ist sinnlos und purer, dummer Zufall*".

Doch im scharfkantigen Kontrast dazu hat sich das mit diesem schwammigen ahnungsvollen Gefühl in mir, dass da noch mehr ist, nicht so einfach vereinbaren lassen, wie es scheinbar von mir und uns allen erwartet wird. Denn da draußen wird ja diese komplette Fragekategorie so behandelt, als könnte man ihre Antwort in einen kleinen Privatraum schieben, der dann nebenher zum Alltagsgeschäft hier und da mal zu betreten sei – wenn man es denn bräuchte sofern man halt auf die „nüchterne, tatsächliche Realität der Welt" nicht klar käme.

Doch schien es mir so, dass wenn die Antwort doch ein Ja wäre, sich dann doch dieses komplette systemische Alltagsgeschäft *fundamental* anders gestalten würde, verändert sich doch schließlich mit dem *Ja* oder *Nein* der gesamte Rahmen und Kontext unserer Existenz.

Man hat in unserer modernen und vernünftigen Gesellschaft beschlossen, dass man nicht mehr an solche Dinge glaubt, die man mit Wissenschaft nicht beweisen kann, und man hat sich sogar unausgesprochen darauf geeinigt, dass der Glaube an Gott oder auch nur eine höhere Macht irgendwie peinlich ist, weil er so unvernünftig ist und weil wir diese Naivität, dieses Wunschdenken doch längst, ja seit Jahrhunderten schon, überwunden hätten.

Aber trotz all der Modernität und Vernunft des einundzwanzigsten Jahrhunderts, da gab es eines, das blieb: nämlich dieses merkwürdige Gefühl, dass da doch *noch mehr* ist. Dieses zarte Ahnen einer höheren Macht. Ja, da war doch offensichtlich und unübersehbar in meiner Körpermitte, unter meinem Herzen, so in etwa in Höhe meines Solarplexus' so ein merkwürdiges Gefühl, wenn ich über diese Fragen nachdachte.

Vielleicht kannst du das ja ein wenig nachvollziehen und weißt in etwa, was ich meine. Falls das so ist, dann hast du bestimmt auch bemerkt, dass unsere ganze Welt irgendwie gar nicht so designt ist, dass man sich dieserlei Fragen überhaupt stellen sollte – und die große grönemeyer'sche Frage schon gar nicht. Diesen Anschein macht es zumindest, denn in unserer Gesellschaft ist alles so seltsam miteinander zu einer Art Matrix aus Rahmenbedingungen und merkwürdigen Inhalten verwebt, dass da kaum noch Platz ist, um überhaupt mal inne zu halten und Luft zu holen, geschweige denn, sich große Fragen zu stellen. Von dem Raum, den die Beantwortung dieser Fragen vielleicht fordert, brauchen wir ja gar nicht erst anzufangen. Und wenn man sich dann doch einfach kühn die Freiheit rausnimmt, das zu tun, dann wirkt man beinahe wie ein rebellischer Fremdkörper, ja fast wie etwas Dämonisches in diesem System, denn scheinbar bringt ein solches In-der-Welt-sein mit sich, dass man auf diese Weise nicht einfach nur gegen den Strom schwimmt, sondern damit den kompletten Strom und seine Art des Fließens in Frage stellt.

Setzen wir also von diesen ganzen Fragen und Antworten hier mal eine feine Abhandlung auf, ja, in etwa so, wie man einen Teekessel aufsetzt, um ein schmackhaftes, wohltuendes Kräutergebräu zuzubereiten. Jetzt sag bitte nicht, dass du keinen Tee magst! Na ein Glück. Dann los!

Doch einige Dinge noch vorweg: Wie nichts in der Welt erreicht auch dieses Buch dich nicht zufällig sondern mit voller, kristallklarer Absicht, denn ich schreibe dir dieses Buch, weil ich will, dass du ein *sehr sehr geiles* Leben lebst und weil ich der festen Überzeugung bin, dass für dich und für uns alle noch viel viel mehr möglich ist (*einer geht noch, einer geht noch rein*) – vor allem außerhalb der altbekannten Matrix. Doch es gibt eine Besonderheit: Denn wir wollen zwar aus der Matrix raus, aber wir wollen in der Gesellschaft bleiben.

Wir müssen also eine Möglichkeit finden, aus dem System zu entwischen, ohne wirklich physisch aus dem System zu fliehen. Denn eine wörtliche Weltflucht klingt für mich persönlich zumindest halt nicht allzu funktional – ganz schön einsam im Wald und unangenehm kalt auf dem Mars – Ich mag die Menschen, die hier zeitgleich mit mir leben und würde gern hier bleiben, mittendrin. Aber ich will mich auch nicht vom System fremdsteuern und knechten lassen. Wie machen wir das also? Vielleicht ahnst du es schon: Der Schlüssel liegt in der Welt des Geistigen und unserer Wahrnehmung des Kosmos – also in der Geschichte, die wir uns erzählen. Auch wenn es sich erstmal widersinnig anfühlt, könnte es sich durchaus so verhalten, dass das ganze Leben etwas anderes ist, als du es derweil noch annehmen magst. Es könnte sein, dass es eine ganze Ebene von Realität gibt, die immer da war und immer da sein wird, von der du aber einfach nichts (mehr) weißt und die solange im Verborgenen liegt, bis du mit einer gewissen Offenheit und Bereitschaft hinsiehst.

Und vielleicht, ja ganz vielleicht, da löst die Erinnerung an diese Dimension von Dasein sogar genau dieses ahnungsvolle Gefühl in dir und mir aus, dass da *noch mehr* ist. Dann wäre dieses Gefühl also gar keine Magenverstimmung, sondern einzig deswegen da, weil da tatsächlich *noch mehr* ist. Über dieses „noch mehr" wollen wir uns hier unterhalten, wenn du magst. Denn findest du nicht auch, dass es irgendwie sinnvoll wäre, dieser Möglichkeit den einen oder anderen aufmerksamen Gedanken zu schenken, falls sie sich als Tatsächlichkeit enttarnt? Und wenn dieser Gedanke unter

Umständen sogar riesengroße Konsequenzen für dein Leben hätte, ja wäre es dann nicht vielleicht sogar eine ganz gute Idee und ziemlich vernünftig, ihm ein wenig zu folgen?

Denn selbst wenn dieses Buch die Güte deines Lebens nur um ein halbes Prozent steigert, weil dir vielleicht irgendwas auf deiner Lektürereise einleuchtet, dann hätte es sich ja bereits für uns beide gelohnt, oder nicht? Nur so ein Gedanke. Nur so mein Gedanke. *Deine Wahl*. Ich werde und will niemanden zur Lektüre zwingen. Das stelle ich mir auch umständlich vor. Denn selbst wenn ich dir die Augen aufrisse, könnte ich gar nicht nachvollziehen, ob du die Wörter nur ansiehst, oder auch ihre Bedeutung aus den Zeilen herausliest. Ja, du könntest jedes Wort auswendig lernen und trotzdem am Ende keine Silbe verstanden haben. Ich kann schließlich weder in deine Haut steigen, noch in deinen Geist schauen, denn in den Dialog mit unseren eigenen Gedanken mischt sich niemand von außen ein, wir bleiben ja immer bei uns und mit uns – vom ersten Gedanken bis zum letzten. Deswegen hab ich nur begrenzte Macht, was die Wirkung meiner Worte angeht. Ich kann losschicken und aussenden, was ich will, aber wie es am Ende ankommt und vor allem, was du daraus machst, das untersteht nicht in meiner Hoheit. Du vervollständigst dieses Buch.

Also erzähle ich dir einfach ein wenig was und du kannst es als Vorschlags-Buffet verstehen und dich bedienen, wenn du magst. Ja, in der Hinsicht ist dieses Buch ein richtiges Gedanken-Festmahl (*mhhh lecki*). Gerade dann, wenn du bei diesen Themen für gewöhnlich eine heftige allergische Reaktion hast, kann sich die Lektüre für dich als fruchtbar erweisen.

Wenn du allerdings nichts auf diesem Buffet findest, oder wenn du weder Hunger noch Bock hast, dir was mitzunehmen, dann lass es bitte bleiben. Denn sollten dir diese Inhalte so gar nicht zusagen und vielleicht sogar enorm aufstoßen, dann bitte ich dich, dass du dich nicht allzu sehr stresst und aufregst und einfach so weiter machst, wie du es halt eben immer tust und getan hast. Du kannst dir sodann gern noch denken, was ich für eine blöde Kuh sein muss – was auch immer das für deinen speziellen Fall bedeuten mag – und dann das Buch einfach weglegen und gegebenenfalls an jemanden verschenken, den du nicht magst. So einfach ist das.

So, das sollte erst einmal reichen. Dann wollen wir uns mal anschauen, was Realität denn überhaupt ist. Schauen wir uns dieses System, ja diese Matrix, die wir geschaffen haben, etwas genauer an. Wenn du dich also traust, mal kurz den sicheren Hafen des Verstandes und der Rationalität zu verlassen, dann lade ich dich mit den Worten der nächsten Koryphäe ein: *„Komm hier weg, komm hier raus, komm ich zeig dir was, das du verlernt hast vor lauter Verstand. Komm mit. Komm mit mir ins Abenteuerland, auf deine eigene Reise. Komm mit mir ins Abenteuerland, der Eintritt kostet den Verstand.“*

SYSTEM
DÄMON

Die Geschichten in uns

Fast alle Dinge, die wir uns über uns und den Kosmos erzählen, sind Dinge, die wir freiwillig glauben. Freiwillig in dem Sinne, dass wir *rein theoretisch* auch was anderes glauben könnten, sofern wir wollten – denn solange unser Gehirn „normal" eingestellt ist, können wir frei wählen, wie und als was wir die Welt wahrnehmen – sogar ganz unabhängig davon, wie die „Beweislage" aussieht. Es gibt ja schließlich auch Menschen, die glauben, dass die Erde gar keine Kugel sei, sondern eine Scheibe. Wir könnten in solchen Fällen natürlich gut argumentiert und empirisch belegt versuchen, dieser Person eine andere Sichtweise nahezulegen, und dennoch stünde es ihr frei, weiterhin zu glauben, was sie will. Ja, wir könnten mit dieser Person sogar ins All fliegen und sie aus einiger Ferne die Form der Erde selbst entdecken lassen; wir könnten ihr zeigen, wie hübsch und blau und rund unsere Heimatkugel da rumschwebt – sie könnte trotzdem bei ihrer Scheibentheorie bleiben, wenn sie wollte. Die Gedanken sind ja bekanntlich frei, wenn auch manche Überzeugungen vielleicht gesellschaftliche Folgen mit sich bringen können, weil uns Menschen eventuell für dämlich halten könnten, wenn wir vehement die Überzeugung verteidigen, dass die Erde eine Scheibe sei. Damit muss man dann gegebenenfalls halt leben können.

Die Art und Weise, wie wir die Welt wahrnehmen, ja welche Geschichte wir uns über sie erzählen, ist unsere Wahl: Wir entscheiden, was das Leben für uns bedeutet und wenn ich dir in diesem Schinken nur eine Lehre mitgeben könnte, dann wäre es die, dass die Dinge immer nur genau die Bedeutung haben, die wir ihnen verleihen. Ich glaube felsenfest, dass das eine der aller aller wichtigsten Wahrheiten des Menschseins überhaupt und auch ganz jemals ist. Denn selbst wenn es uns so erscheint, als hätten alle Dinge in dieser Welt eine feste Bedeutung, da ist es doch eigentlich vielmehr so, dass ihnen alle Bedeutung von irgendwelchen Menschen zugewiesen wurde. Und das von Anfang an: Wir Menschen sind nämlich wahre Interpretations-Genies und Bedeutungsvergebungs-Maschinen.

So hat unsere Spezies bei dem Versuch, diesen Kosmos zu entschlüsseln, im Laufe von Jahrhunderten und Jahrtausenden Meisterschaft im Geschichtenerzählen erlangt. Mit gewaltigen Folgen: Die Geschichten, die wir uns erzählen, bestimmen nicht nur, wie wir die Welt sehen; eine Überzeugung ist nicht nur ein Gedanke – sie ist eine Entscheidung darüber, welche Welt wir bewohnen und bestimmt damit auch die komplette Erfahrungsqualität unseres ganzen Lebens, also die komplette Dimension dessen, wie sich unser Leben für uns anfühlt. Und genau das ist ja irgendwo das einzige, was am Ende aller Tage zählen wird, wenn wir uns fragen, *wie* unsere Erdenzeit war, wie wir unser Leben gelebt haben und ob wir in Frieden gehen können.

Deshalb sind wir eingeladen, achtsam zu sein, was wir glauben und nicht einfach willkürlich, sondern bewusst zu wählen, welche Geschichten uns dienen – und welche uns schaden. Schließlich birgt die Freiheit, glauben zu können, was wir wollen, nicht nur Chancen, sondern auch Gefahren: So kann der gleiche Mechanismus, der es uns ermöglicht, unsere Wahrnehmung bewusst zu gestalten, uns auch dazu bringen, mit uns selbst oder der Welt in Unwahrheit oder Unglück zu leben. Ja, wenn unsere innere Geschichte von Angst, Abgrenzung oder einer Opferhaltung durchzogen ist, dann kann der freie Glaube zu einem Gefängnis werden.

Glauben zu können, was wir wollen, bedeutet also nicht immer unbedingt, dass es sinnvoll und funktional ist, zu glauben, was wir wollen. Unsere Fähigkeit zur freien Bedeutungsgebung ist immer auch eine große Verantwortung, schließlich sind wir nicht nur frei, sondern auch manipulierbar. Unsere Überzeugungen sind nämlich zutiefst formbar und das nicht nur von uns selbst, sondern auch von äußeren Einflüssen: Von Werbung, Medien, Politik, Religion oder Ideologien – kein Wunder, dass unsere Aufmerksamkeit heutzutage eines der wertvollsten Güter darstellt und alle um sie buhlen. Man zahlt ja Millionen dafür, um uns mit Werbung und Meinungen zu hypnotisieren und so unser Verhalten zu lenken.

So wie sich jemand in der Idee festbeißt, dass die Erde eine Scheibe sei, kann sich jemand auch in einer gefährlichen Ideologie verlieren, die seine Ängste füttert, statt sie zu hinterfragen oder ihn zu trösten; es ist ja schließlich nicht unbekannt, wie mächtig eine gute Geschichte ist. Und manchmal werden Geschichten nicht erzählt, um uns zu befreien, sondern um uns klein zu halten, uns abhängig zu machen oder um uns zu spalten.

Wirklich glauben zu können, was wir wollen, verlangt also Übung und wache Aufmerksamkeit. Das bedeutet auch, bereit zu sein, das eigene Denken radikal zu hinterfragen, alte Überzeugungen auf den Prüfstand zu stellen und neue Perspektiven zuzulassen. Ja, es braucht Bewusstsein dafür, dass jeder Gedanke, den wir wiederholen, unser inneres Narrativ prägt. Und wenn wir nicht aktiv steuern, welche Geschichten wir glauben, dann werden andere es für uns tun – und nichts ist manipulierbarer als ein Mensch, der sich für vollkommen frei hält, es aber nicht wirklich ist.

Sowieso ist das mit Freiheit oder Unfreiheit immer so ein Ding, denn letztlich glauben wir nicht zwangsläufig unbedingt das, was wahr ist. Unserem Gehirn geht es nicht darum, immer die unbestreitbare Wahrheit zu finden, sondern eher darum, Probleme zu lösen: Es ist vor allem funktional orientiert und will uns überlebensfähig machen. Anstelle der Wahrheit glauben wir deshalb das, was sich sinnstiftend in unser bestehendes inneres Narrativ einfügt; denn alle von uns erzählen sich in ihrem Inneren eine gewisse „Geschichte" darüber, was die Welt ist und wer sie sind. Diese innere Überzeugungslandschaft ist eine Art Geflecht aus all den Geschichten, die wir gehört und erlebt haben. Sie wirken wie ein Filter, der unsere Wahrnehmung so formt, dass sie zu unserer Geschichte passt – die wir ja oft nicht einmal kennen, wenn wir uns nie mit unserer Konditionierung, Erziehung und Prägung befasst haben. Genau daher stammt dieses innere Narrativ nämlich meistens: Man könnte sagen, dass unser Gehirn in unserer Kindheit wie ein Schwamm funktioniert – es saugt Informationen quasi ungefiltert auf und so wird alles, was wir erleben, beobachten, hören und erzählt bekommen, zum Grundgerüst unserer Wahrnehmung.

Praktisch bedeutet das, dass wir zum Beispiel ein Elternteil dabei beobachten, wie es irgendeine Aufgabe erledigt, oder wie es auf irgendetwas reagiert, woraufhin wir uns dann diese Methode oder diesen Ansatz abspeichern, damit wir irgendwann selbst wissen, wie man manche Dinge erledigt oder auf sie reagiert – wodurch wir von Mal zu Mal ein bisschen überlebensfähiger werden. Gleiches gilt natürlich auch dafür, wenn wir uns irgendeine Frage stellen und dann von irgendwem oder irgendwo – also Zuhause, in der Schule, in irgendwelchen Medien, in Büchern oder im Internet – eine Antwort erhalten, die dann zu unserer Wahrheit wird, ohne dass geprüft wurde, ob das eine funktionale Geschichte für uns ist. Mit der Zeit bildet sich so unsere innere „Hardware", als ein System von Überzeugungen, Wahrheiten und Reaktionsmustern, das uns dabei hilft, uns in der Welt zu orientieren und die Dinge, die uns begegnen, zu entschlüsseln.

So konditioniert man uns von klein auf; wir wachsen ja gewissermaßen in einem ganzen Ozean von Geschichten und Bedeutungen auf und werden so regelrecht programmiert, die Welt und uns in der Welt auf eine bestimmte Art und Weise wahrzunehmen. Wir erfassen die Welt also mitnichten so, wie sie ist, sondern immer nur ein Abbild von ihr, ja eine Geschichte über sie in uns, die von uns selbst erzählt wird. Dem folgend gibt es so viele Geschichten über die Welt, wie es Menschen in der Welt gibt.

Veranschaulichen wir das mal ein wenig und sagen mal, dass da draußen ein Baum ist und dass da zehn Leute sind, die uns verraten sollen, was sie da wahrnehmen. Wir werden uns dann natürlich nicht mit der Antwort *„Da ist ein Baum"* zufriedenstellen lassen, sondern sie darum bitten, ein wenig detaillierter auf den Baum einzugehen. Es ergäben sich dann vielleicht Geschichten darüber, dass der Baum an irgendeiner Idealvorstellung gemessen, zu knochig sei oder zu üppig. Jemand anderes hätte vielleicht gar keinen Begriff von „Baum" und sähe nur ein abstraktes Gebilde und manche würden sich fragen, warum der Baum ganz alleine da steht und wo die anderen Bäume sind, die seine Baumgeschwister sind. Irgendjemand würde sich sicher auch fragen, wie viel Geld das Holz des Baumes wert wäre und irgendjemand finge vielleicht auch an zu weinen. Kopflastige Philosophierende fragten sich vielleicht, ob wir denn wirklich sicher sein könnten, dass das da ein „Baum" sei und und und.

Du siehst also schon, dass es genauso viele Geschichten über den Baum gäbe, wie es Menschen gäbe und nicht einmal addiert ergäben diese Geschichten das, was diesen Baum vollständig beschriebe. Viel mehr erzählten uns diese Geschichten etwas über die

Menschen, die ihn wahrnahmen, als dass sie uns wirklich etwas über diesen Baum verrieten. Insofern sind die Dinge dann also gar nicht so, wie sie uns erscheinen, sondern vielmehr erscheinen uns die Dinge dann so, wie wir sind: Unsere Wahrnehmung der Dinge ist weniger ein Spiegel der Welt, als dass sie ein Spiegel unseres Inneren ist.

Viele unserer Überzeugungen sind also gar nicht „ursprünglich" unsere eigenen. Das ist per se auch gar nicht schlimm oder bedrohlich – zumindest dann, wenn diese Geschichten unser glücklichstes Leben unterstützen. Doch ist das – wie du dir vielleicht denken kannst – nicht gerade der Regelfall – sind doch so viele Menschen geneigt, pessimistische und beengende Sichten auf die Welt zu verbreiten und Geschichten von Mangel und Begrenzung kundzutun. Nicht jede Geschichte, die man uns erzählt, ist ja unbedingt immer eine gute Geschichte. Das könnte sich gerade dann als problematisch erweisen, wenn es darum geht, welche Geschichte wir uns über uns selbst erzählen, denn freilich schließt diese Art von Konditionierung auch unser Selbstbild ein.

Es kann ja schon auch dazu kommen, dass man uns nicht nur grandios oder wunderschön findet, sondern uns auch einen Taugenichts schimpft – oder uns über die Bildsprache der Magazine im Kiosk erzählt, dass wir irgendwie unnormal seien, weil die Menschen auf den Covern da ganz anders aussehen, als wir es tun, wenn wir in den Spiegel blicken.

Wir mögen dazu dann auch noch irgendwo hören, dass „*Leute wie wir*" „*xy*" nicht tun oder können und dass „*für jemanden wie uns*" „*abc*" nicht geeignet sei – die menschliche Kreativität kennt ja leider auch bezüglich der Ideen menschlicher Beschränkung keine Grenzen. Das kann natürlich auch weitergehen und man beleidigt uns, verletzt uns oder versucht, uns zu brechen und plötzlich halten wir uns für wertlos – obwohl das gar nicht stimmt. Das passiert ja auch viel häufiger als man denkt und das hat natürlich enorme Folgen für die Art und Weise, wie wir die Welt sehen und welche Geschichte wir uns erzählen.

Dabei müssen es natürlich nicht immer komplexe Traumata sein, die uns geprägt haben: da reicht auch schon eine Summe an kleineren Verletzungen, um uns und unsere Wahrnehmung in bestimmte Bahnen zu lenken. Auch passieren da ja nicht nur fünf Sachen, sondern über Jahre hinweg abertausende, die komplexe Dynamiken bilden, durch die wir dann die Welt und unser Lebendigsein kennenlernen.

Irgendwann sind wir dann älter und irgendwann dann „erwachsen" und dann kann es gut sein, dass wir ein bestimmtes Bild von uns haben, das wir für eine nicht-veränderbare Wahrheit halten. Wir glauben dann, unser Charakter sei festgeschrieben und unsere Realität vorbestimmt – als gäbe es nur diese eine Möglichkeit, weil uns *xy* widerfahren ist oder wir aus *uvw* stammen.

Doch ist es nicht irgendwie verrückt, dass der Mensch, für den wir uns halten potenziell die Idee von jemandem anderen ist? Ja, ist es nicht irgendwie absurd, dass jemand anderes darüber entscheiden soll, wer wir sind – und wie sich unser Leben infolgedessen für uns anfühlt?

Was glaubst du denn zum Beispiel, wer du bist? Auf diese Frage nennst du doch bestimmt auch irgendwelche Geschichten wie etwa deinen Namen, dein Alter, deinen Job, deinen Beziehungsstatus, dein Dasein als Elternteil, deine Herkunft oder Nationalität, deine Religion, dein Geschlecht, deine Vergangenheit, deine Lieblingssportart, deine Ernährungsweise, etwaige Krankheiten, deine politische Einstellung, deinen Musikgeschmack, deinen Kontostand, deinen Fußballverein, deinen Lieblingsfilm, den Umstand, dass du gerne reist, deine Schusseligkeit, oder dass du 'ne ganz wilde Maus und verrückte Nudel bist, oder oder oder – doch all das, mit dem du dich identifizierst und von dem du sicher sagen würdest, dass es zu dir gehört: Von wem stammen diese ganzen Geschichten? Sind das wirklich alles deine? Du hast dir ja nicht einmal deinen eigenen Namen gegeben! Ja, welches Label hast du dir überhaupt selbst gegeben und in welchem Kontext? Und wer hat dir erzählt, was du alles kannst und was nicht? Wer hat dir erzählt, was für dich möglich ist und was nicht? Und wer wärst du, wenn dir nie jemand auch nur irgendetwas Limitierendes über dich erzählt hätte? Ja, wer wärst du generell ohne all diese Label? Kein Name, keine Karriere, keine Pläne, keine Ängste, keine Vergangenheit – einfach nichts. Wer bist du dann? *Bist du dann du?*

Auch wenn es uns so erscheinen mag, sind unser Charakter, unser Selbstbild und unsere damit einhergehende Realität nicht in Stein gemeißelt. Wir haben ja immer eine Wahl, welche Geschichte wir uns erzählen – allerdings erst, wenn wir erkennen, dass wir uns überhaupt eine Geschichte erzählen. Doch wissen die meisten Menschen nicht einmal, dass sie das tun. Sie merken nicht, dass in ihrem Kopf seit Kindheitstagen dutzende, vielleicht hunderte von Programmen ablaufen, die die Art und Weise lenken, wie sie denken, handeln und ihr Lebendigsein erfahren. Ihnen ist schlichtweg nicht bewusst, dass im Hintergrund ihres Bewusstseins einige versteckte „Tabs" offen sind – Programme, die ihnen zum Teil sicherlich sehr nützen, die sie aber vielleicht in mancherlei Hinsicht auch davon abhalten, eine gute Zeit auf Planet Erde zu verbringen.

Woher soll man das auch wissen, wenn's einem niemand sagt? Über diese ganzen Umstände klärt uns ja niemand in der Schule auf – genauso wenig, wie man uns beibringt, mit unseren Emotionen umzugehen oder eine gesunde Beziehung zu unseren Gedanken und unserem Ego zu führen – geschweige denn zu unserer Seele. Und so schaffen es viele Menschen manchmal ein Leben lang nicht, die Hoheit über ihre Emotionen und Gedanken zu halten und ihr Leben so zu lenken, wie es für sie von Vorteil wäre. Sie verlieren sich über Jahre hinweg in Klagen über ihr eigenes Leid, verirren sich in Wunschzuständen, beschweren sich über das Versagen des Systems und warten darauf, dass die Welt endlich gerecht wird. Und dann denken sie auch noch, sie wären einfach so und müssten sich damit abfinden – als wäre das alles Schicksal und keine Konditionierung.

So geben sie erfolgreich alle Verantwortung für ihren inneren Zustand ans Außen ab und halten sich selbst in ihrer eigenen Ohnmacht gefangen – als hätten sie keine Wahl, welche Bedeutung sie den Dingen geben. Doch ist Ohnmacht oft ein hartnäckiger Teufelskreis, weil sie für uns immer realer wird, je mehr wir uns in ihr suhlen. Jedes „Das geht nicht, weil…" und jedes „Ich kann das nicht, weil…" verstärkt so die Grenzen in unserem Kopf, die letztlich relativ willkürlich den Rahmen von Möglichkeit und Unmöglichkeit für unser Leben abstecken.

Dabei ist das Willkürliche daran, dass nur ein paar Veränderungen eine völlig andere Geschichte ergeben könnten – und damit ein völlig anderes Leben. So braucht es rein theoretisch gesprochen nur ein paar Überzeugungen hier und da, ein paar Worte an anderer Stelle und ZACK BOOM PENG hat sich alles für immer verändert. So können wir uns mit einem geschickt gesetzten Perspektivwechsel in ein komplett neues inneres Narrativ verfrachten, das für uns sowohl den Himmel bedeuten kann, als auch unsere ganz persönliche Hölle – schließlich hatten wir ja bereits gesehen, dass wir nie die Welt an sich wahrnehmen, sondern immer nur unsere Geschichte über sie. Und auch wenn es genug reale Gründe zur Beschwerde gibt (die gibt es sicherlich ad infinitum), und systemische Ungerechtigkeit keine Einbildung ist (existiert sie schließlich omnipräsent), bleibt die entscheidende Frage dennoch immer, was wir aus den gegebenen Umständen machen.

Es ist wohl höchste Zeit, uns alle darüber aufzuklären, dass wir die Möglichkeit haben, die limitierenden Programme in unserem Gehirn-Computer durch neue, viel funktionalere zu ersetzen. Wir verdanken diese Fähigkeit der Neuroplastizität, der bemerkenswerten, lebenslangen Eigenschaft unseres Gehirns, sich anzupassen und zu verändern. Bis zum letzten Atemzug ist unser Gehirn in der Lage, neue Verbindungen zu knüpfen und bestehende zu verändern, sodass selbst tief verwurzelte Überzeugungen und Denkmuster neu gestaltet werden können.

Das erfordert natürlich ein wenig Arbeit, schließlich haben die Geschichten in uns durch unsere langjährige Sozialisation, zahlreiche Erfahrungen und vielfältige kognitive Muster alte und lange Wurzeln, die sie in die komplexen Prozesse unserer Wahrnehmung und Bedeutungsgebung einflechten. Das bedeutet, dass wir uns nicht einmal oder zweimal irgendeine Aussage anschauen können und sie dann sofort glauben. Wir können zwar immer neue Glaubenssätze entwickeln, doch ist das langfristige Für-wahr-halten oft mit einigem Aufwand verbunden, insbesondere wenn sie den bestehenden Mustern widersprechen.

Neue Geschichten lassen sich also trotz aller Praktikabilität der Computer-Metaphorik nicht einfach wie Apps installieren – sie müssen erlernt, verinnerlicht und tief in unsere innere Erzählung eingewoben werden. Doch scheint sich hier jeder Aufwand wirklich zu lohnen, geht es schließlich um unser Leben. Wenn wir also bereit sind, diesen Aufwand in Kauf zu nehmen, können wir alte Muster überschreiben, unser mentales Betriebssystem aktualisieren – und uns selbst und die Welt als eine funktionalere Geschichte neu erzählen, die uns und unserer Vorstellung eines gelungenen, erfolgreichen Lebens besser dient.

Doch dürften wir, um diese Gestaltungsfreiheit unseres Lebens ergreifen zu können, wohl erst einmal ein Bewusstsein dafür schaffen, welche Geschichten wir uns überhaupt erzählen. Wie sollten wir schließlich etwas verändern können, dessen wir uns gar nicht bewusst sind?

Zeit also, ein paar dieser Geschichten zu beleuchten, die unser Weltbild formen und unsere Realität prägen. Wissen ist Macht und sobald wir einige dieser Geschichten *als Geschichten* erkennen, haben wir vielleicht ja schon den ersten Schritt aus der Matrix in die geistige Freiheit getan. Also: Welche Geschichten erzählen wir uns?

Welche Geschichten erzählen wir uns?

Oftmals, wenn wir mit einem Prozess beginnen, der uns aus der Matrix und in die innere Freiheit führen soll, da betrachten wir unsere Konditionierung, Erziehung und derlei Umstände nicht sonderlich ganzheitlich. Meist analysieren wir nur unser direktes Umfeld und entschlüsseln so, warum wir denken, wie wir denken und handeln, wie wir handeln, ganz nach dem Prinzip: *„Ich wurde früher gemobbt, deshalb hab ich heute ein geringes Selbstwertgefühl"* oder *„Ich hatte einen cholerischen Vater, also bin ich heute ständig ängstlich".*

Diese „persönliche Matrix" zu hinterfragen ist sinnvoll und unausweichlich auf dem Weg in die Freiheit – schließlich können wir uns so neue Überzeugungen wählen, die uns mehr oder weniger unabhängig von unserer Vergangenheit unsere Zukunft gestalten lassen – aber was ist mit den ganzen anderen Geschichten, die uns genauso prägen und das nicht nur individuell, sondern auch kollektiv?

Denn sofern wir uns hier zumindest irgendwie im gleichen Sprachraum aufhalten, teilen wir ja mit einiger Bestimmtheit einige „öffentliche" Geschichten, die unser gemeinsames Weltbild formen. Damit meine ich jetzt nicht nur Gesetze und sowas, sondern auch tieferliegende, kollektive Paradigmen, also all die historischen, kulturellen und politischen Narrative, die unser Denken, Fühlen und Handeln prägen – und die so gesehen erst den Rahmen für Gesetze und solche Dinge schaffen.

Es gibt ja gewisse Grundauffassungen über die Welt, die uns schon deshalb umgeben, weil wir in eine Gesellschaft mit einer bestimmten Geschichte und Kultur hineingeboren wurden. Sie schweben oft überzeitlich und überräumlich wie eine Wolke im Raum – und sind trotz aller Klarheit selten explizit erwähnt, gelten sie schließlich als unumstritten wahr.

Solche Paradigmen-Geschichten befassen sich hier und da auch mal mit den ganz großen Themen des Lebens: Sie geben uns also Antworten auf die Fragen danach, als was wir Leben verstehen, was Realität ist und was infolgedessen möglich ist und was nicht, was als Wahrheit und Wissen gilt und was nicht, was normal ist und was nicht, was sich gehört und was nicht, was eigentlich der Mensch ist und was nicht, wohin wir als Menschheit überhaupt streben und was wir mit der uns gegebenen Erdenzeit tun sollten: Sie zeichnen also irgendwie den Rahmen, in dem wir unsere Existenz verstehen.

Und selbst wenn sich viele Stimmen – zumindest in der Philosophiegeschichte – dahingehend einig sind, dass man diese Fragen nicht so pauschal beantworten kann, hat unsere Gesellschaft längst vermeintlich allgemeingültige Antworten gefunden, die eine bestimmte Art von Wahrnehmung, Denken und Handeln fordern. Wir hinterfragen diese scheinbar feststehenden Antworten also nicht mehr und sehen oft auch keine Notwendigkeit dazu; ja, warum sollten wir auch etwas hinterfragen, das für alle klar wie Kloßbrühe ist?

Nunja, ganz vielleicht, da könnte es ja so sein, dass uns eben nicht nur unsere individuellen, privaten Geschichten beschränken und einengen, sondern auch unsere geteilten, kollektiven Geschichten. Und vielleicht tun sie das sogar viel mehr, als wir es uns vorstellen könnten. Doch ist das mit der Vorstellungskraft so eine Sache, gerade hinsichtlich unserer Paradigmen. Unter ihnen gibt es nämlich manche Geschichten, von denen wir schon noch anerkennen würden, dass es sich um Geschichten handelt, doch gibt es dann auch noch solche Paradigmen, die für uns keine Geschichten mehr sind, sondern uns so vorkommen, als seien sie sowas wie Naturgesetze. Unsere physikalischen Naturgesetze sind zum Beispiel dieser Art: Kaum jemand würde doch wohl bestreiten, dass Naturgesetze wirklich Gesetzescharakter haben, oder? Ja, es kann sich doch wohl auch wirklich niemand der Schwerkraft entziehen und schweben.

So neigen wir bei besonders tief verwurzelten Paradigmen dazu, sie für geistige Zwänge zu halten, deren Für-wahr-Halten uns nicht mehr freisteht – schließlich wurde ihre Wahrheit ja längst ausgefuchst und steht seit Ewigkeiten fest. Dazu ist sie ja auch noch empirisch nachvollziehbar, wodurch es freilich schwerer wird, ihre Wahrheit zu bestreiten; das hatten wir ja vorhin bereits im Kontext der Kugelförmigkeit unserer Erde angesprochen.

Es ist natürlich auch nicht unbedingt sinnvoll, alle Paradigmen anzuzweifeln, vor allem wohl solche wie die Naturgesetze oder aber solche grundlegenden Annahmen wie die, dass Menschen Kleidung tragen oder dass wir bestimmte Worte auf die gleiche Weise verstehen. Diese alltäglichen Paradigmen geben uns ja wertvolle Orientierung, Identität und ein gemeinsames Verständnis. Sie ermöglichen uns tiefergehende Kommunikation und erleichtern unser Zusammenleben – ohne sie wäre unser Alltag also wirklich sehr stressig. Stell dir vor, du müsstest jedes Gespräch mit einer Grundsatzdiskussion über Wortbedeutungen beginnen oder jeden Morgen neu lernen, dass Menschen Kleidung tragen oder was Geld ist und wie man es benutzt. Es ist also durchaus sinnvoll, für unser Zusammenleben gewisse Annahmen *als objektiv zu behandeln* – schließlich müssen wir ja mit irgendetwas arbeiten können; sonst tritt man ja auf der Stelle und 'n bisschen vorankommen ist ja auch schon ne nette Sache.

Doch sind Dinge wirklich objektiv wahr, nur weil wir sie so nennen? Ja, wird etwas wirklich wahr(er), nur weil viele Menschen daran glauben? Schließlich sind Menschen stets in ihre Subjektivität verstrickt; wir können unsere subjektive Perspektive auf die Welt ja gar nicht verlassen, um den Kosmos in seiner Gesamtheit zu erfassen und so eine wahrhaftig objektive Aussage zu treffen. So gesehen ist Objektivität letztlich nie mehr als die Summe allerlei subjektiver Übereinkünfte – und damit nicht mehr als eine gewisse Einigung auf das, was wir für die Realität halten. Auch wenn wir bezüglich mancher Paradigmen vielleicht nie eine Art „Gegenbeweis" finden können und ihre Wahrheit uns schon sehr unumstößlich vorkommt, könnte es dennoch immer auch so sein, dass die Dinge „tatsächlich" ganz anders sind, ohne dass wir es wüssten oder je wissen könnten. Ich plädiere jetzt nicht dafür, dass der Mond weg ist, wenn ich nicht hinsehe und dass die Außenwelt ohne unsere Wahrnehmung *gar nicht* existiert – aber *rein möglich* wäre es natürlich. Theoretisch ist ja rein gar nichts ist unmöglich, was denkbar ist; bliebe nur die Frage, was uns so eine Geschichte bringt – außer 'ner ordentlichen Portion Anxiety wahrscheinlich nicht so viel. Aber gut, zurück zum Thema.

Neben solcherlei wohl doch ziemlich sicher feststehender Paradigmen wie die der Naturgesetze, gibt es aber auch andere Geschichten, die uns zwar ähnlich naturgesetzmäßig erscheinen, die es aber vielleicht viel weniger sind, als die Naturgesetze es sein mögen. So zum Beispiel die Geschichte vom freien Markt: die Vorstellung, dass Angebot und Nachfrage sich selbst regulieren und eine florierende Wirtschaft Wohlstand für alle schaffen. Dieses Narrativ ist in westlichen Gesellschaften so tief verwurzelt, dass es uns beinahe wie ein Naturgesetz erscheint. Es prägt politische Entscheidungen, wirtschaftliche Theorien, Bildungssysteme und den Inhalt von Schulbüchern oder Nachrichtensendungen – als wäre es eine unumstößliche Wahrheit. Doch in Wirklichkeit sind Märkte alles andere als frei: Sie werden von Konzernen dominiert, durch Lobbyismus verzerrt und von staatlichen Eingriffen gelenkt – oft zugunsten derer, die ohnehin schon an der Spitze stehen.

Die Geschichte davon, dass wir gerade so modern sind wie nie zuvor in unserer Geschichte, könnte auch ein Beispiel dieser Art sein. Ja wenn ich jetzt behaupten würde, dass wir vielleicht gar nicht so toll und modern sind, wie wir dachten, sondern relativ primitiv, weil wir uns vielleicht seit einem Weilchen schon in eine destruktive Richtung bewegen, dann würden das wohl viele Menschen bestreiten, schließlich ist doch überall die Rede von uns als moderne Zukunftsmenschen und wir haben ja auch Smartphones zum Beweis.

Dann könnte ich auch behaupten, dass wir die Dinge in unserem Leben mit unserem Geist beeinflussen können, doch würde man mir darauf wohl rasch damit entgegnen, dass das falsch sei und schlichtweg unmöglich sei, weil es nunmal keine Verbindung von meinem Körper zur Außenwelt gebe, die die Naturwissenschaften nachgewiesen hätten. Ja, man könnte geneigt sein, solcherlei Aussagen als Wunschdenken abzustempeln und darauf so etwas sagen wie „so ist die Welt nun mal, da kannste nichts machen" und damit die Geschichte über die Begrenzung des augenscheinlich Felsenfeststehenden bestätigen. Generell tätigen wir hier und da ja gern mal Aussagen, die irgendwie eine Art Möglichkeitsraum abstecken. Das klingt dann in etwa so wie „hör auf zu träumen" oder „man muss ja realistisch bleiben" – doch mal unter uns: Was bedeutet realistisch denn überhaupt? Dafür müssten wir doch erst einmal besprechen, was Realität überhaupt ist, oder? Denn so wie das für mich erscheint, bedeutet für viele *Realismus* genau das, was ich *Pessimismus* nennen würde. Das ist also irgendwie vielleicht gar nicht alles so fix, wie man meinen dürfte.

Bis wir also nicht geklärt haben, was Realität überhaupt ist und inwiefern unsere Paradigmen beeinflussen, als was wir Realität wahrnehmen, könnten wir also gar nicht unbedingt wissen, wie sehr sie uns vielleicht dysfunktional konditionieren. Denn ganz vielleicht, da wirken diese kollektiven Geschichten viel mehr auf die Art und Weise ein, wie wir diese Realität wahrnehmen, als uns das bewusst ist; drehen sie schließlich nicht nur an den wirkungsvollen Schräubchen dessen, wie sich unser Leben für uns ganz real anfühlt, sondern auch an denen des Möglichkeitshorizontes unserer Vorstellungskraft.

Dazu ist es dann auch noch so, dass manche Paradigmen keine Geschichten sind, die selten erzählt werden und nur in irgendwelchen Büchern stehen. Ganz im Gegenteil: Wir erzählen uns unsere kollektiven Geschichten weitaus häufiger, als wir das vielleicht annehmen würden. Sie sind subtil in unseren Alltag eingewoben und schwingen oftmals als unausgesprochene Tonalität in vielen anderen Geschichten mit. Sie beeinflussen also auch wie Informationen an uns herangetragen werden, also sozusagen welche Form die Informationen haben – es lässt sich ja die gleiche Nachricht derart unterschiedlich vermitteln, dass uns ganz verschiedene Weltbilder aus ihnen begegnen könnten.

Manchmal rauschen Paradigmen also derart leise im Hintergrund mit, dass wir sie kaum noch bemerken – und doch prägt und konditioniert uns gerade diese ständige Wiederholung. Da wir dann seit unserer Geburt dann ja auch noch regelrecht in Bedeutungen baden (und seit dem digitalen Zeitalter wohl gar eher unter einem Wasserfall stehen), werden wir derart stark von unserer Umwelt geprägt und informiert, dass das – zumindest theoretisch – sogar radikal unsere Vorstellung von individueller Freiheit infrage stellen könnte. Ja, wie frei sind wir überhaupt, uns Meinungen zu bilden, die wirklich unsere eigenen sind, auch angesichts dessen, was wir im vorigen Kapitel besprochen haben?

So gesehen bilden gesellschaftliche Narrative sowohl den Rahmen unseres Weltbezugs als auch das Gewebe unserer Wirklichkeit, wodurch die Relevanz dieser Geschichten für unser aller Leben kaum zu überschätzen wäre. Unsere Geschichten-Matrix hier auf Planet Erde ist der der Filmreihe vielleicht gar nicht so fremd dahingehend, dass uns gewisse Geschichten unserer Gesellschaft wirklich ein wenig an eine bestimmte Wahrnehmung von Realität anschließen wie die Schläuche der Maschinen die Menschen im Film – zumindest mal metaphorisch gesprochen...

Doch schauen wir uns am besten mal ein paar Beispiele für solche subtileren Formen von Konditionierung durch kollektive Paradigmen an, bevor du komplett verwirrt bist. So dachte ich immer, dass ich unrasierte Frauenbeine nicht schön finde, *weil ich's halt einfach so empfinde* – trotz Feminismus, dies das. Doch steht es mir tatsächlich gar nicht mehr wirklich frei, mich von einem neutralen Standpunkt aus zu entscheiden, wie ich das denn wirklich finde. Meine „freie Wahl" ist ja längst durch zig Filtergeschichten in meinem Kopf vorgeprägt, die mich von den Bildern in der BRAVO bis zu den BILD-Titelseiten bei Omma und Oppa früher erreicht haben – mein Blick auf „Schönheit" wurde also derart durchkonditioniert, dass er nur in eine bestimmte Richtung laufen konnte.

Oder denken wir an Tante Erna: Sie denkt, dass sie nicht an Gott glaubt, weil sie das für unplausibel und irrational hält und denkt, das sei ihre eigene, rationale Entscheidung. Aber vielleicht wurde sie durch Schulbücher, Medien und ihr materialistisches Umfeld derart geformt, dass ihr kaum noch frei steht, überhaupt an eine höhere Macht zu glauben, schließlich sind ihre inneren Programme ja längst darauf geeicht, das mit Gott alles für ein Kindermärchen zu halten.

Oder in folgendem Fall: Neulich hab ich eine sehr gute Doku über die ersten Unterwasserlebewesen unseres Planeten gesehen, die sich laut des Sprechers wegen einer nahenden Eiszeit auf den „harten Kampf ums Überleben" vorbereiten mussten. Und keine Frage hat diese Eiszeit für die Evolution sicherlich viel Kreativität und Anpassungsvermögen bedeutet. Doch wer sagt eigentlich, dass das ein „harter Kampf" oder Evolution generell ein blutiges Schlachtfeld sein muss? Vielleicht ist das auch ein kreativer Tanz des Lebens mit sich selbst? Doch passt diese Interpretation nicht ins derzeitige Paradigma, das Natur als quasi-toten, mechanischen Prozess versteht. Doch ist das nicht mehr als nur eine Geschichte – jedoch mit enormen Folgen dafür, wie wir Leben überhaupt begreifen.

Wenn uns immer nur eine bestimmte Interpretation aus einem ganzen Ozean an Möglichkeiten vermittelt wird und wir weder die tatsächliche Pluralität der Dinge noch den Umstand der Wahl anders denken zu können, erkennen, dann bleiben wir zwangsläufig in unserer Bubble gefangen. So rennen wir womöglich ein Leben lang mit Scheuklappen durch einen Tunnel und halten uns dabei für frei, aber eigentlich, da sind wir nur innerhalb eines ganz bestimmten, selbst erdichteten Narrativs von Freiheit frei, das aus einem anderen Blickwinkel sogar als Unfreiheit verstanden werden könnte.

Wir mögen dann glauben, uns eine eigene Meinung gebildet zu haben, doch reproduzieren wir oft bloß das, was uns eingetrichtert wurde – ohne es zu merken. Wenn wir also gar nicht wissen, dass unser Denken auf unbewusster Konditionierung beruht, treffen wir unsere „freien" Entscheidungen ja immer nur an der Oberfläche. So bleibt unser Spielfeld begrenzt: Wir wähnen uns auf dem ganzen Globus, dabei spielen wir nur auf einer Insel. Wir halten uns für weitblickend, doch meist reicht unser Horizont kaum über den nächsten Tellerrand – und wir wissen nicht einmal, dass unser Teller im Küchenschrank steht, oder dass es eine Küche gibt, geschweige denn andere Gebäude mit anderen Küchen. So mögen wir geneigt sein, schnell so etwas zu sagen wie: „Nein, das geht nicht, so ist die Welt nun mal" – obwohl die Welt gar nicht so ist, sondern nur unser Denken!

Egal wie oft wiederholt und wie selbstverständlich manche Paradigmen erscheinen mögen: Klarheit ist nicht gleichbedeutend mit Funktionalität, Sinn oder gar Wahrheit. Und so brauchen Paradigmen hier und da mal Updates – und Upgrades. Wäre das nicht so, dann glaubten wir immer noch, dass die Sonne sich um die Erde drehte oder letztere eine Scheibe sei.

Doch fällt es uns oft schwer, neue Geschichten für wahr zu halten, die unserer kollektiven Konditionierung widersprechen – schließlich begegnet uns in unserer Bubble überall ein „Nein" oder ein „ja, aber…". Manches erscheint uns unrealistisch, weil schon der Maßstab für Realität seiner Existenz widerspricht – doch ist auch dieser Maßstab nur ein menschengemachtes Paradigma, ja eine Geschichte von vielen. Keine Wahrheit ist in Stein gemeißelt, na gut, kaum eine, diese Steintafeln von Moses waren ja auf jeden Fall echt [verwirrender Kristallkugel-Emoji]. Alles bleibt subjektive Perspektive und alles bleibt Geschichte. Also: Welche Geschichten erzählen wir uns?

Wie wir unsere Lebensgeschichte schreiben

Menschen sind ein bisschen wie Erdmännchen in einem Zoogehege, findest du nicht auch? Sie tauchen einfach hier und da mal aus ihren selbst gegrabenen Tunneln auf, überblicken das ihnen zugewiesene Gelände und sorgen für die Sicherheit dieses kleinen Geheges aus Realität, indem sie einfach brav tun, was alle tun und dann danken sie wieder ab. Genauso – oder zumindest so ähnlich – werden auch wir irgendwann einfach in die Welt geworfen und finden uns in einem fertigen Gehege wieder, das von denen errichtet wurde, die vor uns da waren.

Infolge ihres Schaffens gibt es Grenzen, Straßen, Häuser, Gesetze und jede Menge Bücher, in denen noch die kleinste Kleinigkeit detailliert erklärt ist; ja es scheint so, als hätten alle Dinge bereits ihre Bedeutungen erhalten, die wir stillschweigend auch als unsere Bedeutungen erben. Ganz so, als würde uns beim Auftauchen aus dem Geburtskanal das komplette gesellschaftliche Leben samt aller Konditionen einfach so ungefragt angeklebt und aufgedrückt.

Wäre unser Leben ein Stickeralbum, dann klebten da also schon mit unserer Geburt eine Menge Aufkleber drin, die uns irgendwie sagen sollen, wer wir sind und wie unser Leben zu funktionieren hat. Da klebt dann zum Beispiel der Name, den man sich für uns ausgesucht hat, oder die Erklärung der Bedeutung der Geschlechtsteile, die sich an unserem Körper befinden und der ganze Rattenschwanz aus Erwartungen, den das mit sich bringt; da kleben dann unsere Nationalität und Herkunftsgeschichte und deren ellenlangen Rattenschwänze; die Lebensgeschichte unserer eigenen Familie und aller Generationen davor – und und und.

Neben den Stickern, mit denen wir unsere Reise starten, sind in diesem Album auch bestimmte „Lebensabschnitte" vorgedruckt, innerhalb derer wir dann eine bestimmte Auswahlmöglichkeiten für die Erzählung unserer Lebensgeschichte haben. Naja, also zumindest in einem bestimmten Rahmen, denn wir können schon aussuchen, welches Schulfach wir am liebsten mögen oder welchen Job wir machen wollen und sowas – also im besten Fall natürlich – aber selbstverständlich nicht, dass wir überhaupt zur Schule gehen und dann arbeiten müssen und derlei Dinge. Doch warum ist das so? Nunja, diese Dinge sind einfach das, „was man halt eben macht".

Und da der Großteil der Menschen eben genau das macht, „was man halt eben macht", mag es uns schnell so erscheinen, als seien diese vorgefertigten Strukturen ein Spiegel der genuinen Art und Weise, wie Leben nicht nur offensichtlich funktioniert, sondern wohl auch *schlichtweg tatsächlich funktionieren muss*. Wir können also leicht geneigt sein, Normalität mit Natürlichkeit zu verwechseln; ein Trugschluss, der immer wieder für Verwirrung sorgt. Doch ist Normalität etwas sozial konstruiertes und kulturell geprägtes, wohingegen Natürlichkeit alles Ursprüngliche, nicht von gesellschaftlichen Regeln berührte beschreibt.

In Konsequenz dieser Verwechslung mag es uns dann folglich so vorkommen, als bestünde und erschöpfe sich der Sinn unseres Lebens wirklich darin, die Vordrucke in unserem Menschenleben-Stickeralbum auszufüllen und damit den gesellschaftlichen Erwartungskatalog bestimmter Lebensstationen abzuhaken. Denn scheinbar machen wir alle grundsätzlich das Gleiche und gestalten unser Dasein als eine Reihenfolge vordefinierter Kapitel oder Etappen: Erst Geburt, dann Kindheit, dann ein paar Jahre Lernens in Schule, Ausbildung und solchen Dingen, dann einige viele Jahre Arbeit, dann wenige Jahre in Rente sein und dann unendlich viele Jahre lang tot sein. Joar, so grob kommt das wohl hin. Aber schauen wir und das ganze mal ein wenig ausführlicher an: Nachdem wir brav und artig unsere Kindheit mit Spielen und solchen Dingen verbracht haben, sitzen wir ein paar Jahre auf der Schulbank ab und lernen fleißig allerlei gemischte Dinge, wobei wir am besten genauso brav sind und immer artig machen, was uns gesagt wird, ohne dabei viele Fragen zu stellen. Dazu haben wir im besten Fall immer gute Noten, fallen nie sonderlich negativ auf und strengen uns Tag für Tag ordentlich an, weil dann ja auch irgendwann mal Schluss mit lustig ist. Also nicht sofort, aber schon noch irgendwann im Laufe der Schulbahn, denn dann geht's ja um unsere Zukunft und um die Trophäe eines gelungenen, erfolgreichen Lebens: unsere *Karriere* (was übrigens – so hat es zumindest meine dürftige Recherche ergeben – aus dem Französischen von (Pferde-)*Rennbahn* ableitbar ist, wie passend).

Wenn wir also clever sind und diesen Ernst früh genug begreifen, überlegen wir uns schon in der Schule, was wir mal werden wollen – also als was wir mal arbeiten wollen, denn man erzählt sich, dass das irgendwie das gleiche ist. Scheint ja auch sinnvoll zu sein, am besten schon so früh wie möglich die Weichen für unsere berufliche Laufbahn in die entsprechende Richtung zu stellen, wenn unsere Karriere den Großteil unserer Lebenszeit füllen wird. Also gesetzt des Falles, dass man so jung überhaupt schon weiß, welche Richtung das ist und gesetzt des Falles, dass man sich diese Richtung dann auch zutraut, je nachdem halt, welche Geschichten uns bis dahin darüber erzählt wurden, wer wir sind und was wir können – und vor allem auch, wer und was nicht. Und natürlich auch nur, falls die Umstände es denn dann erlauben; es wachsen ja die wenigsten von uns in einem Bilderbuchhaushalt voller Frieden, Liebe, Unterstützung und Reichtum auf.

Es kann ja dementsprechend auch dazu kommen, dass wir uns bereits relativ früh unsere Karriere und damit ja irgendwie wohl das ganze Leben „versauen" können, weil wir in der Schule schlechte Noten haben oder uns „ungezogen" verhalten, aus welchen Gründen dann auch immer. Klingt irgendwie ungerecht und auch nach ganz schön viel Verantwortung für so junge Wesen, aber nun gut, so ist das Leben wohl nun einmal.

Nach der Schule geht es dann ums Ableisten einer Lehre, einer Ausbildung, eines Studiums oder etwas Gleichartigem, um dann darauffolgend mittels einer „vernünftigen Anstellung" ins Berufsleben zu starten (das gilt zumindest für den Großteil, sind schließlich fast 90% der Deutschen in einem abhängigen Beschäftigungsverhältnis und ergo nicht-selbstständig tätig). Daraufhin – oder irgendwie so in diesem Zeitraum – treffen wir im besten Fall unsere große Liebe, heiraten, bauen ein Haus, kaufen ein Auto, pflanzen einen Baum und kriegen ein bis zwei Kinder. Und dann arbeiten wir fleißig bis zur Rente, damit wir dann endlich mal chillen können und joar, dann sterben wir auch schon wieder, das ist dann also auch schon das Ende unserer Lebensgeschichte. Dann haben wir es endlich geschafft und können aufatmen – also natürlich nicht mehr, weil wir dann ja tot sind, aber du weißt schon, was ich meine. So schnell kann es also gehen, so ein ganz normales und vernünftiges Menschenleben zu führen.

Aber ist das wirklich so vernunftgemäß? Liegt dieser Gestaltungsweise menschlicher Lebenszeit irgendwie eine Natürlichkeit zugrunde? Muss das genauso und nicht anders sein? Und überhaupt: Wer liefert uns denn diese Art von Struktur für unsere Lebensabschnitte? „Die Gesellschaft"? „Das System"? Was soll das?

Darauf gibt es eine relativ einfache Antwort, mit deren Erscheinen innerhalb dieses Buches schon auch irgendwie zu rechnen war, denn, wer hätte das gedacht: der Kapitalismus ist schuld [semi-ironischer Glitzeremoji].

Aber auch das Patriarchat und letztlich koloniales Denken; die üblichen Verdächtigen eben. Aber eins nach dem anderen und erstmal zum Kapitalismus und damit Spaß beiseite, denn ganz so lustig ist das alles nicht. Und auch wenn es wie eine alte Leier anmutet, immer alles auf den Kapitalismus zu schieben, legen wir wohl kein falsches Zeugnis ab, wenn wir behaupten, dass mittlerweile unser gesamtes Leben monetär übersetzbar ist.

Wir haben unsere menschliche Existenz im Laufe der letzten Jahrhunderte nämlich derart an bestimmte Strukturen geknüpft, die alle mehr oder minder abstrakt um „Geld" kreiseln, dass wir uns eine Lebensweise außerhalb dieser Strukturen kaum noch vorstellen können – oder zumindest eine, die nicht von ihnen kontaminiert ist.

Wir haben das Leben so gestaltet, dass wir bereits mit dem Zeitpunkt, da wir als Erdmännchen in unser Gehege geboren werden, in einen Zwangs-Zusammenhang mit dem Kapital geboren sind, von dem wir uns erst mit dem Tod wieder lösen können – wobei das gar nicht mal unbedingt stimmt, weil wir sogar das Glockenläuten an unserer Beerdigung bezahlen müssen und selbstredend auch unsere letzte Ruhestätte – und das ist alles auch gar nicht mal so günstig, ja, ganz im Gegenteil.

Und weil irgendwie gar nichts günstig ist, ist unser komplettes Leben danach ausgerichtet, uns Mittel zu erarbeiten, um unseren Lebensunterhalt zu sichern. So müssen alle, die keine Möglichkeit haben, selbst ihre eigenen Möhren in Feld oder Wald zu bestellen, ihre (eigentlich unbezahlbare) Lebenszeit zu einem Spottpreis verkaufen, um sich davon dann die ihr Überleben sichernden Möhren zu kaufen – zumindest sofern sie nicht verhungern wollen.

Kaum jemand ist von diesem Schaffe-Schaffe-Häusle-Baue-Zwang ausgenommen, denn wir alle brauchen Geld zum Überleben – was rein logisch betrachtet natürlich nicht stimmt, denn im Endeffekt können wir Geld ja nicht essen oder darin schlafen, das ist dir ja sicherlich auch schon aufgefallen.

Doch haben wir den Rahmen unseres Lebendigseins irgendwie so gestaltet, dass Geld zu einer Kondition geworden ist, um Überleben zu können – und das, obwohl Nahrung eigentlich so auf Bäumen und an Sträuchern wächst, wie Wasser durch Bäche strömt: In nie endender Fülle und für alle frei zugänglich. Doch ist man irgendwann auf die Idee gekommen, dass man Land nicht nur besetzen, sondern auch besitzen (und vererben) könne, dass es also so etwas wie „Eigentum" gibt und dass so irgendwer mehr ein Anrecht auf irgendwas haben soll, als ein anderer. Und das, obwohl wir alle gleichermaßen einfach so mit unserer Geburt hier ins Erdengelände reingeploppt sind – nur halt zu unterschiedlichen Zeiten. Denn da wir nicht alle *gleichzeitig* geboren sind, gab es halt vor unserer Zeit schon Prozesse, in denen Menschen die Ländereien der Erde besetzt haben, wodurch es Strukturen gibt, die Glück und Pech bezüglich der Lebenssituation und Verfügbarkeit allerlei Lebens-Mittel bedeuten.

Gesellschaftliche Strukturen verzerren so die eigentliche Fülle dieses irdischen Paradieses für seine Menschenkinder. Die Bäume und Sträucher sind eingezäunt und von den Menschen abgeschnitten, ihnen ist der Überfluss ihres eigenen Heimatplanten unzugänglich. Sie müssen nun etwas im Tausch für diejenigen Dinge hergeben, die sie brauchen, um zu überleben. Und da die meisten Menschen mit leeren Händen geboren werden und so nichts haben, das sie eintauschen können, müssen sie ihre Kraft und Zeit für ein wenig Möhrengeld eintauschen, so lange, bis sie keine Zeit oder keine Kraft mehr haben, die sie eintauschen könnten.

Das sieht natürlich alles anders aus, wenn wir zu den Glücklichen gehören, die Geld oder Land erben. Bei solchen Leuten klebt dann neben den Aufklebern in ihrem Menschenleben-Stickeralbum auch noch ein saftiges Bündel Scheine. Und keine Frage: Genau wie für das Start-Pech kann auch niemand für das Start-Glück etwas – sei es ihnen also gegönnt. Doch sind diese Glücklichen leider nur ein paar wenige im Angesicht der Gesamtbevölkerung: Für die allermeisten Menschen des Planeten ist das Leben durch die erfundenen Umstände aller vor ihnen lebenden Menschen eine Art permanenter Überlebenskampf – natürlich in unterschiedlichen „Härtegraden" und Ausprägungen in unterschiedlichen sozialen Milieus oder geographischen Lagen – aber in den meisten Fällen ist das Leben etwas, für dessen Erhalt *irgendwie* geschuftet werden muss.

Dabei haben mitnichten alle das Privileg, sich frei auszusuchen, was genau sie für ihr Möhrengeld machen wollen, sondern sind gezwungen, sich in teils absurde Ausbeutungsverhältnisse zu begeben, weil ihnen die Art und Weise, wie die Welt gesellschaftlich strukturiert ist, keine andere Wahl mehr lässt. Dazu sind fast zehn Prozent der Menschen des Planeten unterernährt und die, die noch mehr Pech haben, verhungern schlichtweg – während ihre Geschwisterkinder täglich diejenigen Tonnen an Essen wegwerfen, die ihnen für's Überleben gefehlt hätten.

Ja, so in etwa sieht derzeit die globale Realität der Menschen aus – und du wirst mir ja sicherlich zustimmen, dass es irgendwie vollkommen irrwitzig ist, dass eine Hand voll Menschen mehr Geld hortet, als dem Rest der Welt zur Verfügung steht, oder dass mehr als zwei Milliarden Menschen nicht einmal Zugang zu sauberem Trinkwasser haben, während wir schon Roboter auf den Mars gesetzt haben.

Also: Altbekannte Leier hin oder her, ob geerbt, erbettelt oder erarbeitet: Geld regiert die Welt. Und allesamt tragen die Geschichten, die den Kapitalismus aufrechterhalten, einen gewissen Anspruch von Partizipation an uns heran, der unser Leben vorstrukturiert und uns nahelegen will, uns von ihm lenken zu lassen. So ist *Kapitalismus* ja schon lange nicht mehr nur der Name für eine Wirtschaftsordnung, sondern eher der Begriff für ein vielschichtiges Narrativ; hat er sich ja spätestens mit der Industrialisierung und der globalen Ausbreitung seiner Systeme zu einer umfassenden Gesellschaftsstruktur entwickelt.

Die beinhaltet selbstverständlich auch etliche kulturelle, soziale und politische Dimensionen und Auswirkungen, womit der Kapitalismus nicht nur die „Form" unserer Gesellschaft, sondern auch ihre „Inhalte" prägt: Seine Logiken beeinflussen unsere Werte und Überzeugungen, wie wir denken, worüber wir uns unterhalten, was wir mögen und was wir konsumieren (Marx' Geist nickt an dieser Stelle zustimmend).

Ja, man könnte sagen, dass die Art und Weise, wie wir uns den Kapitalismus global geben, geradezu omnipräsent ist (keine Angst, wir werden auf einige dieser Aspekte im Laufe der nächsten Seiten nochmal zu sprechen kommen): All die soziale Ungerechtigkeit; all die ungebremste Ressourcenausbeutung; die ganze globale ökologische Dysbalance; all der Materialismus und alle Oberflächlichkeit; all die abhandengekommene Tiefe unseres Lebens; der Mangel an Authentizität; die Verdinglichung unserer Lebenswelt und das damit einhergehende Verblassen unserer Emotionen;

die Abwertung unserer Lebendigkeit als Automatismus; die Verkümmerung unserer Moral; unsere extrem wirtschaftsgebundene Definition von Fortschritt; generell dieser ganze Modus bodenlosen Wettbewerbs, in dem alle gegeneinander kämpfen, statt einander zu helfen; all der scheinbare Mangel überall und an allem. In spitzem Kontrast dazu dann die Unzahl an leeren Daten, die Unmengen an Stress, Stress, Stress und all das damit einhergehende Hetzen und Leisten für eine nie zu sättigende Produktivität. *Aiaiaiaiai.*

Einigen Strukturen kapitalistischer Denkweisen und der Logik des Fortschritts scheint es dabei eigen zu sein, sich in irgendeiner Art mit Aufschiebung zu befassen. So haben wir es in diesen Geschichten mit dem Mangel eines „noch nicht" zu tun, der sich wie eine Art kollektiv-internalisierter Minderwertigkeitskomplex äußert. Permanentes Vergleichs- und Konkurrenzdenken nähren diese Geschichte vom Nicht-genug-Sein, die sich wie klebrige Fasern durch unsere gesamte Lebensrealität ziehen.

So gibt es kaum noch einen Bereich unserer Lebenswirklichkeit, der von diesen doch recht willkürlichen Geschichten ausgenommen wäre, die uns auf großen Plakaten und knallbunten Werbespots ins Gesicht schreien, dass wir noch nicht genug haben und dass wir irgendetwas hinterher rennen müssen. Es ist auch relativ egal, was wir hinterherrennen. Hauptsache wir sind unterwegs und konsumieren die Produkte, die uns vermeintlich an unser Ziel bringen. Man redet uns ein, dass wir noch nicht dünn genug, noch nicht sportlich genug, noch nicht schön genug, noch nicht schlau genug, noch nicht reich genug, noch nicht erfolgreich genug und natürlich auch noch nicht spirituell genug wären – und damit natürlich noch nicht gut genug sind, so, wie wir sind.

So leben wir unter dem dröhnenden Klang dieses unerreichbaren Superlativ-Imperativs dauerhaft im Wettbewerbsmodus, blind und ziellos strebend nach unerreichbarer Perfektion. Unser Glück wird dadurch permanent in die Zukunft aufgeschoben und wir warten fleißig weiter auf den Tag, an dem endlich alles gut ist, genauso, wie es ist. Wir warten darauf, endlich anzukommen.

Doch nach der Logik, nach der diese Geschichten funktionieren, kann dieser Tag niemals kommen, weil das System sich sonst selbst abschaffen würde. Es geht also gar nicht darum, eines Tages tatsächlich anzukommen, sondern nur darum, für immer danach zu streben. Die Karotte, die an einer Angel vor uns hängt, muss unerreichbar bleiben. Würden wir ankommen und denken, dass wir genug sind und haben, würden wir nicht mehr so viel konsumieren. Auch das ganze Hustlen würde dann keinen Sinn mehr machen, schließlich muss ja niemand, der angekommen ist, noch unterwegs sein.

Durch diese Wertsetzung, diesen Fokus und diese Ausrichtung ist unsere Lebenszeit noch bevor wir geboren werden durch eine Rhythmik aus *Lernen-Leisten-Erholen* vorstrukturiert, wobei der Aspekt der „(Arbeits-)Leistung" in der Karriere freilich den Dreh- und Angelpunkt bildet. Aus dieser Perspektive betrachtet sind unsere Kindheit und Jugend mit ihrem ganzen Schul- und Ausbildungssystem auch in erster Linie Vorbereitungsmaßnahmen für unsere Karriere – und damit irgendwie eine Art „Ausbildungszeit zur fleißigen Arbeitsbiene": Im Endeffekt geht es in der Schulzeit ja nicht um eine ganzheitliche persönliche Entwicklung, sondern um unsere Vorbereitung auf den Arbeitsmarkt.

Schließlich geht es ja nicht darum, zu lernen, wie man ein glücklicher Mensch ist, wie man seinem Menschsein kreativ Ausdruck verleiht, wie man die wahre Stimme seiner Seele hört, wie man erfolgreich kommuniziert, wie man tiefgehende Beziehungen führt, wie man mit seinen Emotionen und Gedanken umgeht, wie man innovative Ideen fördert, wie man sein Leben zur besten Zeit überhaupt macht, oder wie man die Welt zu einem besseren Ort macht (oder gar darum, Spaß zu haben). Nope. Es geht darum, gut aufzupassen und das Gehörte unkritisch zu reproduzieren, damit man gute Noten erhält. Die braucht man dann für eine vernünftige Ausbildungsstelle oder einen guten Studienplatz und die braucht man wiederum für einen guten Job und der muss *gut* – also stabil monetär vergütet – sein, damit man davon gut leben kann – und das am besten auch noch in der Rente.

Denn mit der Rente ist ja auch so ein Ding: Eigentlich sollte das irgendwie eine wohlverdiente Zeit des Lebensgenusses sein, wenn wir dann eines Tages endlich mal fertig sind mit arbeiten – so oder so ähnlich war wohl zumindest mal die Idee. Ein bisschen Erholung ist ja auch wahrlich nötig, wenn man jahrelang im Galopp unterwegs war (und wenn man nicht schon vorher durch einen Burnout oder eine saftige Sinnkrise in die Knie gezwungen wurde). Allerdings kann es ja auch immer dazu kommen, dass ein erheblicher Teil der mühsam erarbeiteten Rente durch unerwartete Maßnahmen oder politische Veränderungen reduziert wird – sei es aufgrund wirtschaftlicher Krisen, einer Umstrukturierung des Rentensystems oder der Entscheidung einer neuen Regierung, die irgendwas anders sieht, als die vorher.

In solchen Fällen wird die vermeintliche Absicherung dann schnell mal zur Unsicherheit und verliert erheblich an Substanz. Natürlich kann es auch dazu kommen, dass man noch mehr Pech hat als „nur" die Rentenkürzung und man wird krank und joar, dann hat man von der lang ersehnten und hart erarbeiteten Rente gar nichts mehr – oder zumindest nicht mehr allzu viel.

Doch falls man Glück hat, dann sind's mit der Rente ja immerhin noch ein paar Atemzüge voller Genuss. Ja, also sofern wir denn körperlich und mental noch fit genug sind – und sofern wir denn überhaupt ein gewisses Alter erreichen, denn eine durchschnittliche Lebens*erwartung* ist ja mitnichten eine Garantie – die kann einem ja ohnehin niemand für gar nichts geben – egal wie viele Versicherungen den Anschein erwecken, einen scheinbar vor irgendwas bewahren zu können.

Doch so wirklich wirklich versprechen kann einem ja niemand so wirklich etwas angesichts der Ungewissheit unserer aller Zukunft – und vor allem auch im Angesicht der globalen Veränderungen, die ja seit ein paar Jahren wie Tsunami nach Tsunami über uns einbrechen und wohl auch erstmal nicht damit aufhören.

Und auch wenn wir Menschen uns manchmal so verhalten, als hätte man ein Recht auf ein glattes, einschnittsfreies Leben und als stünde uns irgendwie eine bestimmte Dauer an Leben zu, liegt die tatsächliche Zuteilung von Atemzügen ja nicht in unserer Hand. Manche Menschen sterben ja schon mit 32, oder mit 16, oder mit 8, oder schon bei der Geburt.

Wenn wir also alleine diesen Umstand bedenken, also dass wir scheinbar gar kein Recht auf ein langes und erfülltes Leben haben, und dass uns das auch kein System und kein Konzept vertraglich versprechen können, dann kommt es mir absurd vor, dass wir unser Glück und unseren Genuss systematisch auf einen Ort in der Zukunft verschieben – so wie wir es ja zum Beispiel auch mit der Rente tun.

Schließlich sollen wir uns ja für die Rente abrackern, damit wir uns dann irgendwann nicht mehr abrackern müssen – wir sollen also unsere Lebenszeit abtreten, damit wir irgendwann – *so Gott will* – nicht mehr unsere Lebenszeit abtreten müssen. Dass das nach einem ziemlich schlechten Deal klingt, brauch ich dir wohl nicht ins Ohr zu flüstern.

Wenn sich so, fern der Selbstverständlichkeit eines Anspruchs auf irgendein Lebenszeitkontingent jede tatsächlich gelebte Sekunde zum größten Geschenk erhebt, dann ist die permanente Ausrichtung unseres Lebens auf einen Zeitraum in der Zukunft, dessen Eintritt uns niemand garantieren kann, nicht nur irgendwie dysfunktional und dämlich, sondern auch höchst bedauerlich.

So leben wir unser Leben ja kollektiv so, als wäre jeder Moment, der vergeht, nur eine Probe für irgendetwas und nicht bereits die Uraufführung. Doch irgendwann werden wir alle feststellen, dass man die Uhren tatsächlich nicht zurückdrehen kann und dass unsere Zeit so *wirklich wirklich* abläuft – egal, wie sehr man diesen speziellen Umstand der größtmöglichen Unumstößlichkeit und Unüberwindbarkeit in unserer Gesellschaft zu ignorieren versucht (was auch wieder ein Phänomen ist, dem man ein ganzes Buch widmen könnte).

Kapitalistische Logiken strukturieren und vereinnahmen unsere Lebenswirklichkeit derart, dass wir unsere komplette Lebenszeit in *Arbeitszeit* und *Freizeit* aufteilen – als einer Zeit, die *frei von Arbeit* ist, die also ihren positiven Begriff auch nur von der Negation von Arbeit erhält; ganz so, als wäre die Arbeit eben ganz selbstverständlich das, wonach sich alles richten muss.

So ist es nicht nur so, dass wir unser Glück kollektiv immer auf den noch-nicht-präsenten Moment verschieben, sondern auch so, dass wir diejenigen präsenten Momente unserer Lebenszeit, die wir haben, gar nicht wirklich für uns haben – zumindest wohl mal im Durchschnitt und zumindest wohl mal zum Großteil.

So haben wir, wenn wir uns gezwungenermaßen zwischen Berufseinstieg und Rente in einen Modus kontinuierlicher Wiederholung ein- und desselben Alltags begeben, im Endeffekt von den vierundzwanzig Stunden vielleicht mal gerade so drei bis vier Stunden wirklich für uns, in denen wir diejenigen Dinge tun können, die wir wollen und die nicht überlebensnotwendig sind (wenn drei bis vier nicht schon zu viel sind). Denn ein Drittel schlafen wir, ein Drittel verkaufen wir und im letzten Drittel muss sich unsere Freizeit ja noch den Platz teilen mit Dingen wie Kochen, Putzen, Essen, Fahren und Koten (kurzer Schmunzler wegen Koten).

Diese Rhythmik überspannt dann die Tage von Montag bis Freitag, während derer wir auf Samstag und Sonntag hoffen – wobei oftmals zumindest noch jeder halbe Sonntag in Klagen über die jeweilige Montagsnähe draufgeht. Wenn also so gesehen unsere Wochenenden und unser Urlaub zu unseren Lebenszeit-Highlights werden, hat unser gesamtes Jahr dann eigentlich statt zwölf noch vielleicht so grob vier Monate. Wenn wir dann allein die Zeit da abziehen, die wir schlafen müssen, bleiben noch vielleicht ein bisschen mehr als drei Monate. Wenn wir da noch alle anderen Lebenshaltungsaktivitäten abziehen, dann hat unser Jahr noch vielleicht so zwei Monate freie Zeit. Und davon starren wir dann noch mindestens die Hälfte der Zeit auf einen Bildschirm, um uns geistig in die Phantasie-Produkte einer Anderen entführen zu lassen, statt unseren eigenen Geist auf Reisen zu schicken. Selbstredend bleibt da wenig Raum und auch gar keine Zeit, uns all dessen überhaupt gewahr zu werden – was sicherlich für einige in dieser Matrix von Vorteil ist, bedeutet die Unfreiheit der einen ja oft die Freiheit einer anderen.

Die Ausrichtung unseres gesamten Lebens auf Produktivität und wirtschaftliche Verwertbarkeit geht ja so weit, dass man sich scheinbar irgendwie „sein Leben versaut", wenn man sogenannte „Lücken" im Lebenslauf hat, weil man sich dadurch gegebenenfalls den Wiedereinstieg in die beruflichen Sphären stabiler monetärer Vergütung verspielt. Doch bereits die Wahl des Begriffs einer „Lücke" sagt ja schon viel mehr aus, als dass sie nur auf einen vermeintlichen Leerraum in unserer Lebenszeit deutet – denn den gab es ja schon rein logisch betrachtet nicht – wir waren ja wohl mitnichten kurzweilig tot.

Einzig vom Fokus auf ausschließlich wirtschaftliche Verwertbarkeit unserer Lebenszeit haben wir eine „Pause" genommen (oder nehmen müssen) – und das wird ja teilweise wie eine dämonische Todsünde geahndet – oder zumindest als unverzeihlicher Verrat am totalitären Diktum des *homo oeconomicus*. Müssen wir ja wahrlich mit sozialer Ächtung rechnen, wenn wir andere Dinge als das Bruttoinlandsprodukt priorisieren – wie beispielsweise unsere mentale Gesundheit.

Und wenn wir nicht nur das tun, sondern neben unserem seelischen Glück sogar noch den Erhalt unseres Lebensraums über die wirtschaftliche Produktivität des Landes stellen – also den Erhalt des Klimas und der Ökosysteme des Planeten – dann gibt es nicht zu wenige Menschen, die einen dafür auslachen und einen *Hippie* schimpfen – als wäre das einerseits überhaupt eine Beleidigung und als wäre andererseits die Annahme nicht ganz und gar lächerlich, dass wir überhaupt noch was zum BIP beisteuern und generell irgendwas mit Geld anfangen könnten, wenn wir keine Luft mehr zum atmen haben. Das kannste dir so wirklich nicht ausdenken. Ham' wa aber. Und jetzt sollen wir alle am besten keine Fragen stellen und einfach mitmachen. Lol?

Doch kann das Leben wirklich nur so funktionieren? Ist es ohne diese Abläufe so instabil? Bricht alles in komplettes Chaos aus, wenn wir da was ändern? Ja, dient das ganze System wirklich unserer Sicherheit? Schließlich wird uns ja irgendwie suggeriert, dass uns ein systemtreues Verhalten zumindest zu einem gewissen Grad Sicherheit im Leben gewährleistet. Aber warum brauchen wir die? Ist das Leben wirklich per se so hart und unter keinen Umständen weder Wunschkonzert noch Ponyhof? Kriegt man tatsächlich nichts geschenkt und muss man immer unzweifelhaft sehen, wo man bleibt? Ist es wirklich haargenau so, wie mein Opa immer gesagt hat: „*Nützt ja all' nichts; 'kannst nichts machen; so ist das Leben*"? Aber stimmt das? Ist das ganze Spiel hier wirklich im letzten Grund der Dinge ein Überlebenskampf bis in den Tod? Haben wir keine andere Wahl, als damit klarzukommen und uns dem System naht- und am besten kommentarlos zu fügen? Ist das Leben wahrhaftig einfach so? Oder haben wir es so gestaltet, dass es uns so vorkommt?

Denn so wie es mir scheint, da müssten wir, wenn jemand sagt, dass das Leben „nunmal halt so ist", eigentlich entgegnen: „Nein, das stimmt nicht. So ist nicht das Leben an sich, sondern Industriekapitalismus. So ist bodenloser Wirtschaftsliberalismus. So ist das Patriarchat. So ist das Leben, wenn wir unsere wirtschaftliche Kraft über alles stellen und alles nach größtmöglichem Fortschritt ausrichten. So ist das Leben, wenn man sich erzählt, dass es ein harter Konkurrenzkampf und permanenter Wettbewerb ist und dass es darum geht, immer mehr und mehr und mehr zu haben – aber so ist nicht das Leben an sich." Es steht ja in keiner kosmischen DNA geschrieben, dass die Menschheit sich haargenau den Film fahren muss, den sie sich gerade fährt.

Montage sind ja nicht per se Scheißtage und man kann ja auch voran kommen, ohne alles absurd auszubeuten. Und es muss nicht so sein, dass so viele Menschen so unglücklich sind. Unser Leben könnte auch einen ganz anderen Fokuspunkt haben und es könnte mit einer anderen Ausrichtung auch eine ganz andere Gestaltung haben. Auch Karriere, Erfolg und Fortschritt könnten ganz anders gedacht werden. Genauso könnten wir Gemeinschaft ganz anders denken, als einen Kampf von allen gegen alle. Wir könnten durchaus weniger Stress haben und weniger Angst davor, irgendwie durchs System zu rasseln oder gar zu verhungern. Wir könnten auch arbeiten, um zu leben, statt nur zu leben, um zu arbeiten.

Dabei geht es natürlich nicht darum, dass das Ideal wäre, den ganzen Tag vor der Glotze zu hängen. Viele Tätigkeiten sind ja ganz wunderbare Tätigkeiten. Es geht nur darum, dass die Art und Weise, wie wir Arbeit denken, in den meisten Fällen Formen moderner Ausbeutung und Sklaverei sind. Darauf zu antworten, dass man es früher noch schlechter hatte oder dass es den Menschen in anderen Ländern mit deren Arbeitsbedingungen noch miserabler geht, hilft übrigens wenig, um eine überarbeitete menschliche Seele zu trösten (und die seh ich überall).

Wir verstehen Arbeit ja gar nicht mehr als schöpferischen Ausdruck oder als wertvolles Wirken in der Welt, sondern als eine verwertbare Leistungseinheit, die sich in Zeit, Geld und Effizienz messen lässt. Damit werden wir in unserem Subjekt-Sein in Richtung Objekt degradiert, weil wir nur noch als Ressource oder als konsumierende Masse betrachtet werden, nicht als lebendige, fühlende Wesen mit Träumen, Ängsten und Bedürfnissen, deren Wert jenseits ihrer „Arbeitskraft" liegt. Doch *muss* das alles ja nicht normal sein. Normalität ist ja irgendwo auch nicht mehr als nur eine Geschichte.

Die Geschichte von Normalität

Trotz des Geschichtencharakters von Normalität erscheint uns die Art und Weise, wie wir Leben bis dato gedacht haben, sowohl unausweichlich als auch selbstverständlich. Kein Wunder: Es hinterfragt ja wohl auch kaum jemand von sich aus in seinen ersten Lebensjahren, ob das alles so seine Richtigkeit hat oder ob es zu diesem Gehege, in dem wir leben, eigentlich auch Alternativen gibt (und wie es scheint meistens auch nicht in den letzten Lebensjahren). Wir sehen unser Gehege ja nicht *als Gehege*, sondern als *alles, was ist*. Also machen wir einfach mit und hinterfragen unsere Normalität nicht auf ihre Angemessenheit. Wir tun einfach das, was alle in unserem Gehege machen und wurschteln uns irgendwie durch. *Einfach schwimmen, einfach schwimmen ...*

In diesem Sinne dachte ich genau wie die meisten anderen Erdmännchen mit mir, dass das alles, genauso, wie es ist, nunmal halt die „normale" Realität ist. Ich dachte, dass das Leben eben wirklich so laufen muss und dass man sich nicht nur damit abfinden müsste, sondern sich auch daran anzupassen hätte; bedeutet Normalität ja weit mehr als nur die Wiedergabe einer bestimmten qualitativen Beschaffenheit, sie beschreibt ja nicht nur einen bloßen Zustand, sondern enthält immer auch einen gewissen Imperativ und Maßstab für Seins- und Verhaltensweisen, an denen wir uns messen sollen (mit dem Ziel, eben jenen Zustand zu erreichen).

Und wenn sich dann ein wenig Reibung mit dem System und seinen Erwartungen von einem entwickelt, ja wenn man nicht so gut oder gar nicht in dieses System passt, dann denkt man viel eher, dass der Fehler bei einem selbst liegen muss, als dass man den Fehler im System vermutet. Man denkt dann, man sei eben nicht *gut genug* oder *normal genug* und müsse eben schauen, wie man sich diesem Entwurf für ein menschliches Leben (und sowieso allen Maßstäbe darin) restlos fügen könne, so fehlerhaft und falsch, wie man ist – auch wenn das unter Umständen bedeutet, Teile seiner selbst nicht ausleben zu können oder sogar unterdrücken zu müssen.

Darüber hinaus erscheint es einem ja auch logisch, dass automatisch diejenigen Dinge als Norm gelten, die die besten sind. Man kann ja wohl annehmen, dass das alles schon gut und richtig so sein wird, wie es ist, wenn es gemeinhin so getan und gesehen wird, wie alle vernünftigen „Erwachsenen" es tun oder sehen – ansonsten täten oder sähen sie es ja freilich anders, oder?

Gerade auch in Bezug auf solche Dinge, die einen jahrhundertealten Rattenschwanz haben und die man schon ewig so tut und sieht, wie man sie tut und sieht. Denn gerade bei diesen Dingen hatte man ja auch wirklich einige Jahre durch die Geschichte hindurch Zeit zur besten Möglichkeit zu finden. Ja, sowieso ist doch der Gedanke, dass alle so wenig Plan haben und dass man schlauer oder weiser sei als die anderen – oder zumindest als seine vorangegangenen Generationen – schon auch einer, der einem überheblich und vermessen vorkommt (das ist ja ohnehin auch immer wieder der Klassiker von Generation zu Generation). Ja, wenn es nicht gut so wäre, wie es ist, dann hätte man doch sicherlich was geändert, oder? Warum sollten die Menschen denn nicht so leben, wie es am besten, also am funktionalsten für ihr glücklichstes Leben wäre? Das wäre ja unvernünftig und unlogisch und unsere Gesellschaft ist doch sowohl vernünftig als auch logisch. Wir leben ja im modernen 21. Jahrhundert und nicht mehr im Mittelalter – geschweige denn in der Steinzeit.

Aber mal unter uns: Glaubst du wirklich, dass wir nach abertausenden Jahren Evolution genau *dafür* geboren sind? Ist das das Ultimatum der Entwicklung der menschlichen Spezies? Ist das der Höhepunkt des modernen Menschen? *You're a slave to the money then you die?!* Ganz ehrlich: I doubt it. Mir erscheinen dieses System und seine Strukturen so crazy widernatürlich und absurd willkürlich, dass mir schon als Kind nicht viel mehr dazu einfiel als ein stummes, einzig durch das Hochziehen einer Augenbraue veräußertes *„HÄ"*, das in seiner Unbestimmtheit und Stumpfheit versucht, diejenige des Systems performativ nachzuvollziehen.

Da wir nach unserer Geburt nicht in die Vielfalt möglicher Lebensentwürfe eingewiesen werden und so höchstwahrscheinlich nicht darüber nachdenken, dass es auch Alternativen geben könnte, Realität, das Selbst oder das Leben zu verstehen, mögen wir vielleicht nicht nur denken, dass die derzeitige Normalität selbstverständlich sei, sondern auch das Ergebnis irgendeiner natürlichen Genese – und kein von Menschen gemachtes Produkt oder eine von ihnen erdichtete Geschichte – und damit gar die Folge eines willkürlich festgelegten Geschmacks oder einer genauso gearteten Meinung. Ja, wir mögen vielleicht denken, dass es gar nicht anders möglich gewesen wäre, menschliches Leben anders zu denken und zu gestalten, wie wir es gerade denken und gestalten. Ja so, als könnten wir gar keinen anderen Lebensablauf haben, als den oben geschilderten.
Doch tatsächlich ist und war Normalität nie mehr als nur eine Geschichte, die wir uns erzählen. Genauso wenig, wie der Kapitalismus ein „joar, ist halt so" ist, ist unsere Normalität ein „joar, so isses halt und so macht man es halt." Beide sind vielmehr das Resultat von Erzählungen und Bedeutungszuweisungen, die über Gene-

rationen hinweg weitergegeben wurden und die wir als Teil der Gesellschaft internalisiert haben. Normalität ist also keine plumpe Momentaufnahme unseres aktuellen gesellschaftlichen Zustandes, die „einfach so plötzlich da ist", sie entsteht ja nicht aus dem Nichts. Stattdessen ist sie immer das Ergebnis der ihr vorausgegangenen Erzählungen. Und all diese Geschichten bestimmen jetzt, wie wir das heilige Geschenk unserer Lebenszeit verbringen und was für uns Normalität bedeutet.

Normalität spiegelt also nicht wider, was so-oder-so ist, weil es wirklich und wahrhaftig so-oder-so ist, sondern meistens etwas, das so-oder-so ist, weil „jemand" will, dass das so-oder-so ist. Sie ist also immer auch mit Machtstrukturen verbunden, die gewissen Werten und Interessen – also einer bestimmten Geschichte – Beständigkeit verleihen sollen. Sie macht (mindestens) zwei soziale Ebenen auf, indem sie bewertet, was als „normal" und was im Gegenzug als „unnormal" gilt: So führen diese Prinzipien von Inklusion und Exklusion zu einer sozialen Hierarchie, die die jeweiligen Machtinteressen repräsentiert.

Doch nur weil wir Dinge als „normal" wahrnehmen, heißt das nicht, dass sie automatisch richtig oder gut sind – geschweige denn natürlich. Der Begriff mag uns diesen Eindruck vermitteln, doch klafft zwischen dem Begriff und seiner eigentlichen Bedeutung häufig ein Spalt, der in manchen Fällen ein riesiger Abgrund sein kann – in den man leicht hineinfallen und nicht mehr herausfinden kann.

Wenn wir einsehen, dass jede Normalität letztlich ein von Menschen erdachtes Erzeugnis ist, führt uns das zu einer klaren Erkenntnis: Sie ist zutiefst wandelbar – auch wenn uns der Begriff vielleicht Beständigkeit suggerieren mag. So gesehen hätte es in unserer Geschichte immer nur ein paar andere Entscheidungen gebraucht, infolge derer alle Normalität und unser aller Leben heute *komplett* anders aussähen.

Damit erinnert uns Normalität an etwas Entscheidendes: Geschichte ist keine abgeschlossene Sache, sondern vielmehr eine lebendige Kontinuität – auch wenn das zunächst paradox klingen mag. Ich persönlich dachte zumindest lange Zeit, dass Geschichte irgendwie immer schon geschehen ist (sonst hieße sie ja anders?!) und ich nichts mit ihr zu tun hätte. Denn wie viele andere hab' auch ich in der Schule einiges über unsere gesellschaftliche Geschichte gelernt und mir dabei unter einem mehr oder minder interessierten Kopfnicken „*Ja okay, weiß ich Bescheid*" gedacht. Mir kam der Gedanke allerdings erst später, dass niemand je die Geschichte beendet hat und dass das, was wir heute *Politik* oder *Kultur* nennen, eines Tages *Geschichte* heißt und dass wir allein schon dadurch immer auch mitgemeint sind, wenn von „Geschichte" die Rede ist. Schließlich sind wir mit der gegenwärtigen Dimensionen aller mit Kultur und Politik einhergehenden Kategorien wie sozialer Klasse, Nationalität, Herkunft und Geschlecht irgendwie verbunden, und damit auch mit allen ausgesprochen oder unausgesprochenen Werten und Normen, die man uns bei unserer Geburt ins Menschenleben-Stickeralbum babbt.

So hab ich ein wenig gebraucht, um mich mit meiner Gegenwart sowohl als Teil einer lebendigen Kontinuität von Kultur und Geschichte zu begreifen als auch die derzeitige Normalität in ihrer historischen Konstruiertheit zu hinterfragen – und dabei zu erkennen, dass ich meine eigene Geschichte mitschreibe und irgendwie selbst ein Stück lebendiger Geschichte bin. Letztendlich sind wir alle ja irgendwie die gerade noch offene Stelle des hinter uns bereits geflochtenen Erzählfadens unserer Menschheitsgeschichte.

Trotz dieser Wandelbarkeit und Fragilität der Geschichte kriegen wir dennoch leicht den Eindruck, dass wir keine Macht darüber hätten, wie die Dinge sind oder wie sie sich entwickeln werden. Ja, die Gestaltung dieses Systems scheint irgendwie außerhalb unserer Macht zu liegen. Wir scheinen einer gewissen Fremdbestimmung ausgeliefert; einerseits, weil uns unsere Normalität unausweichlich vorkommt und andererseits, weil wir denken mögen, dass wir irgendwie berühmt oder sowas sein müssten, um etwas in diesem System zu bewirken. Aber wer ist denn das System? Nur irgendwelche unausgesprochenen Normen und ein paar Gesetze? Nur das, was dokumentiert wurde und es in die Zeitung geschafft hat? Sind wir kein Teil der *tatsächlichen* Menschheitsgeschichte, wenn wir nichts Großes in der Welt gewirkt haben? Und ist es wirklich unbedingt etwas „Kleines", wenn wir „nur" in unserer Nachbarschaft aushelfen? Oder sind es nicht gerade auch die unscheinbaren, alltäglichen Taten – die kleinen Gesten des Miteinanders – die das System von innen heraus verändern können? Ja, sind es wirklich nur „die da oben", Politik, Medien und reiche Konzerne, die die Narrative diktieren, oder liegt der wahre Wert dieser Geschichten darin, dass wir selbst an sie glauben? Denn auch wenn uns das System oft als unveränderlich erscheint, liegt es am Ende in unserer Hand, welchen Geschichten wir Glauben schenken – und somit auch, wie wir unsere Realität formen.

Dazu dürfen wir uns auch vergegenwärtigen, dass wir gerade in unserer digitalen und vernetzten Zeit mehr Macht denn je haben, Gesellschaft mitzugestalten – schon allein dadurch, dass wir uns ganz anders organisieren können, als es uns in den vorangegangenen Jahrhunderten möglich war. Dinge, die lange Zeit in die Unsichtbarkeit verbannt wurden, haben heute eine ungeahnte Chance auf Sichtbarkeit und auch kleine, scheinbar unscheinbare Stimmen können heute mittels Sozialer Medien lauter werden, als jene der Gesetzgebenden.

Doch nicht nur das: Auch die augenscheinlich unscheinbaren Dinge, die wir tagtäglich tun und äußern, haben allesamt eine nicht zu unterschätzende Wirkung. Der ganze Raum unserer Gesellschaft ist ja schwanger von einem dicht gewebten Netz aus Bedeutungen und wir bewegen dieses Bedeutungsgewebe mit jedem Ausdruck und jeder Geste; wir weben, wir weben, wir weben, vom ersten bis zum letzten Atemzug. Ja, mit jeder einzelnen Geschichte, die wir uns erzählen, egal ob „privat" oder „öffentlich" verändern wir gewissermaßen die Welt, weil wir dadurch nicht nur unsere Lebensgeschichte schreiben, sondern auch unser aller faktische Menschheitsgeschichte.

Es hat also immer auch politische Bedeutung, wie wir uns zu den bereits geschriebenen und erzählten Geschichten verhalten, egal für wie „neutral" wir unseren Standpunkt halten. Alles bedeutet immer auch eine Wirkung für alle anderen Menschen da draußen – ob wir das nachvollziehen und uns vorstellen können, oder nicht. Alles wirkt, egal ob direkt oder scheinbar indirekt, an denjenigen Geschichten mit, die zukünftige Generationen irgendwann in ihren Alben kleben haben – oder in den Schulbüchern lesen werden. Ihre Kontinuität oder ihr Bruch liegen also in unserer Hand.

Und da gleichzeitig die Dinge immer nur den Wert haben, den wir ihnen verleihen, sind sie ja nie mehr als das, was wir daraus machen. Alle Dinge haben immer unendlich viele positive und unendliche viele negative Potentialitäten, die wir entfesseln können – oder eben auch nicht, denn mit allen Dingen, die in unserer Welt sind, kommen immer auch ihre prall gefüllten Speicher von Licht und Schatten, aus denen wir im Umgang mit ihnen Bedeutung für sie schöpfen können. Wir entscheiden, welche Kräfte wir aus den Dingen entfesseln und es sind unsere Handlungen und Entscheidungen, die bestimmen, wie sich die Bedeutung der Dinge entfaltet. Mitnichten sind wir also irgendeinem Verlauf der Dinge ohnmächtig ausgeliefert, wie wir in etwa den Jahreszeiten ausgeliefert sind (wobei wir das mit dem menschengemachten Klimawandel ja auch verändern, aber gut). Also: Um des Himmels Willen, unterschätze bitte niemals deine eigene Stimme und das unzubändigende Potenzial ihrer Wirkung.

Wenn wir uns also selbst ermächtigen wollen, wenn es darum geht, einen Weg aus der augenscheinlichen Starrheit einer Weltinterpretation zu finden (unserer Matrix), dann wollen wir uns fragen, inwiefern unser eigenes Denken und unsere eigene Wahrnehmung an diesen kollektiven Geschichten partizipieren, die unsere Welt, ihre Realität und Normalität gestalten – denn eigentlich braucht es immer nur ein paar addierte Geschichten und schon haben wir ein ganzes Paradigma. So wollen wir auf den kommenden Seiten hinterfragen, welche Denkweisen und Erzählungen die Grundlagen für unsere heutigen Strukturen geschaffen haben. Schließlich braucht es eine bestimmte Ausrichtung und einige grundlegende Geschichten über unser Menschsein und unsere Realität, um zu so etwas wie unserer heutigen „modernen" Gesellschaftsstruktur zu gelangen. Da wären wir auch schon beim Thema.

Die Geschichte vom modernen Menschen

Mir kam es immer so vor, als sähen wir die Entwicklung zu unserer heutigen Normalität als etwas, auf das wir voller Stolz zurückblicken; als wäre das eine durch und durch glorreiche Geschichte von genialem Erfindungsgeist, der sich in der Schönheit unserer europäischen Architektur, Kunst, Musik, Philosophie und Literatur widerspiegelt – und natürlich auch in unseren bahnbrechenden wissenschaftlichen Entdeckungen, allen komplexen technischen Erfindungen und unseren starken Staatssystemen. Und auch wenn uns heutzutage einige andere Länder vielleicht hier und da mal wirtschaftlich abhängen, waren wir hier in Europa dennoch die ersten Menschen unseres Planeten, die den Durchbruch in diese glorreiche Zukunft so richtig gerallt und durchgezogen haben – ja, wir waren es, die sich global zuerst von ihren „naiven", „tierähnlichen" und „wilden" Wurzeln emanzipiert haben und somit war die Moderne doch irgendwie unsere Idee.

Bis zum Mittelalter waren wir vielleicht nicht so schlau, doch haben wir uns dann, vor allem mit dem Aufklärungs-Zeitgeist endlich von allem gelöst, das uns aufgehalten hat, wodurch wir zu den rationalen und modernen Menschen werden konnten, die wir heute sind – und die natürlich auch alle sein wollen. Wir haben die ganze Welt erklärt und entschlossen eingesehen, wie intelligent wir sind; sind wir ja schließlich mit unseren Messinstrumenten und unserer Mathematik all den Mechanismen des Kosmos auf die Schliche gekommen und haben unsere Erkenntnisse für die Nachwelt klassifiziert und katalogisiert. Wir haben erkannt, dass es keinen Gott gibt, dass der Kosmos und unsere ganze Existenz einfach so, ja quasi infolge eines vielleicht sehr unwahrscheinlichen aber dennoch zufälligen Zufalls entstanden sind und dass nur Wissenschaft wahres Wissen produzieren kann.

Jetzt sind wir auf der Schwelle der Zukunft angekommen – es gibt schließlich das Internet und wir tragen Anzüge und haben kleine Computer als Uhren, mit denen man auch telefonieren kann. Wir wissen, „wie man sich benimmt", wir siezen höflich, wir fahren ins achtzigste Stockwerk hinauf und blicken dann nieder auf unsere eindrucksvolle Betonwüste, von der aus wir vielleicht keine Sterne mehr am Himmel sehen mögen, dafür aber Weltraumschrott und der blinkt manchmal auch.

Damit wir uns weiterhin so prächtig entwickeln können, unterstellen wir all unser Handeln und Denken dem Leitstern eines Superlativs, wodurch wir nun den Fortschritt, koste es, was es wolle, mit maximaler Geschwindigkeit vorantreiben (ja so, als hätten wir nicht noch rund eine Milliarde Jahre Zeit, bis unser Planet unbewohnbar wird, weil die Sonne zu heiß geworden ist). Es geht jetzt nur noch darum, immer wieder das Upgrade für die Menschheit in Sachen Modernität und Fortschritt zu verkörpern; ja von hier aus wird alles natürlich immer nur noch moderner und krasser und geiler, denn diese immerwährende Sich-Selbst-Überholen scheint ja wohl irgendwie der Sinn und Zweck unserer ganzen Spezies zu sein – würde es nicht darum gehen, würden wir ja sicherlich etwas anders machen, oder?

In diesem Sinne hatte ich immer den Eindruck, dass uns der Status Quo' der Gestaltungsart unserer derzeitigen Normalität irgendwie so verkauft wird, als lebten wir in der bestmöglichen und fortgeschrittensten Zeit ever. Also vielleicht nicht überall auf dem Planeten, aber auf jeden Fall hier bei uns, im „Westen". Ja, es erweckte in mir den Anschein, als gingen wir hier irgendwie unausgesprochen davon aus, dass unsere Art zu leben global betrachtet schon auch die beste und das Nonplusultra aller Lebensarten und -weisen ist. So als wären wir die modernsten Menschen jemals und als wäre es irgendwie nur ein unglücklicher Zufall, dass es so viele Missstände gibt und dass wir den Planeten so massiv zerstören.

Aber ist unsere ganze Entwicklung wirklich so linear-genial, wie wir uns das erzählen? Denn auch wenn wir es gerne ausblenden, hat unsere Geschichte ja nicht nur Sonnenseiten. Doch sind die Schattenseiten einfach ein lästiges Beiprodukt der Sonnenseiten? Oder hängen sie vielleicht mit einem ganzen Bewusstsein zusammen, dass zutiefst ambivalent ist und infolgedessen sowohl Sonnen- als auch Schattenseiten gebärt?

Dazu eine kleine Anekdote: Nie werde ich vergessen, wie ich mit einer Freundin aus meinem Kunstgeschichtsstudium durch Paris lief, um ihr die Stadt zu zeigen und wie sie aus dem Staunen über den ganzen Prunk kaum herauskam, um dann mit ihrer heruntergefallenen Kinnlade irgendwann nicht etwa die Schönheit zu loben (klar, schon auch hier und da mal, wie auch nicht bei dem Anblick), sondern um zu konstatieren, dass Frankreich ja wahrlich ganz offenkundig die ganze Welt kolonialisiert hatte.

Damit betonte sie nicht etwa miesepetrig, sondern vollkommen zu Recht die Zweischneidigkeit dieses Schwertes und damit die andere Seite der Medaille, die in all dem Prunk ja auch mit Absicht verborgen bleibt. Doch gibt es das eine halt nicht ohne das andere. So geht der Prunk der westlichen Kultur und Zivilisation Hand in Hand mit der Ausbeutung der Welt und der daraus resultierenden heutigen Armut des „globalen Südens", dem gegenüber wir uns ja als so fortschrittlich und modern betrachten – und das nicht erst seit vorgestern.

Die Armut eines großen Teils der Welt kommt nicht in etwa daher, dass diese Länder es halt einfach nicht drauf hatten oder haben, sondern dass der Westen ihnen seine Idee von Zivilisation und Fortschritt übergestülpt hat, dass er sie in Abhängigkeits- und Ausbeutungsverhältnisse gesponnen und sie dadurch schlichtweg immer mehr abgefucked hat, während er selbst immer reicher und reicher wurde.

Die Anfänge des Kolonialismus haben ihre Wurzeln vor rund 500 Jahren in die menschheitsgeschichtliche Erde gestreckt – in etwa zur gleichen Zeit, als sich auch all die genialen Erfindungen und all die prachtvollen kulturellen Erzeugnisse manifestiert haben, auf die wir immer so stolz sind. Und die sind ja auch ganz prima, keine Frage. Doch da diese Entwicklungen zeitlich zusammenfallen, bietet es sich an, ein wenig aufzuhorchen und genauer hinzusehen, mit was für einem Bewusstsein wir es da zu tun haben; tritt der Kolonialismus ja nicht etwa rein zufällig zeitgleich auf, so als wäre er eine unabhängige, parallele Entwicklung. Er ist Teil genau derjenigen Denkstruktur, die den westlichen Fortschritts- und Modernitätsgedanken und das damit einhergehende Selbstbild von Überlegenheit geprägt hat. Aber eins nach dem anderen.

Wir können den Kolonialismus, der ungefähr mit der Eroberung (und anschließenden Ausbeutung) Amerikas durch Kolumbus im Jahr 1492 begann, so grob als symbolischen Ansatzpunkt einer Zeit wählen, die wir *Frühe Neuzeit* genannt haben. Sie bezeichnet diejenige „Epoche", die zwischen dem Mittelalter und der Moderne bzw. unserer Neuzeit liegt. Sie gilt gemeinhin als eine Art Vorbereiterin der jetzigen Neuzeit (deshalb wohl *Frühe* Neuzeit, manchmal auch *Frühmoderne*) und erstreckt sich – mal relativ weit betrachtet – über den Zeitraum von etwa 1350 bis 1800 – bzw. eben von der Eroberung Amerikas bis zur Französischen Revolution 1789, je nachdem halt, woran wir Epochenabfolgen festmachen wollen.

Denn „Epochen" gibt es natürlich irgendwie nicht in einem solchen Sinne, als dass von Montag auf Dienstag dann auf einmal „Mittelalter" oder „Moderne" war. Das darf man sich alles viel fließender vorstellen. Diese Art historischer Einteilung hat man im Nachhinein getroffen, um bestimmte Strömungen in der Gesellschaft besser greifen und beschreiben zu können, die man aufgrund bestimmter Merkmale meint, in der Vergangenheit ablesen zu können.

Ich will nicht sagen, dass das nicht durchaus seine Berechtigung hat, ganz im Gegenteil, aber auch Menschen mit Doktortitel oder Professur können nicht in der Zeit zurückreisen und schauen, „ob es wirklich so war", geschweige denn, „was da noch alles war". Sie können freilich nur mit den Quellen arbeiten, die überliefert wurden. Und logischerweise sind *weitaus* weniger Geschichten überliefert, als rein hypothetisch hätten überliefert werden können. Hat ja 1589 noch nicht jeder sein ganzes Leben in Sozialen Medien dokumentiert und damit irgendwie in der Zeit festgehalten. Die Geschichten, die überliefert sind, stammen also irgendwie immer von einer bestimmten Gruppe von Menschen, die zumindest mal die Mittel hatten, etwas festhalten zu können – das muss auch nicht unbedingt immer Geld bedeuten, das kann freilich auch ein Stein sein, mit dem man irgendwo Runen reinhaut, oder eine mündliche Überlieferung durch Jahrhunderte hindurch – aber irgendein Mini-Level an sprachlichem und/oder alphabetischem Vermögen sollte wohl schon gegeben sein – und das war es über Jahrhunderte für den Großteil der Bevölkerung schlicht nicht (für mündliche Überlieferungen verhält sich das freilich anders).

Geschichte ist in diesem Sinne also auch nur eine Geschichte, die wir uns erzählen und die uns dabei hilft, einfacher über die Vergangenheit sprechen zu können. Damit ist Geschichtserzählung also schon per se ein schwieriges Unterfangen, weil es immer so viel Raum für Färbungen gibt, sei es durch schlichtes Weglassen einiger Aspekte des Geschehenen, durch eine willentliche Anders-Erzählung und und und. Wenn wir also aus unserem Heute auf das Damals zurückschauen, dann ist immer nur ein Ausschnitt der damaligen Zeit überliefert, aber gut, irgendwo muss man ja mit arbeiten.

Obwohl also schon so grob gerundet fünf oder vier Jahrhunderte zurückliegend, und obwohl in unser heutiges Selbst- und Weltverständnis freilich auch noch andere Geschichten mit hineinspielen, sind es tatsächlich einige Geschichten seit der Frühen Neuzeit – bzw. vielleicht eher die daraus resultierenden Strukturen –, die heute immer noch die „Rahmenbedingungen" für das Bild liefern, das wir uns von Gott und der Welt machen. Denn mit der Frühen Neuzeit ist ein neues Paradigma angebrochen, dessen Tradition – also dessen Art, uns Realität zu erzählen – wir heute noch fortführen.

Unsere heutigen Versionen dieser Geschichten sind freilich nicht mehr 1:1 die Geschichten von damals, doch in gewisser Weise ihre Nacherzählungen. Man könnte also schon sagen, ohne das alles historisch zu verzerren oder zu übertreiben, dass wir heute in Kontinuität der Frühen Neuzeit samt ihren (Weiter-)Entwicklungen aus der Moderne leben.

Dass es so ist, dass die Veränderungen, die die Frühe Neuzeit mit sich bringt, unser Leben bis heute beeinflussen, ist auch bei Weitem keine bahnbrechende Erkenntnis, brüstet Europas Denken sich ja bekanntermaßen eben gerade mit diesem *Zeitalter der Ver-*

nunft als Durchbruchzeit in die Zukunft, der wir zu verdanken haben, wer wir heute sind: intelligente, moderne, vernünftige und kultivierte Menschen mit einer glorreichen Geistes- und Ideengeschichte: Krasse Erfindungen, krasse Wissenschaft, krasse Technik, krasse Wirtschaft – einfach krasse Menschen. Bam Bam Bam. Kein Wunder also, dass wir die gesamte Verstricktheit aller Entwicklungen seit der Frühen Neuzeit auseinanderdröseln und uns vermehrt die Sonnenseite der Medaille angucken und die Schattenseite möglichst weit von uns weg halten und so Dinge wie Kolonialismus, Rassismus und den destruktiven und ausbeutenden Kapitalismus eher ungern im gleichen Atemzug erwähnen, wenn wir über unsere vermeintlich linear-geniale Vergangenheit sprechen. Dabei sind die Schattenseiten nicht etwa unbewusst verdrängt, sondern sehr wohl auch systematisch, um bestehende Machtverhältnisse zu legitimieren.

So ein Sonnen-Fokus ist für den Anblick des kollektiven weiß-westlichen Gewissens im Spiegel freilich auch wesentlich verdaulicher und erträglicher, gerade weil es diese Sonnenseiten der Frühen Neuzeit sind, aus denen wir heute immer noch einen saftigen Gestaltungsanteil für unser heutiges Selbstverständnis als moderne Menschen ziehen. Und doch können wir diese ganzen Entwicklungen nun mal nicht so betrachten, als fänden sie auf unterschiedlichen Planeten statt und als stammten all diese Dinge nicht zumindest irgendwie auch aus der gleichen Suppe von zumindest latent größenwahnsinnigem Mindset weißer-westlicher Arroganz, das denkt, es hätte den Kosmos nicht nur vollends verstanden – sondern auch erfunden.[1]

Also: Was passiert da in der Frühen Neuzeit? Ab etwa 1500 dehnt sich die westliche Macht durch den Kolonialismus über den europäischen Kontinent hinaus aus – nicht in menschenloses Land, sondern in Regionen, die von komplexen, etablierten Gesellschaften bewohnt wurden. Der Großteil von ihnen wurde durch die koloniale Expansion dramatisch dezimiert, was nachhaltige soziale, wirtschaftliche und kulturelle Wunden hinterließ, die die betroffenen Völker und ihre Interaktionen mit der westlichen Welt bis heute prägen und die interkulturellen Beziehungen auch auf lange Sicht beeinflussen werden (dazu kommen wir nachher auch nochmal).

Um 1600 beginnt dann so langsam dieses ganze System des Kapitalismus: Systematische Beziehungen weiten sich aus und Wettbewerb und Bankenwesen gewinnen langsam an Form. Diesen Entwicklungen haben Faktoren wie der Kolonialismus mit seiner Sklaverei und der Ausbeutung von Ressourcen in den Kolonien freilich zugespielt, indem sie entscheidend zur frühen Kapitalakkumulation beitrugen. Dieser frühe Handelskapitalismus entwickelte sich im Laufe der Jahrhunderte zum Industriekapitalismus, wie wir ihn heute leben.

Doch bilden sich mit der Frühen Neuzeit nicht nur die Grundlagen für die politischen und wirtschaftlichen Strukturen, die auch heute

---

1 In der historischen Realität müssen und dürfen wir natürlich auch davon ausgehen, dass es immer Menschen gegeben hat, denen all die Suppe des Unrechts bewusst war und die sich auch widerständig für ihre Geschwisterkinder und eine allgemein fairere Welt eingesetzt haben. Doch sind das meist Geschichten, die nie geschrieben wurden.

noch unser Leben, Handeln und Denken prägen, es verändern sich auch andere Aspekte der gesellschaftlichen Struktur.

Die Reformation löst eine umfassende Auseinandersetzung mit der Kirche aus, was zu tiefgreifenden politischen und gesellschaftlichen Umstrukturierungen führt, die dann (freilich über einige Jahre hinweg) zur Säkularisierung führen, also zur Loslösung von Staat und Kirche. Durch diese Machtverschiebung von religiösen Institutionen hin zu weltlichen Monarchien und staatlichen Institutionen entsteht unser modernes Staatswesen. Macht zentralisiert sich, als Feudalstrukturen Monarchien, neuen Verwaltungssystemen und der Bildung von Nationalstaaten weichen. Damit werden auch Identitätsfragen aufgeworfen, die dem Nationalismus Brennstoff lieferten, von dem man sich ja auch heutzutage immer noch überall großzügig bedient.

Es verändern sich dann weiterhin auch soziale Hierarchien, als in den Städten eine neue, wirtschaftlich orientierte Gesellschaftsschicht heranwächst, die wir heute vielleicht als konservativ bezeichnen würden, die aber sowas wie die Links-Progressiven ihrer Zeit waren: Das Bürgertum. Es sieht sich als selbstbewusster Träger des gesellschaftlichen Fortschritts und verknüpft in diesem Kontext wirtschaftlichen Erfolg mit persönlichen Tugenden wie Fleiß und Disziplin. Es liebt individuelle Entfaltung und Bildung, fördert Wissenschaft und Technik, entwickelt eigene Moralvorstellungen und neue Kulturpraktiken und grenzt sich bewusst vom „Adel" und der „bäuerlichen Bevölkerung" ab. Darüber hinaus profitierte es ordentlich vom Kolonialismus und trug genauso ordentlich zur Entwicklung des Kapitalismus bei.

Vermehrt kriegt es durch seine privilegierte wirtschaftliche Stellung Zugang zu politischen Machtpositionen und erheblicher gesellschaftlicher Einflussnahme. So hat sich die bürgerliche Lebensart bis heute als gesellschaftliches Ideal fortgesetzt, an dem sich viele soziale Gruppen (bewusst und unbewusst) orientieren, weil es Wohlstand, Bildung und politischen Einfluss symbolisiert und so als Maßstab für sozialen Aufstieg und gesellschaftliche Integration herhält.

Durch die Entmachtung der Kirche wird auch der symbolische Grundstein für eine neue geistige Haltung gelegt: eine, die nicht nur der Kirche im Speziellen, sondern auch Glaubensfragen im Allgemeinen mit kritischer Distanz begegnet. Es wird also nicht nur die Deutungshoheit der Kirche, sondern auch die Autorität Gottes infrage gestellt; hatte man beides ja ohnehin als essentiell miteinander verbunden verstanden, da die Kirche sich als Sprachrohr Gottes inszeniert hatte.

Anstatt die zentralen Fragen des Lebens also ausschließlich ins Außen zu verlagern, beginnt eine Bewegung hin zu persönlicher Verantwortungsübernahme für das eigene Schicksal und Handeln: in gewisser Weise kommt es so zu einer Individualisierung des Glaubens. Gleichzeitig eröffnen sich neue Diskussionen über Wahrheit und die Beschaffenheit von Realität überhaupt, was natürlich kräftig in diejenigen Bereiche hineinwirkt, die sich mit unserem Bewusstsein und unserem Denken befassen. So erhalten auch die Geisteswissenschaften in der Frühen Neuzeit neue Impulse und entwickeln einige Ideen progressiv weiter: Der menschliche Verstand, Rationalität und Vernunft werden zentrale Elemente, die in Fragestellungen zum Denken und Handeln wichtig werden.

So hast du bestimmt schonmal von dem berühmten *cogito ergo sum* – („Ich denke, also bin ich") von René Descartes gehört oder dem Wahlspruch der Aufklärung *Sapere Aude!* („Wage zu wissen" oder „habe den Mut, dich deines eigenen Verstandes zu bedienen") von Immanuel Kant. Deren berühmte Ideen – freilich neben denen einer Menge anderer schlauen Köpfe – haben dazu beigetragen, dass wir damals (vermeintlich) begonnen haben, unseren Verstand zu gebrauchen und uns zu eigenverantwortlichen, autonomen, selbstbestimmten und vernünftigen Subjekten zu erheben, die nicht mehr einfach alle Geschichten glauben, die man ihnen erzählt – so wie die Kirche es ja etliche Jahre lang getan hatte.

Dabei revolutionierten SuperBrains wie Descartes und Kant aber nicht nur das Denken, denn die Aufklärung war mehr als ein intellektuelles Projekt; sie war tief in die politischen Umbrüche eingebunden, die den Weg für die Entwicklung moderner Gesellschaften ebneten und die Grundlagen demokratischer Staatsstrukturen schufen.

Von dieser Warte aus betrachtet steht die Aufklärung als epochenmachende Bewegung der Frühen Neuzeit mit ihrem malerischen Begriff als Sinnbild für den Wandel vom vermeintlich „dunklen Unwissen" des Mittelalters hin zum „hellen" und „erleuchteten" Zeitalter des Wissens der Moderne.

In dieser Veränderungsbewegung hat sich der Mensch die Macht über sich selbst zurückgenommen (juhu endlich mündig) und die Vernunft und den menschlichen Verstand zum alles bestimmenden Maßstab erklärt. Rationalität wird zum Leitstern und als Prinzip auf alle Lebensbereiche angewandt: Sie wird zum Werkzeug, um die Welt zu verstehen und die Gesellschaft zu verbessern, wodurch sie auch in Bereichen von Wirtschaft, Wissenschaft und Politik an Bedeutung gewinnt. Damit setzt eine Entwicklung ein, die durch rationales Denken diejenigen Strukturen hinter sich lassen will, die den Entwicklungsfortschritt der Menschheit bis dahin (scheinbar) eingeschränkt haben. Alles pocht auf Freiheit, Expansion, Selbstbestimmung und Fortschritt.

Zu ähnlicher Zeit und auch infolge der Loslösung von der Beherrschung und Beschränkung der Kirche, gelangen die Naturwissenschaften in der Frühen Neuzeit so richtig zur Blüte. Da sie sich mit der materiellen Welt befassen und ihre Erkenntnisse auf messbarer Empirie begründen, wird ebendiese zur neuen Quelle der Wahrheit. Damit gilt nichts mehr, was man nicht durch die Rationalität des Verstandes und/oder mittels wissenschaftlicher Methoden und Techniken begründen und beweisen kann, die allesamt dem Maßstab von Nachvollziehbarkeit gerecht werden müssen. Die Gesetze der Natur und die mathematischen Prinzipien werden zur Grundlage unseres Weltverständnisses, womit sich schließlich auch die Maßstäbe für Wahrheit und Wissen überhaupt ändern. Man lässt die Fehlbarkeit der schwammigen Gefühlswelt, die der subjektiven Meinungen und die der unscharfen Interpretation „erfolgreich" hinter sich, freilich samt aller Dogmen jemals und generell – und natürlich konsequent bis heute [extrem ironischer Zwinkersmiley].

Damit geschieht der entscheidende Durchbruch ins Zeitalter der „Klarheit" als einer Zeit, in der der Mensch die vage und zutiefst paradoxe Erklärung der Welt und seiner selbst durch einen unsichtbaren Gott hinter sich gelassen hat. Man braucht Gott jetzt schlicht nicht mehr als Erklärung für die unfassbare Komplexität des Kosmos und sieht ihn als naives Denkirrtums-Überbleibsel unserer einst archaischen und primitiven Vorzeit an, in der man es halt noch nicht besser wusste.

Alles Nicht-Erklärbare, Schwammige, Doppeldeutige oder Trübe wird gleichsam zum Feindbild erklärt, steht es schließlich für die überwundene Naivität, in die man auf gar keinen Fall zurückfallen möchte. Schließlich gilt die „Fremdbestimmung" durch Natur und Kirche als etwas, dem man sich erfolgreich entzogen hat – im Ge-

gensatz zu all den anderen Lebewesen, die ihr vermeintlich „noch"
erliegen.

In dieser Tradition stehen wissenschaftliches Denken und techni-
scher Erfindergeist noch heute für eine moderne, rationale Weltanschauung, die autoritäre und dogmatische Glaubenssysteme hinter
sich gelassen hat und so den Weg für eine emanzipierte, selbstbe-
stimmte Gesellschaft ebnete – eine Gesellschaft, in der Meinungs-
und Glaubensfreiheit zu tragenden Prinzipien wurden.

Diese Prozesse fördern und prägen eine neue Sichtweise auf das
menschliche Individuum und seine Einbettung in den Kosmos: An
die Stelle der Autorität Gottes tritt der Mensch, selbst als „Ober-
checker" des Kosmos inszeniert, samt aller seiner wissenschaftlichen Methoden und Techniken. Er versteht sich als denjenigen,
der die Genialität der Natur *in und mit* der Technik weiterentwickelt. So wird alles Technische mit der Idee der „Zukunft" verbunden, weil sie als Spiegel der scheinbar grenzenlosen menschlichen
Schöpferkraft als vermeintlich höchstes Wesen im Kosmos fungiert, gesandt, um über alle anderen Lebewesen und den gesamten
Planeten zu herrschen.

Es herrscht ein neuer Vibe, der als diejenige Ära anmutet, auf die
der Mensch nur so gewartet hat, um endlich seine Bestimmung auf
Erden erfüllen zu können: sich von seinen (sehr paradoxerweise)
als widernatürlich empfundenen „barbarischen", „wilden" und
„unzivilisierten" Wurzeln der „ungeordneten" Natur zu lösen und
zu emanzipieren, um sich selbstbestimmt eine eigene, zweite Natur zu errichten, die man dann *Kultur* nennt.

Alles erscheint, als wäre der Mensch aus einer Art Tiefschlaf von
Fremdbestimmung, Naivität und Schneckentempo erwacht, end-
lich frei von den Ketten der Vergangenheit: So ist Freiheit in der
Frühen Neuzeit zunehmend ein zentrales Motiv, das sich durch

viele Bereiche zieht, von der intellektuellen und religiösen Emanzipation über politische Autonomie bis hin zur wirtschaftlichen Unabhängigkeit.

Mit dem aufkommenden Liberalismus wird Freiheit immer mehr als Schlüssel zu persönlichem Erfolg und gesellschaftlichem Wohlstand gesehen. Man glaubt, dass wirtschaftliche Freiheit für alle zu mehr Wachstum und Fortschritt führt – eine Idee, die später den Kapitalismus stark geprägt hat – es bis heute tut.

Doch trotz der hohen Ideale blieb die Freiheit in der Praxis häufig unvollständig und schloss viele gesellschaftliche Gruppen aus. Die ganzen wunderbaren Aspekte von Freiheit waren für den weißen, reichen, heterosexuellen Mann gedacht und bedeuteten im Umkehrschluss die Unfreiheit der anderen.

Geht also ganz schön vorwärts seit der Frühen Neuzeit: Der Wissenschafts-, Erfindungs- und Technikboom, die Neubewertung des Menschen und seiner „neu entdeckten" geistigen vernunftgemäßen Fähigkeit, das sich daraus entwickelnde Diktum der Rationalität, das alles strukturiert, die räumliche Expansion und „Entdeckungslust" der Welt (die freilich Habgier ist) und die daraus resultierenden Strukturen, die Neuordnung der Wirtschafts- und Gesellschaftsordnung durch entstehendes Bürgertum und den sich entwickelnden Kapitalismus, die Trennung von Kirche und Staat, der Glaube an den Fortschritt in damit an die Idee, dass sich die Menschheit durch Wissen und Technologie dauerhaft verbessern könnte und und und. Kein Wunder, dass dieses Zusammenspiel dazu führt, diesen Fortschritts-Vibe in Gang zu setzen, dessen Welle wir heute noch reiten.

Doch nun ist es nicht so, dass da in der Frühen Neuzeit auf der einen Seite in Religions-, Philosophie-, Kultur-, Geistes- und Wissenschaftsgeschichte einige Dinge passieren und auf irgendeiner anderen Seite Veränderungen in der gesellschaftlich-sozialen, politischen und wirtschaftlichen Geschichte. All diese Entwicklungen sind immer in Verwobenheit und Interdependenz zu denken. Die Reformation, die Aufklärung und der Renaissance-Humanismus, all die prachtvollen Architekturen und Kunstwerke, all die Literatur und Musik; die Geburt der modernen Wissenschaften und der technologischen Innovationen, Kapitalismus, Bürgertum, Kolonialismus, Ausbeutung, Rassismus, Gewalt: Das passiert alles gleichzeitig. Das kündet von einem ganz neuen Paradigma und neuen Horizonten. Aber eben auch von neuen Schatten.

Schattengeschichten des modernen Menschen

Schon irgendwie verständlich, dass diese Fortschritts-Welle auch ihre Schattenseiten mitgebärt. Im Angesicht sich neu eröffnender, grenzenlos scheinender Horizonte und im Duft der Luft des Möglichen – oder eher des Unmöglichen, kann man scheinbar schon mal ein bisschen abdrehen.

So inszeniert sich Europa als „Zukunfts-Avantgarde" und Checker von Modernität überhaupt. So als sei die westliche (weiße) Art zu leben, Zivilisation und menschliche Entwicklung zu denken, eben nicht nur die richtige und die bestmögliche, sondern auch die „natürliche", also die Art, auf die die Menschheit bei bester Entwicklung hinstrebt. Ganz so, als gerate der Mensch-an-sich notwendigerweise in genau den Modus, den uns die Frühe Neuzeit beschert hat, wenn er sich von seinen „barbarischen" und „unzivilisierten", „wilden" Wurzeln vormoderner und vor-rationaler Zeiten „befreit" und „zivilisiert" und damit „modern" wird.

Bevor ich mich näher mit solchen Fragen beschäftigt hab, kam es mir persönlich immer so vor, als wäre das halt der tatsächliche Stand der Dinge, der als unausgesprochene (weil unumstrittene) Wahrheit einfach so im Raum hängt: Klar sind wir im Westen die, die am weitesten entwickelt sind.

Das muss ja auch nicht immer gleich böse den anderen gegenüber gemeint sein, ist halt 'ne Tatsache. Wir sind vielleicht keine besseren Menschen, aber halt schon intelligenter oder zumindest komplexer, man hat ja schließlich einen Goethe gehabt und einen Mozart.

Ja, es kam mir so vor, als wäre die westliche bzw. weiße Überlegenheit einfach der natürliche Stand der Dinge und unsere vermeintlich höhere Intelligenz nicht nur real, sondern auch „normal" und gar nicht debattierbar. Als wären weiße, europäische Menschen also *wirklich* diejenigen, die „menschliche-Zivilisation-an-sich" gecheckt und erfolgreich umgesetzt hätten und als blieben so eben alle Menschen außerhalb der europäischen bzw. westlichen Bubble ganz natürlich hinter ihnen zurück an der Spitze der Evolution auf ihrem Weg zum hyper-technisch-versierten-Supermenschen mit starker Wirtschaft und bahnbrechender Wissenschaft. Das ist ja auch relativ offensichtlich, ich mein, „woanders", da essen die Menschen ja noch mit den Händen. Also, come on, wie „unkultiviert" und „unzivilisiert" ist das denn, seine eigenen Hände zum Essen zu verwenden anstelle einer Metallstange mit spitzen Zacken.

Doch egal wie unschuldig man so eine Sichtweise zu reframen versucht, diese Selbstinszenierung bedeutet immer auch eine hierarchische Herabstufung aller anderen, weil dieses Narrativ von Selbst- und Fremdbewertung in einem symbiotischen System funktioniert. Die augenscheinliche Selbstbewertung *„wir weißen, westlichen Menschen sind ja ach so cool und modern"* ist immer auch eine fette Fremdbewertung – also nicht nur ein *„Yeah, wir sind gut"*, sondern auch ein *„Yeah, wir sind besser als ihr"*.
Das Bild der kultivierten modernen Menschen, das sich symbolisch in der feinen Etikette des Adels und später des Bürgertums widerspiegelt, ist als Gegenentwurf zu einem äußeren Anderen gezeichnet – einem Anderen, von dem man sich unbedingt abgrenzen will, um jede Identifikation zu vermeiden. Man möchte sich als ordentlicher, angepasster, klüger, fortschrittlicher, besser, wertvoller und grundlegend anders verstehen, als allen anderen Menschen überlegen.

Damals wie heute hat die gesamte Geschichtskonstruktion eines „Anderen" als Feindbild und Bild der Abgrenzung die Selbst-Identifikation Europas als moderne und kultivierte Menschen stabilisiert. Dabei ging es auch gar nicht darum, was genau dieses „Andere" tatsächlich ist: Es zählte einzig, dass es „nicht-europäisch" (in diesem Kontext *nicht-weiß*) und damit „minderwertig" ist, womit das Europäische-an-sich (bzw. das Weiß-Sein) seine Identität als „mehrwertig" geschärft hat.

Man wertet sich anderen Menschen gegenüber auf, in dem man sich die Geschichte erzählt, dass man zwar schon irgendwie gemeinsam Mensch sei, aber halt „weiter entwickelt" und dadurch weniger „tierähnlich" – so als hätte man mehr Potenzial ausgebaut, das in unserem „Urzustand" verborgen lag, in dem alle anderen, nicht-weißen Menschen halt noch mehr verharren, als weiße Menschen, weil sie eben einfach nicht so krass sind. Das sähe man ja auch daran, was wir schon alles durch Menschenhand und -geist erschaffen haben, also unsere krassen Industrie- und Technikfortschritte, die uns den Weg in diese moderne Gesellschaft bereitet haben und die andere halt „noch nicht" erreicht haben und all unsere kulturellen Zeugnisse und dergleichen.

Man hat seine unkontrollierte und wilde Natur aufwändig und erfolgreich gebändigt, hat sich eine zweite Natur mit Namen *Kultur* geschaffen, infolge derer man zu einer Art von gehobenem Dasein, ja irgendwie zu einem besseren Menschseins upgeleveled ist. Und man denkt ja, dass diese (vermeintliche) Bändigung unserer Natur Schicksal des menschlichen Geschlechts sei (als wäre das überhaupt möglich und als sprudelte nicht in jedem von uns per se die Quelle unseres Ursprungs – *XXL-LOL* an dieser Stelle).

In der Geschichte des modernen Menschen ist der zentrale Punkt gerade dieses Selbstverständnis auf Grundlage unserer vermeintlichen Evolution: der Schritt hinaus aus dem „Wilden" und hinein in eine projektierte Zukunft, die zeigen soll, dass man vernünftig, geordnet und überlegen ist – und irgendwie weiter in der Entwicklung des Menschen zur autonomen Stadtbevölkerung mit Wolkenkratzern, die sich an den Verhaltenskodex der Knigge oder ähnlichem orientiert. Das steht im Kontrast zu den „wilden" Menschen eines „Naturvolkes", die als „noch nicht so komplex, weit entwickelt und fortgeschritten", sondern „primitiv" gelten.

Doch ist dieses Denken im Kern nichts anderes als Rassismus: Es erfindet verschiedene Arten von Menschen – mit der Behauptung, einige seien ihrer Abstammung nach schlauer, krasser und weiter entwickelt als andere.

Aber krass nach welchem Maßstab – oder eher *wessen*? Interessanterweise sind es ja immer die Gruppen, die sich selbst den anderen gegenüber als besser oder wertiger verstehen wollen, die die Maßstäbe für diese Bewertungsszenarien aufstellen und die so das Bild des Nonplusultra zeichnen. Dann erklärt man sich selbst als dieses Nonplusultra und zeichnet dadurch auch direkt das Bild des Anderen.

So war Rassismus für die umfassende Expansion Europas ab dem 15. Jahrhundert im Kolonialismus ein zentrales Werkzeug, um die Ausbeutungslogiken und Unterdrückungsmechanismen zu pseudo-rechtfertigen und so soziale und politische Hierarchien aufrechtzuerhalten – theoretisch und praktisch, als gesetzliche und institutionelle Realität.

In diesem Kontext verfasste die europäische Geistes- und Wissenschaftstradition rassistische Theorien, die die eigene Zivilisation als überlegen inszenierten und so die Ungleichbehandlung (auch im Sinne von Versklavung und gottloser Ausbeutung) nicht-europäischer Menschen vermeintlich rationalisierten. Die Entstehung von pseudo-wissenschaftlichen „Rassen"kategorisierungen stellte bestimmte ethnische Gruppen als „minderwertig" dar und trug zur langfristigen Verfestigung rassistischer Ideologien bei, deren Denkstrukturen dann im neunzehnten Jahrhundert durch bestimmte Interpretationen des Darwinismus bestärkt wurden (was dann als Ideologie-Herzstücks der Nazis ad absurdum geführt wurde).

In der perversen und verqueren Logik des Kolonialismus war es „dank" des Rassismus sogar als Pflicht inszenierbar, den „Anderen" in ihrer Entwicklung in die „Zivilisation" zu helfen, verstand Europa sich ja als Nonplusultra der menschlichen Spezies und als gesegneten Kontinent, von Gott höchstpersönlich dazu auserwählt, reich und glorreich zu sein und über andere Kontinente, Menschen und die Natur zu herrschen.

Noch heute zeigen die („ehemaligen") Bezeichnungen einer „ersten", „zweiten" und „dritten Welt", welche Lebensart hier als Maßstab gilt: europäisch geprägter, wirtschaftlicher Fortschritt. In diesem Sinne nennt man es ja auch „Entwicklungshilfe", wenn die weiße Rettung die „rückständige" Welt an die Hand nimmt und ihr so die europäische Idee von Zivilisation und Fortschritt *netterweise* zuteilwerden lässt – „zufälligerweise" oft genau dort, wo es wertvolle Rohstoffe gibt oder andere wirtschaftliche Interessen eine Rolle spielen.

Doch sind andere Teile der Welt ja nur im Vergleich zu einer von weißen Menschen geschaffenen Logik rückständig, in der die weißen Menschen selbst ja sowohl die Vergleichsmenge bilden als auch das Nonplusultra. Wie sollten „die anderen" bei einem solchen Vergleich auch anders abschneiden? Das ist ja als würde ich dir Nahrung geben, die gar nicht auf deinen Stoffwechsel abgestimmt ist und die infolgedessen deinen Körper kaputt macht, um dir dann zu attestieren, dass du krank bist und mich daneben daran aufzugeilen, wie gesund ich bin – nur um dir dann meine Medizin zu verkaufen. Doch wird sie dich nicht heilen, sondern nur die dir von mir gegebene Krankheit, die aber gar nicht mehr heilbar ist, weil sie chronisch geworden ist, sodass ich mich dennoch als Messias inszenieren kann, wenn dann zumindest eins deiner Gelenke mal so läuft, wie die in meinem Körper. Dann fein Danke sagen nicht vergessen.

In dieser Geschichte weißer Vorherrschaft ist der „Rassenkampf" nicht nur ein gewaltsames Machtspiel zwischen Weißen und Nicht-Weißen, sondern auch ein erbitterter „Klassenkampf" innerhalb der weißen Sphäre. Hier grenzt man sich von den „Asozialen" und „Unzivilisierten" ab und schafft eine Hierarchie, um bloß nicht mit ihnen in einen Topf geworfen zu werden.

Dafür gibt es ein komplexes System gesellschaftlicher Narrative – unendlich viele Geschichten, Bedeutungen und Symbole, deren Einhaltung zeigt, dass man „dazugehört" und ein *moderner* Mensch ist. Dieses Verhalten gilt als richtig, jenes als falsch: Man soll sich die Haare kämmen, faltenfreie Kleidung tragen, immer perfekt aussehen, soll so-und-so am Tisch sitzen, und so-und-so nicht. Man soll bescheiden sein und seine Emotionen im Zaum halten. Man soll nicht zu laut sein, soll sich anpassen, soll gleicher werden. Und wer nicht mitmacht, ist nicht nur raus, sondern auch „unzivilisiert" und „primitiv".

Doch ist es nicht nur das Verhalten, das zählt – so könnten sich ja viel zu viele Leute das Gebärden der modernen Elite aneignen und Zugang zum Club haben – es ist vor allem der monetäre Wohlstand, den man bewusst nach außen trägt. Das verringert natürlich die Möglichkeiten dazuzugehören, schließlich hat nur eine kleine Gruppe das für einen bestimmten Lifestyle nötige Geld. So gelten die Privilegien, die ein gewisser Wohlstand ermöglicht, als ultimative Zeichen für Zivilisation: Je mehr, desto besser – je teurer, desto zivilisierter.

Freilich sind die Strukturen des Systems so gestaltet, dass sich Klassenunterschiede eher verfestigen als auflösen, sodass man im Prinzip bereits mit den richtigen Voraussetzungen geboren sein muss (natürlich gibt es individuelle Aufstiegsmöglichkeiten, doch bestehen strukturelle Hürden weiterhin – von ungleichen Bildungschancen über den Zugang zu Netzwerken bis hin zur Vermögensakkumulation). „Aus gutem Hause" zu stammen, meint so nicht etwa ein liebevolles, sondern ein reiches Zuhause. „Einfache Leute" werden als unterkomplexe Menschen dargestellt, obwohl man eigentlich nur „wirtschaftlich schlechter gestellte Leute" meint. Wieder bestimmt das Geld den gesellschaftlichen Wert und die Machtverhältnisse, nicht Charakter oder Integrität.

Anstatt sich gemeinschaftlich zu organisieren, geht es darum, sich voneinander abzuheben, um bloß nicht das unterste Glied der Kette zu sein. Die Welt wird zur Wettkampfarena, in der alle mit allen konkurrieren. Schneller, besser, höher, weiter – der Mensch sprintet im Überholspur-Modus, als ginge es im Leben um nichts anderes als den ultimativen Optimierungs-Wettlauf.

Mit diesen Geschichten hat sich auch der Gedanke etabliert, dass in unserer Entwicklung alles zwangsläufig und automatisch immer besser und besser und besser wird, dass sich alles in einer geraden Linie entwickelt, immer aufwärts, immer höher und immer weiter: Diese Idee ist ja ganz zentral für unser Verständnis von Fortschritt.

Kein Wunder, dass es uns dann völlig kontraintuitiv erscheint, wenn jemand behauptet, dass wir uns vielleicht im Kreis drehen – oder dass wir gar falsch abgebogen sind, vielleicht sogar mehrfach und ja, vielleicht auch über mehrere Jahrhunderte hinweg. So werden wir doch wohl leicht denken, dass es doch heute gar nicht alles so katastrophal sein kann, wie viele (und offensichtlich ja auch ich hier) behaupten. Nach dem Motto: Mach mal halblang, so schlimm ist das alles doch gar nicht.

Und ich will auch wahrlich nicht behaupten, dass unsere ganze menschheitsgeschichtliche Entwicklung kacke war, dass alle vor uns dumm waren und auch nicht, dass uns die Aufklärung und die Frühe Neuzeit nicht auch ein paar prima Dinge gebracht haben, ganz im Gegenteil. Ich liebe die Frühe Neuzeit und die Aufklärung! Mega geil, was wir durch Naturwissenschaft und kritisches Denken erreicht haben und crazy exciting, was da noch alles kommt. Danke für all die technologischen und medizinischen Fortschritte, für die Trennung von Staat und Kirche, für die Abkehr vom Aberglauben und allgemein für den kritischen Geist und all die Rationalität und Klarheit des Denkens. Danke für all das Streben nach Selbstbestimmung und all die anderen Entwicklungen, die zu unserer heutigen Freiheit geführt haben, zu unseren Rechten und unseren modernen Demokratien.

Ich bin für diese Errungenschaften zutiefst dankbar. Doch zu welchem Preis sieht Paris aus, wie es aussieht? Waren all die Übel wirklich der unvermeidbare Preis für Modernität? Kann man sie nach dem Prinzip des „Schwund ist überall" einfach so wegerklären? Oder ist das einfach eine ekelhafte Logik? Und wäre es wirklich so, dass wir ohne all diese Schandtaten nicht „so weit" wären, wie wir heute sind? Oder wäre einfach alles ganz anders – vielleicht sogar besser – wenn wir bestimmte moralische Werte gehabt hätten, die von Anfang an nicht verhandelbar gewesen wären? Na immerhin ist die Zukunft noch ungeschrieben.

Vielleicht ist es an der Zeit, unser Narrativ von Fortschritt und unsere Definition von Erfolg zu überdenken, wenn sie so viel Rückschritt mit sich bringen. Vielleicht sind wir ja gar nicht so modern wie jemals zuvor. Wir hatten ja auch seit der Aufklärung keine Aufklärung mehr.

Wie, es hat seit der Aufklärung keine Aufklärung mehr gegeben? Naja, einen ähnlich bahnbrechenden Einschnitt, der unser Dasein und Bewusstsein in völlig neue Bahnen lenkt, hat es mit dieser Wucht nicht mehr gegeben. Ja, es gab enorme Ereignisse und fatale Katastrophen, aber die führten (leider) nicht zu einem fundamentalen Umdenken, wie es die Ideen der Aufklärung (bzw. der Frühen Neuzeit) bewirkten. Man hat ja immer einfach so weitergemacht. Es gab nie eine kollektive Gehirnwäsche, die uns von den Schattenseiten dieser europäischen Überlegenheitsphantasie befreit hätte und so reiten wir diese Welle des modernitätstrunkenen Menschen bis in unsere Gegenwart.

Klar hat das Internet unser Leben radikal verändert – aber nicht *entgegen* der vorigen Richtung, sondern als logische Fortsetzung des Technik-Hypes, der in der Frühen Neuzeit gezündet hat – und nicht in Kontrast dazu. Gerade auch die Erfindung der Künstlichen Intelligenz und ihre Inszenierung als neue Spezies stellt uns „moderne" Menschen einmal mehr als gottgleiche Schöpfungs-Master. Ist ja auch irgendwie ganz cool, absolut kein Zweifel.

Auch unser von den (Natur-)Wissenschaften geprägtes Weltbild hat sich *enorm* erweitert und immer wieder aktualisiert, aber die Grundannahmen darüber, wie unsere Welt funktioniert sind irgendwie immer noch die gleichen, verstehen wir uns und die Welt primär immer noch als materiell und im Umkehrschluss alles, was nicht messbar ist, als Mumpitz.

Und ja, der Kapitalismus hat sich natürlich weiterentwickelt, insbesondere dann mit der Industrialisierung. Doch in seinen Grundzügen hat man ihn nicht neu erfunden, nur erweitert, upgedatet und feiner justiert, sodass er effizienter agieren kann. Dabei hat diese

Organisation nach rationalen Prinzipien zum Zweck der Profitmaximierung die ausbeuterischen Strukturen über die Jahre so sehr perfektioniert, dass man sich heute schon königlich in seinem Ausgebeutet-Werden fühlt, wenn man 'nen gratis Obstkorb im Büro hat.

Und auch die heutige wirtschaftliche Stellung des Westens steht in direkter historischer Verbindung mit der kolonialen Ausbeutung der Welt. Die dramatischen Umwälzungen infolge des europäischen Imperialismus haben groteske Ungleichheiten, Abhängigkeitsverhältnisse und eine bis heute undurchsichtige Verzahnung von Geld und Macht geschaffen, die man nie wirklich abgebaut hat und die man auch gar nicht mehr „resetten" kann. So ist der Kolonialismus de jure vielleicht beendet worden, de facto aber nicht[2] – auch wenn sich inzwischen offenkundig auch andere Mächte ähnlich größenwahnsinnig ausbreiten und verhalten. Es gehört immer noch *einiges* an Ländereien zum *seemingly very uncommon* „Commonwealth" Großbritanniens und Frankreich regelt mit dem CFA-Franc weiterhin die Finanzmärkte mehrerer afrikanischer Staaten. Bis heute erscheint uns die westliche Art zu leben und die Welt zu verstehen nicht nur als die modernste, sondern sogar als die natür-

---

2 Wir neigen wohl dazu, öfter mal Dinge nur formell und theoretisch, aber nicht strukturell und damit praktisch zu verändern. Der Klassiker, wenn es darum geht, etwas zu ändern, ohne was zu ändern. So gibt man beispielsweise Frauen ein Recht auf irgendetwas, nach dem Motto „Gut, jetzt dürft ihr ja auch", aber besetzt nicht gleichzeitig auch fünfzig Prozent der vorhandenen Plätze (die ja alle voller Männer sitzen), mit Frauen. Jetzt haben die Männer die Macht, die Frauen „an die Reihe kommen zu lassen", oder eben auch nicht – ganz wie sie grad lustig sind. Klar kann man solchen strukturellen Ungerechtigkeiten mit Quoten und ähnlichem entgegenwirken, aber wenn erstmal formal Gleichheit hergestellt ist, wird es immer schwerer, die strukturell weiterhin bestehende Ungleichheit zu nivellieren: Alles wird subjektiver, verschwommener, „wegargumentierbarer" – und keiner kann mehr meckern, weil es formal ja Gerechtigkeit gibt. Außerordentlich dysfunktional.

lichste und unausweichlichste – als wäre sie nicht das Ergebnis willkürlicher menschlicher Entscheidungen, geprägt von Machtinteressen und einer sehr spezifischen Art von Geschichtenerzählung, sondern der unverfälschte Ausdruck menschlicher Evolution.

In diesem Sinne ist auch die Verbreitung der europäischen Vorstellung von Fortschritt auf der ganzen Welt häufig ein Argument, das genannt wird, um die „guten" Seiten des europäischen Imperialismus und des Kolonialismus zu betonen: Man habe den „zurückgebliebenen" Völkern doch Bildung, Eisenbahnen und Zivilisation gebracht. Doch hat man diese Menschen wohl kaum danach gefragt, ob sie diese „Insignien der Zivilisation" überhaupt haben wollen. Man hat sie ja einfach unterjocht, Europa war schließlich so macht(also gewalt)voll, dass es gar keine andere Wahl gab, als sich diesem imperialistischen Zugriff zu beugen. Und vielleicht war 'ne Eisenbahn auch tatsächlich „praktisch" – fragt sich nur, für wen (mal abgesehen von dem makabren Umstand, wer sie unter welchen Bedingungen bauen musste).

Sich zu erzählen, dass andere Völker einfach nur „noch nicht so weit" waren, wie die Menschen in Europa, setzt europäische Maßstäbe wie selbstverständlich als natürliche Entwicklungsziele. Doch können wir wirklich wissen, dass das wahr ist, was sich meine blassgesichtigen Vor-Generationen da ausgedacht haben? Wo sind die Steintafeln, in die diese kosmische Wahrheit gehauen ist? Was, wenn nicht alles nach dieser Definition von Fortschritt und Zivilisation strebt? Was, wenn es ganz andere Vorstellungen davon geben kann, was beides bedeutet? Was für eine Identität könnten wir entwickeln, wenn wir andere Geschichten lebten? Andere Ideale, andere Werte? Wie sähe eine Welt aus, die sich nicht nach Produktivität, Wachstum und Kapital ausrichtet? Wie wäre es, in einer Welt zu leben, in der ganz andere Geschichten unserer Existenz Sinn verleihen? Wie sähe unser aller Alltag dann aus und wie unsere Lebensgeschichte? Was, wenn wir uns die Vielfalt menschlicher Entwicklung gar nicht vorstellen können, weil wir nur ein einziges, dominantes Narrativ kennen?

Dabei gab es ja sogar in der europäischen Geschichte Alternativen: Gesellschaften, die Gemeinwohl über Profit stellten, anarchistische Experimente der Demokratie oder spirituelle Bewegungen, die sich schon deutlich vor den 1960er Jahren gegen die Idee der Mensch-Natur-Trennung wehrten. Doch sind diese Geschichten seltener erzählt – und vom Mainstream-Narrativ, das sich durchgesetzt hat, als rückständig gelabelt.

So ist das bisherige Denken hinter dem Zustand unserer Welt für viele Menschen unangefochten das Nonplusultra. Nicht wenige Menschen schüttelten sicherlich kräftig ihren Kopf, wenn sie einige Zeilen dieses Buches läsen. Doch vielleicht rührt deren eventuelle Empörung über die Schimpferei auf unsere Geschichte aus einem mangelndem Bewusstsein für die Herkunft und die Komplexität der Geschichten, in der wir uns befinden. Also ein klassischer Fall von „den Wald vor lauter Bäumen nicht sehen".

Dabei ist eines sicher: Auch wenn wir die Uhren nicht zurückdrehen können, um alle Katastrophen ungeschehen zu machen, können wir den gegenwärtigen Stand der Dinge nur verändern, wenn wir das Denken hinterfragen und ändern, das die Umstände hervorgebracht hat. Das bedeutet, dass wir neue Geschichten brauchen.

Wenn wir vielleicht verstehen, wie komplex die Art und Weise ist, wie wir uns die Geschichte über unsere Realität erzählen und was die Matrix wirklich ausmacht, dann könnten wir wesentlich bewusster leben und leichter funktionalere Entscheidungen treffen.

Um einen Schritt in diese Richtung zu gehen, schauen wir uns weitere, beinahe unerzählte Schattengeschichten aus dieser Zeit an, die wir in uns tragen. Sie sind weitaus weniger offensichtlich, aber genauso prägend und formend für unsere Wahrnehmung von Realität. Da gibt es gewisse „energetische" Prinzipien, die die Matrix, in der wir leben, durchziehen. Tatsächlich könnte man die ganzen Geschichten, die wir bis hierhin behandelt haben, sogar vor der Folie dieser Prinzipien als Folge einer bestimmten Dynamik eben dieser Energien lesen.

So ist den Sonnenseiten eben auch etwas mit den Schattenseiten gemeinsam; wir hatten sie ja als Facetten ein- und derselben Medaille, derselben Denk- und Bewusstseinsart identifiziert. Aus ihnen kündet eine gewisse Art des Umgangs mit den Dingen; die Art und Weise, wie sie strukturiert und wonach sie ausgerichtet sind, und die Prozesse, in denen die Dinge sich verbinden, haben einen markanten Charakter, so als wäre den Sonnen- und Schattenseiten eine bestimmte energetische Signatur eingeschrieben: Die von einer ungesunden Dominanz an Energie des Yang.

Wir entfesseln nämlich nicht Licht oder Schatten, sondern ein Übermaß an Yang-Energien und im Umkehrschluss viel zu wenig Yin-Energie aus den Dingen. Das mischt die Schatten in das Licht, das wir entfesseln, weil die Kraft fehlt, die die Schatten in Licht verwandelt und ausbalanciert. Die Transzendent misslingt. Jetzt wird's also langsam (ich meine endlich) ein wenig „esoterischer", aber geht schon noch, entspannen Sie sich bitte. Also: Ab geht's hinein in die (zumindest beinahe) verborgenen Dimensionen unserer Wahrnehmung von Realität.

Geschichten im Schatten der Aufklärung

Die Art und Weise, wie sich unser Umgang mit der Rationalität und ihren Prinzipien seit der Frühen Neuzeit entwickelt hat, hat paradoxerweise dazu geführt, dass wir in vielerlei Hinsicht nicht mehr rational, sondern zunehmend irrational geworden sind. Mit ihrem ursprünglichen Anspruch, die Vernunft zur Befreiung und Emanzipation zu nutzen, hat die Aufklärung gewaltige Fortschritte ermöglicht. Doch in der Übertreibung dieses Anspruchs – *oder eher im Missverständnis dessen, was es bedeutet, rational zu sein* – sind wir an einem Punkt angekommen, an dem wir die Balance zwischen unserer Vernunft und anderen Qualitäten unseres Lebendigseins verloren haben.

Wir haben es insofern seit der Aufklärung irgendwie verpasst, ihren Anspruch auf sie selbst anzuwenden und so leben wir in (mittlerweile) extremen Schattenseiten der Ratio: in einer Überbetonung und Verzerrung rationaler Prinzipien, die ursprünglich als Mittel zur Klarheit und Ordnung gedacht waren, die jedoch in ihrer Entfesselung selbst aus dem Gleichgewicht geraten sind (upsiii). Wir haben's sozusagen ein wenig übertrieben mit dem Rationalsein, denn freilich ist es gut, rational zu sein, doch weniger gut ist es, *zu* rational zu sein.

Wir haben die Vernunft letztlich in ihr Gegenteil verkehrt – mit Folgen. Einer Menge Folgen: Unser gesamtes Leben trieft vor rationaler Energie, auch an Orten, an denen sie nichts zu suchen hat. Wir haben derzeit also eine saftige Energie-Dysbalance zwischen Ratio und Emotio – oder in anderen Worten: zwischen *Yin*- und *Yang*-Energien.

Wir bedienen uns mal dieses berühmten Gegenspielerpaares, weil es so schön bildlich-anschaulich ist. Dabei meine ich hier mit „Energien" bestimmte grundlegende Prinzipien, die allem, was es gibt, innewohnen und die so auch in allen Dingen und Prozessen wirken (ja, auch in uns Menschen).

Auf der einen Seite steht da die *Ratio*, also der Verstand oder die Vernunft, die sich gut mit der Yang-Energie verbinden lässt (wenn auch das freilich immer etwas abstrahiert zu denken ist) und auf der anderen Seite steht die *Emotio* (oder *Eros*), also „das Herz", die Intuition, die sich in der Energie des Yin wiederfindet. Die Energie des Yang steht dabei für Ego, Aktivität, Rationalität, Logik, Struktur, Licht, Geist, das Äußere, Kontrolle, Durchsetzung und Härte, während die Energie des Yin Transzendenz des Ego, das Innere, Ruhe, Passivität, Empfänglichkeit, Intuition, Tiefe, Gefühl, Sanftheit, Dunkelheit, Erdung, Hingabe, Nährung und Verbundenheit verkörpert.

Beide Seiten sind Prinzipien ein- und derselben Sache, die sich gegenseitig nicht widersprechen, sondern komplementär zueinander verhalten und sich also ergänzen: Gemeinsam bilden Yin und Yang so ein Gleichgewicht.

Dass das alles so ist, setzen wir jetzt einfach mal als Arbeitshypothese voraus, denn ob diese Energien „wirklich existieren" (wovon ich ausgehe), ist relativ irrelevant, dienen sie uns hier vornehmlich als Modell, vor der wir die derzeitige Ungleichgewichtsdynamik nachvollziehen wollen.

Da wir es nun sind, die den Dingen Bedeutung verleihen, liegt es letztlich an uns, ob wir Yin- oder Yang-Energien aus den Dingen entfesseln – beziehungsweise wie viel von beiden. Denn diese Energien wohnen ungefähr so den Dingen inne, wie wir vorhin davon sprachen, dass alle Dinge immer prall gefüllte Speicher von

Schatten und Licht haben. Allerdings mit dem entscheidenden Unterschied, dass Yin und Yang weder „gut" noch „schlecht" sind, wie man es bei Licht und Schatten hinein liest.

Beide Aspekte sind gleichermaßen wichtig und notwendig für eine energetische Harmonie und Ausbalancierung. Sie schärfen ihre eigenen Qualitäten erst so richtig in der Gegenwart ihrer jeweils komplementären Energie, sofern beide genug Raum haben, dynamisch mit-, an-, und gegeneinander zu wirken; insofern hängt ihre Existenz voneinander ab. Sie sind ähnlich wie die zwei Enden einer Skala und ergo miteinander verschränkt; und egal wie strikt binär das aufgrund der Farblogik zu sein scheint, spannen beide Pole eher ein Spektrum zwischen sich auf, indem alles andere, dritte Platz hat, also sowohl der ganze Regenbogen als auch alle Farblosigkeit und alles uns Unbekannte und Unbestimmbare. Man könnte sagen, dass das Schwarz und das Weiß des Yin- und Yang-Zeichens miteinander fließen, was vielleicht ein wenig dadurch repräsentiert wird, dass sich in dem Weißen des Yang etwas des Schwarzen des Yin findet und umgekehrt. Sie sind permanent in Bewegung und tanzen in einem dynamischen Wechselspiel, so wie auch Tag und Nacht unaufhörlich in einem solchen bis zum Ende aller Tage ineinander fließen.

Das ist alles etwas abstrakt, ich weiß. Nehmen wir uns mal als anschauliches und alltagspraktisches Beispiel die Arbeitswelt an die Hand, um das ein wenig besser verstehen zu können: So führt ein Fokus auf Yang-Energien zum Beispiel zu Effizienzdenken, Zielorientierung, Planung und einer Übersetzung von Prozessen in Daten, während Yin-Energien in Ideenfindung, empathischer Führung, hoher Flexibilität und Spontanität oder sogar kreativen Pausen sichtbar werden. Um eine optimale Arbeitslandschaft zu schaffen, wäre eine Balance beider Energien nötig.

Problematisch wirds, wenn das Gleichgewicht zwischen Yin und Yang kippt – wenn beispielsweise Entscheidungen fast ausschließlich datengetrieben getroffen werden, ohne Raum für emotionale oder intuitive Faktoren zu lassen, oder wenn Natur, Menschen und Dinge nur noch durch die Linse ihrer Nützlichkeit betrachtet werden, als ob ihr eigentlicher Wert allein darin bestünde, irgendeinem Zweck zu dienen. Andersrum ist es genauso dysfunktional, wenn es ein Übermaß an Yin-Energien gibt und dadurch zum Beispiel einen Mangel an Orientierung, Ausrichtung, Struktur und letztlich Produktivität. Die Mische macht's – das ist ja öfter mal so, nech. Jut, hätten wir dit 'jeklärt.

So wollen wir jetzt noch einmal die gleiche Frage stellen, die wir uns vorhin schon gestellt haben, dieses Mal allerdings vor dem Hintergrund der energetischen Bewegung zwischen Yin und Yang beziehungsweise Emotio und Ratio. Also: Was passiert da jetzt mit diesen Energien in der Frühen Neuzeit?

Die Dynamiken von Yin und Yang verschieben sich erheblich. Yin kann ihr Tanzbein nicht mehr schwingen, weil Yang es eingesperrt hat – oder so ähnlich – denn mit der Frühen Neuzeit entwickeln sich zunehmend Denk- und Handlungsmuster, die von Ratio-Prinzipien durchdrungen sind.

Als Konsequenz dieses Über-sichtbar-Seins von Yang-Energien sind die Yin-Energien fast unsichtbar geworden und die Tiefendimensionen unserer Existenz an den Rand gedrängt. Wir haben die qualitativen Seite unseres Daseins massiv herab gewertet, also alles, was das Fühlen und das Körperliche betrifft und unsere Subjektivität – und damit das, was unseren je eigenen Zugang zur Welt darstellt und die Art und Weise repräsentiert, wie etwas für uns höchstpersönlich ist (und irgendwie wäre das doch genau das, was unser Leben ausmacht und was wirklich zählt, oder?).

Damit sitzt die Ratio mittlerweile sozusagen auf zwei Stühlen gleichzeitig. Bildlich gesehen könntest du dir das so vorstellen, dass das Yin- und Yang-Zeichen mit der Frühen Neuzeit immer einfarbiger wird und dadurch nicht mehr so harmonisch-balanciert aussieht (ich glaub auch nicht, dass es im Mittelalter wirklich symmetrisch war, aber das ist hier auch nicht so relevant).

Beinahe ganz weiß geworden, spiegelt es die Dysbalance wider, die unser Denken und Handeln prägt – schließlich bedürfen wir einer Balance beider Kräfte, da wir eben nicht nur denkende, sondern auch fühlende Sinnenwesen sind – um das mal etwas greifbarer zu machen. Doch verkümmern die Erfahrungs- und Gefühlsdimensionen im Schatten des Lichts der Aufklärung zu einem lästigen Rest unserer „animalischen" Vorzeit, den es zu kontrollieren und zu unterdrücken gilt, ja über den wir uns mittels unseres Verstandes erheben sollten.

Man könnte sich das in etwa so vorstellen, als träten wir mit dem neuen Paradigma auch in eine neue Bewusstseinsstufe, die von einer anderen Art des Denkens charakterisiert ist: Damit verändern sich nicht nur die einzelnen Geschichten, sondern auch die gesamte Art und Weise, wie wir Bedeutung schaffen und uns Geschichten erzählen, also nicht nur deren Inhalte (*was* wir über die Welt denken), sondern auch ihre Form im Sinne eines Rahmens oder einer Modalität (*wie* wir das „was" denken). Die Licht- und Schattengeschichten sind also seit der Frühen Neuzeit in gewisser Weise durch die gleiche Brille gedacht worden.

Diese Verschiebung verändert dabei nicht nur das individuelle Bewusstsein, sondern fundamental auch die kollektive Wahrnehmung von Wissen, Wahrheit, Realität, Natur, Gesellschaft und dem Platz des Menschen im Universum – was freilich auch Konsequenzen dafür hat, wie wir mit uns und der Welt umgehen, nicht nur in Gedanken, sondern auch praktisch übersetzt in unserem Verhalten. Wohin das alles geführt hat, mal wirklich sehr vereinfacht gesprochen, ist die katastrophische Suppe, deren Geschichten du lesen kannst, wenn du die Nachrichten einschaltest.

Nicht nur, dass sich alle gegenseitig bekämpfen, ausbeuten oder sich beim Sprinten die Beine brechen; der Mangel an Yin-Energien in den Leben der Menschen macht alle auch unglücklich und krank. Das Übermaß an Yang-Energien macht alles kalt und hart und ohne Yin ist das Leben flach. Eine eigentlich zauberhafte Welt, die einst magisch verklärt war, wird so nicht aufgeklärt, sondern in ihrer wahren Essenz weiterhin verleugnet, vollkommen rational übermalt und künstlich ernüchtert. Wie ist es dazu gekommen?

Vor rund 500 Jahren verschiebt sich der ganze Organisations- und Ausrichtungsmittelpunkt unseres Lebens, wodurch sich die Dinge verändern, die unser ganzes Leben strukturieren und ihm Sinn verleihen. Wir bewegen uns von einer eher mystisch geprägten, mehrdimensionalen, organischen Weltanschauung hin zu einer flacheren, zweidimensionalen Auffassung der Welt, die durch starre Prinzipien und kleinkarierte Rationalität strukturiert wird.

Hatte vorher Gott und damit etwas geistiges, unsichtbares, nicht messbares und ungreifbares die gesamtgesellschaftliche Lebenswirklichkeit regelrecht durchwirkt, sind es jetzt Vernunft und Wissenschaft – und damit sichtbare, messbare, materielle Dinge.

Vielleicht kannst du versuchen, dir vorzustellen, wie es sein könnte, wenn es auf einmal Informationen gibt, die es vorher so nicht gab. In unserer heutigen Welt ist ja alles scheinbar schon entschlüsselt. Wir wissen wie der Planet aussieht, wir können quasi in Echtzeit das Wissen aller Bücher der Erde aufrufen, können uns problemlos jederzeit digital mit unseren Geschwisterkindern aller Länder vernetzen und sogar Bilder aus den Weiten des Weltalls von irgendwelchen Weltraumteleskopen empfangen. Das ist für uns alles nicht mal mehr krass, sondern ganz normal.

Doch der Weg dahin muss ein wilder Ritt gewesen sein. Raum und Zeit werden irgendwann vermessen, kartographiert und in Zahlen zerlegt – was vorher noch eher fließend erschien, bekommt jetzt Ränder und Raster. Durch den Aufschwung der Naturwissenschaften und die Abkehr von allen Fragen des „Über"natürlichen wird unser Weltbild und unser Denken zunehmend materieller und materialistischer, wodurch alles Geistige, das zuvor omnipräsent war, in eine noch unsichtbarere Unsichtbarkeit sickert und zu verschwinden scheint. Damit treten spirituelle oder intuitive Zugänge zur Wirklichkeit nicht nur zunehmend in den Hintergrund, sondern werden auch als falsch deklariert, da man die neue, naturwissenschaftliche Sicht als Wahrheit konstatiert.

Die Bedeutung von *Natur* und *Kultur* wird neu verhandelt: Beide schärfen sich immer mehr als Gegensätze, so als sei der Mensch gar keine Natur mehr (was wirklich absolut widersinnig ist, sind wir Aliens?). Damit bestimmt der Mensch das Verhältnis von Subjekt und Objekt neu, also wie wir uns auf die Welt beziehen, wie wir sie wahrnehmen und mit ihr umgehen. Er trennt sich durch die Entdeckung seines Daseins als Individuum gedanklich vom Rest der Welt ab und vereinzelt sich so gewissermaßen. Er ist jetzt ein autonomes Subjekt, das auf eine objektivierbare Außenwelt trifft: Alles scheint berechenbar, erklärbar und beherrschbar.

Mit der Vorliebe für präzise, restlose und unmissverständliche Kategorien wird unser Denken unter dieser Ratio-Dominanz hierarchischer und die Welt zu einem mechanistischen Uhrwerk, das nach klaren Naturgesetzen funktioniert.

Doch formt die Rationalisierung nicht nur unser Weltbild, sondern auch unsere sozialen Systeme: Bürokratie, Effizienzdenken und standardisierte Abläufe werden zum Ideal. Alles ist rational durchdrungen; wir denken so, wir bauen so Straßen und Häuser, wir gestalten so Bildung, Politik, Wirtschaft und Institutionen. Damit verliert unsere menschliche Subjektivität drastisch an Einfluss auf Entscheidungen und die Struktur gesellschaftlicher (und auch individueller) Prozesse.

Die Ausrichtung aller Lebensbereiche gen Optimierung und grenzenlosem Fortschritt führt zu einer extremen Verfügbarmachung aller Dinge in Zweck-Mittel-Rationalitäten, die keinen Raum mehr für das Nicht-Nutzbare lassen. Alles soll funktional sein, alles muss irgendwie als Instrument für irgendetwas zu gebrauchen sein, als wäre das das inhärente Ziel des Kosmos und der wahrhaftige Sinn des Lebens; nichts darf einfach nur noch „da sein".

Diesen Wechsel vom *Dasein* zum *Handeln*, der so musterhaft für die Fokusverschiebung von Yin (passiv) zu Yang (aktiv) steht, hatten wir schon bei unserem Blick auf den Kapitalismus gesehen, als wir den Drang ansprachen, immer leisten zu müssen und den Umstand, stets nach unserer Produktivität bewertet zu werden.

Dem ungebremsten Fortschritts-Streben entspringt in diesem Zuge auch eine Logik des „koste es, was es wolle", in der keine Opfer zu groß scheinen – und seien diese Opfer auch Menschenleben. Moral und Werte können der Herrschaft der Rationalität nicht immer widerstehen und rutschen oft in die zweite Reihe – oder sie verkümmern ganz und gar. So führen die rationalen Tendenzen in Politik, Wirtschaft oder Wissenschaft im Laufe der Zeit dazu, dass das Wohl des Einzelnen unreflektiert einfach und schnell zugunsten eines vermeintlich „größeren Ziels" geopfert werden kann. Die in dieser Logik vermeintlich eingehaltene „Objektivität" im Namen der Effizienz führt so zu einer fatalen Entmenschlichung, die die Gefahr einer übertriebenen und ungebremsten Rationalität deutlich macht: letztlich in einer Neuerfindung von Unterdrückung und totalitärer Herrschaft zu münden.

Wenn wir die Welt und uns selbst durch eine rationale Brille wahrnehmen, dann ist das ein Denken, das kategorisiert, ordnet und die Welt analysiert, indem es sie in rationale Systeme, also Raster, Klassen und Schubladen einteilt, um sie greifbar und verfügbar zu machen. Diese zunehmende Begeisterung für Systematik und klare, restlose Einteilung aller Dinge offenbart jedoch auch den eben genannten Drang zur Beherrschung der Dinge – wofür dienen klare, dichotome (entweder-oder) Einteilungen, wenn nicht einer Art von Kontrolle?

Das zeigt sich zum Beispiel in der Wissenschaft: Ihre Methoden wurden so nicht länger nur als Werkzeuge verstanden, sondern zur Doktrin erhoben, die vorschreibt, wie die Welt zu sein hat. Da nach Ratio-Narrativ alles „entweder-oder" sein muss, zielt Identität immer mehr auf Gleichheit, statt auf Unterscheidbarkeit ab. In Konsequenz werden *Ähnlichkeiten* negativ zu *Ungenauigkeiten* bestimmt und alles, was in keine Ordnung zu pressen ist, alles, was anders ist, als falsch gelabelt – schließlich erschweren sie die klare Abgrenzung und Ordnung.

Jedem Anderen als einem Nicht-mit-etwas-anderem-Identischen wird so sowohl der eigenständige Erkenntnis- als auch Existenzstatus aberkannt, um mit dieser Art von Kontrolle sicherzustellen, nicht die Klarheit der restlosen Einteilung zu gefährden. So wurde aus Vielheit und Vielfalt Einfalt und Einheit.

Wie kommt es dazu? Nunja, sobald man *einige* Mechanismen der Natur und des Kosmos versteht, scheint die Annahme naheliegend, dass sich in Konsequenz *alle* Dinge erklären lassen. Man glaubt dann rasch, dass hinter jedem Phänomen ähnliche Mechanismen warten, von uns entdeckt, beschrieben und katalogisiert zu werden.

So fördert das Denken ab der Frühen Neuzeit auch die Vorstellung, dass die Welt durch Vernunft und Wissenschaft *überhaupt restlos erklärt werden kann*: In Konsequenz muss jedes Ding, das wir vorfinden, klar einzuordnen sein: Es muss *das eine* oder *das andere* sein. Etwas ist so entweder *richtig* oder *falsch*, *weiß* oder *schwarz*, *normal* oder *abnormal*, *gesund* oder *krank*. Aber nie etwas in der Mitte oder etwas Ungenaues: Mit diesem Schwarz-Weiß-Denken wird jeder Zwischenraum getilgt, in dem ein Anderes, drittes Platz haben könnte.[3]

Infolgedessen kann nichts existieren, dass man nicht messen kann, nichts, das mehrdeutig und vielschichtig ist und nichts, das man nicht erklären kann. Also werden Dinge, die nicht passen, also solche, die nicht irgendeiner Verstandeslogik einzuordnen sind, passend gemacht: sie wurden rausgeschmissen, angeglichen, unsichtbar gemacht oder in eine Art Käfig verdrängt, als einem speziell ihnen zugewiesenen Ort, außerhalb dessen sie nicht mehr existieren sollen.

---

3 Was ist denn so ein anderes, drittes, wenn nicht schwarz oder weiß? Grau? Wie können wir uns das vorstellen? Nunja, eigentlich sind in den Dingen nicht nur Schatten und Licht, Schwarz und Weiß, also Binarität, Dualität beziehungsweise Dichotomie zu finden. Den Dingen wohnt – zumindest der Möglichkeit nach angesichts eines unendlichen Universums – immer auch ein drittes inne, als etwas, das weder mit Schwarz, noch mit Weiß identisch ist, oder seine Form zwangsläufig irgendwie anders von den binären Dingen beziehen muss: Es ist also nicht unbedingt ein Grau, als bloße Synthese aus Schwarz und Weiß, das nur zwischen den dualen Dingen vermittelt.

Statt also zu sagen, dass sich etwas – oder gar alles – gar nicht so einheitlich in Schubladen pressen lässt, presst man alles, was in die Schubladen passt, hinein und macht dann halt noch eine andere Schublade auf für die „Sonderfälle", die „unnormalen Dinge" oder die „Ausrutscher" – obwohl diese „Sonderfälle" eigentlich genauso „Normalfälle" sind. Manche Dinge sind vielleicht nicht mit anderen identisch, sie sind dadurch aber nicht weniger normal – höchstens weniger durchschnittlich.

Wenn es keine Erklärung für etwas nach einer „vernunftgemäßen" Ordnung gibt, bedeutet das im Umkehrschluss nicht unbedingt, dass das Ding oder der Mensch (oder was auch immer) „unnormal" oder „falsch" ist. So zeigen all die „Sonderfälle" eigentlich nur die Grenzen und Unzulänglichkeit unserer Erklärungssysteme auf.

Es verhält sich also eher so, dass nicht „alles außer ein Paar Dinge" glasklar einteilbar sind, sondern dass *der ganzen Sache an sich* eine andere Logik hinterliegt und es uns nur so erscheint, dass wir ihr überhaupt ein eindeutiges Raster überstülpen könnten, weil sich halt ein paar Sachen da hineinpacken lassen. Denn klaro und kein Zweifel: Ein Teil der Welt lässt sich sicherlich in Kategorien

---

Wir können uns die scheinbare Dualität also vielleicht eher als eine Art „Trinität" vorstellen, allerdings nicht, um dann in der Summe statt zwei halt drei zu haben, sondern als Mehrdimensionalität gedacht: Das „Dritte" ist so nicht nur eine Brücke zwischen den Gegensätzen – es repräsentiert eher ein Feld von Möglichkeiten, in dem neue Verbindungen, Perspektiven und Dimensionen entstehen können, die die Grenzen von Dualismen sprengen. Das Dritte ist also wie eine Art dynamischer, vielschichtiger Raum, in dem Gegensätze koexistieren und immer wieder neu konfiguriert werden können. Es ist demnach nicht das statische „Dazwischen", sondern ein emergentes Phänomen, das die Struktur der beiden Pole transformiert. Es ist also weder schwarz, noch weiß, noch grau, sondern vielleicht eine Farbe, die wir gar nicht kennen, oder der ganze Regenbogen oder sogar etwas, das gar nicht bestimmbar ist, weil es in seiner Identität und existentiellen Struktur flüssig und nicht-greifbar ist.

und Schubladen einteilen – aber eben nicht alles und auch nicht immer trennscharf.

So sind viele Systematiken, die uns als einheitlich und homogen präsentiert werden, tatsächlich viel weniger linear und rasterartig, als man das gerne hätte: Sie sind eher organisch, amorph, ungleichmäßiger, bzw. „gesprenkelt", also weniger wie 'ne Tabelle, sondern eher wie ein fleckiges, buntes Bild ohne klaren Rahmen.

Diese Art von Umgang gilt nicht nur für Betrachtungsgegenstände in der Wissenschaft und findet exemplarisch in jeder Statistik Anwendung (schön den Durchschnitt berechnen und alles, was aus der Reihe tanzt als unnormalen Ausrutscher rausstreichen), sondern gilt beispielsweise auch für die Einteilung von Menschen: Du bist nicht Mann oder Frau? Dann hast du keinen Platz und darfst nicht existieren und wenn du offensichtlich doch existierst, dann wirst du pathologisiert oder als *unnormal* gelabelt, sodass man dich im Schubladen-Käfig des Labels kontrollieren kann, bevor du noch die Ratio-Logik mit deinem Dasein überforderst und ins Wanken bringst.

Auf diese Art offenbart die Ratio-Denkerei ihren Kontroll- und Machtcharakter, der uns dazu bewegen will, die Welt durch starre Kategorien und immer nur auf eine bestimmte Weise zu betrachten. Infolge dieser Strukturierung wird die Welt viel viel einfacher zu verwalten – und alle, die sich dagegen wehren, zur Opposition. Rationalität, ursprünglich ein Werkzeug und sogar heilsames Prinzip, wird so in ihrer Verzerrung zu Kontrolle, Beherrschung und kalter Dominanz, zu Rationalismus, Positivismus[4] und binärem

---

4 Rationalismus meint, dass die Welt nach logischen und berechenbaren Gesetzmäßigkeiten funktioniert. Positivismus fordert, dass ausschließlich solche Dinge als Wissen gelten dürfen, die sinnlich, wahrnehmbar, messbar und überprüfbar („positiv", „tatsächlich da") sind.

(Schwarz-Weiß) Denken. Sie wird zu einem Symbol gnadenloser Instrumentalisierung – der Natur, der Gesellschaft und letztlich auch von uns selbst.

Schon fast ulkig, dass Logik in einer zutiefst unlogischen Welt so einen hohen Stellenwert hat; wäre Logik nicht im Kern ein Versuch der Kontrolle auf die Unkontrollierbarkeit unseres Daseins.

So fällt es dem Menschen offenbar schwer, die Grenzen seines Verstandes und die der Begriffe und Ordnungen anzuerkennen. Allzu verständlich, haben die Entdeckungen und Systematiken der Wissenschaften ja die große Hoffnung geweckt, das Rätsel unserer Existenz restlos zu entschlüsseln. Diese Hoffnung ist natürlich immer stärker geworden, je mehr Fortschritt erzielt wurde.

Doch kann die Erklärungskraft der Vernunft auch eine Art Flucht vor der Ungewissheit sein, die uns inmitten dieses Ozeans unendlicher Möglichkeiten umgibt. Angesichts all der Ungewissheit gibt rationales Denken sicherlich Sicherheit und Struktur und ist insofern auch überaus wertvoll – solange sie uns nicht blind für die Vielschichtigkeit und Mehrdimensionalität der Welt macht. Hat 'se aber. Und das auf viele verschiedene Weisen, denn zugunsten der Rationalität wurden essentielle Aspekte unseres menschlichen Wesens (die Yin-Energien in den Dingen) reduziert. Unser Leben wurde flacher und flacher. Vor allem dann nochmal mit der Industrialisierung.

So wirken nicht nur diese Identitäts-Rasterlogiken der einst erstrebten Selbstbestimmung und Individualisierung der Frühen Neuzeit entgegen – auch die Kulturindustrie und der moderne Massenkonsum tragen ihren Teil dazu bei.

Kulturelle Ausdrucksformen wie Kunst und Medien, aber auch Konsumgüter und Waren werden zunehmend standardisiert und so konsumierbarer gemacht, während ihre einzigartigen Qualitäten in den Hintergrund treten. Dieses Gleichförmige wird dann reproduziert – Dinge daten sich so höchstens noch up, als „Version 2.0", aber wirklich Neues bleibt aus. Das Neue ist oft nur die nächste Generation des Alten, seine Unterschiedlichkeit besteht also lediglich in der Zeitlichkeit seiner Abfolge. Alles dreht sich in einem Kreis von Wiederholung und trotzdem wird allem das Label der Einzigartigkeit aufgedrückt. Authentizität wird so immer mehr zum Synonym für Fake – was doch eigentlich mal sein Gegenteil bedeutet hat. Statt der anvisierten Tiefe und Freiheit wird die Qualität unserer Erfahrungen so zunehmend oberflächlicher und die Yin-Energien treten an den Rand.

Wenn alles zur bloßen Wiederholung wird, verlernen wir, eigenständig Sinn zu schöpfen. Statt uns selbst mit der Welt auseinanderzusetzen, übernehmen wir unbewusst vorgefertigte Bedeutungsmuster und Sinnzusammenhänge, die uns Massenkultur und Marktmechanismen anbieten. So werden schließlich auch unsere Wünsche, Träume und Bedürfnisse vermehrt von marktgesteuerten Kräften vereinnahmt und instrumentalisiert.

Wir geben tendenziell immer mehr die Verantwortung für unser Leben ans Außen ab – nicht nur an Technik, Rationalität oder die Politik, sondern heute auch an Influencer oder Online-Gurus, deren (scheinbare, doch oft standardisierte) Kreativität und Weisheit wir uns dann beim Scrollen in rasantem Tempo einverleiben – und das alles, während wir noch 'ne Serie schauen.

Seit Neuestem übernimmt dann auch noch eine Künstliche Intelligenz viele unserer Denkaufgaben, wodurch unsere graue Masse immer schläfriger wird. Mit der Informationsflut des digitalen Zeitalters rauscht alles nur noch an uns vorbei und die Qualität unserer Lebenserfahrung wird zu einem verschwommenen Einheitsbrei.

Wir gestalten die Welt so nicht mehr aktiv mit, sondern konsumieren sie zunehmend passiv, wodurch ein wichtiger Teil unserer kreativen und geistigen Autonomie verloren geht.

Durch die kapitalistischen Logiken lernen wir, an den Dingen vornehmlich ihre Brauchbarkeit zu sehen, anstatt ihre Schönheit zu bemerken oder ihr schlichtes Dasein zu würdigen. Wir verlieren unser Gesicht und werden zu kleinen Rädchen in einer industriellen Maschinerie, in der unser Anpassungsvermögen mehr zählt, als unsere Kreativität.

Die Menschen erleben eine saftige Demutskrise – eine Art spirituellen bzw. moralischen Zusammenbruch, durch den nichts mehr als heilig oder unantastbar gilt: Weder die Menschen, noch die Natur. Beide sind zu wirtschaftlichen Krafteinheiten verkommen; allem wird seine Lebendigkeit entzogen.

Doch verlieren wir in diesem Zuge nicht nur den Blick für das, was sich weder messen noch ökonomisch verwerten lässt, sondern auch die Verbindung zu den Dingen – und zu uns selbst. Die Welt wird in gewisser Weise entseelt oder entzaubert (sie verliert also an Yin-Energien) und im Umkehrschluss verdinglicht und versachlicht; so wird sie immer warenförmiger, objektmäßiger, gleicher und flacher.

Dabei büßt das Leben seine Komplexität zwar nicht wirklich ein, doch nimmt unsere Wahrnehmungsfähigkeit dieser Komplexität durch die Beschaffenheit unserer täglichen Erfahrungsflachheit ab. Es schwindet also unsere Fähigkeit, die Welt in ihrer Tiefe zu erfahren – und einigen sogar die Erinnerung daran. Schlaue Köpfe haben mal formuliert, dass sich unsere Erfahrungswelt tendenziell wieder der der Lurche nähert. Da lagen sie vielleicht gar nicht so falsch.

Der Mensch hat sich selbst zum Objekt gemacht, in dem Versuch, sich (etwas zu sehr) zum Subjekt zu erheben. So könnte man behaupten, dass wir uns mit der Frühen Neuzeit nicht unbedingt von der Natur außerhalb von uns emanzipiert haben, sondern uns vielmehr von uns selbst entfremdet haben. Wir haben uns eine Freiheit erkämpft – nur um uns dann wieder einzusperren. Und jetzt sitzen wir gefesselt im Thron.

Yin im Schatten des Yang

Wenn Yang-Energie ohne den ausgleichenden Einfluss von Yin dominiert, kann sie sich in ungesunde, destruktive Muster verkehren – sowohl auf individueller als auch auf gesellschaftlicher Ebene. So findet diese ungesunde Dysbalance zwischen Yin und Yang nicht nur auf einer abstrakten Ebene statt, wie in der Verdrängung der Tiefendimension unseres Lebens, sondern hat auch konkretere und überaus tragische Auswirkungen auf das Leben von Menschen.

Diese dysfunktionale Überbetonung von Yang-Energien und vor allem der damit einhergehende extreme Mangel an Yin-Energie spiegelt sich so auch in der Struktur des Patriarchats wider, das sich seit der neolithischen Revolution (also schon vor etwa 10.000 Jahren) allmählich herausgebildet hat. Bereits der Begriff „Patriarchat" verweist ja auf eine Herrschaft männlich-konnotierter Yang-Energien,[5] deren Strukturen mit dem frühneuzeitlichen Aufschwung rationalistischer Prinzipien an Stabilität gewannen. Das prägte die binären Rollenbilder und Geschlechterstereotype enorm, die bis heute von sehr vielen Menschen als vermeintlich allgemeingültig betrachtet werden.

Doch ist gerade die starre Binarität von Geschlecht kein universelles Konzept – es wurde maßgeblich durch koloniale Strukturen erzwungen: Viele indigene und nicht-westliche Kulturen kannten

---

5 Generell nennt man Yang-Energien auch „männliche" Energien, worauf ich persönlich allerdings meistens lieber verzichte, weil immer die Gefahr besteht, „männliche" und „weibliche" Energien gedanklich mit heteronormativen Rollenbildern gleichzusetzen – womit man der Lehre des Yin und Yang wahrlich keinen Tribut zollt und ihr sogar widerspricht. In diesem Kontext macht es aber wohl keinen Sinn, diesen Verzicht zu üben.

fluide Geschlechtsrollen oder weitere Geschlechtskategorien, die mit dem Aufkommen europäischer Herrschaft verdrängt oder gewaltsam ausgelöscht wurden. Die Kolonisatoren setzten das weiße Ideal des „rationalen Mannes" und der „sanften", dem Mann gefügigen Frau als universelles Narrativ durch – ein Konstrukt, das bis heute tief in gesellschaftlichen Strukturen verankert ist.

Trotz des feministischen Kampfes für Gleichberechtigung aller Geschlechter in den verschiedenen Dimensionen unseres Lebens bleibt das Patriarchat global betrachtet weiterhin eine mächtige Struktur.

In weiten Teilen der Welt werden Frauen* weiterhin nicht einmal als gleichberechtigte Menschen anerkannt – ein absurder Zustand, der die tiefgreifenden Folgen der Dysbalance von Yang und Yin offenbart. Die duale Struktur und die vehemente Kontrolle, die im Patriarchat vorherrschen, sind dabei typisch für die Logiken verzerrter Yang-Energien, die Balance und Intuition zugunsten von Kontrolle und Dominanz zurückdrängen.

Ohne ein gesundes Yin als Gegenpol gerät Yang aus dem Gleichgewicht: Es empfindet Yin nicht als essentielle Ergänzung, sondern als Bedrohung. Anstatt es zu integrieren, wird es unterdrückt oder bekämpft – in sich selbst und in der äußeren Welt. Besonders sichtbar wird das in der Gewalt, die sich in „fragiler Maskulinität"[6] manifestiert. Sie zeigt sich in vielen Facetten und tritt beson-

---

6 *Fragile Maskulinität* beschreibt das Phänomen, dass manche Männer aufgrund ihrer Sozialisation – also infolge bestimmter kultureller Narrative und Rollenvorstellungen – ein zerbrechliches Selbstbild entwickeln, bei dem jede Abweichung von idealisierten, toxischen Männlichkeitsnormen als Bedrohung wahrgenommen wird. Solche Abweichungen können etwa in der eigenen Schwäche, Emotionalität oder im vermeintlichen „Versagen" liegen, diesen Idealen nicht zu entsprechen.

ders brutal in den zahllosen Femiziden weltweit zutage – also in Morden an Frauen, die nur deswegen getötet werden, weil sie Frauen sind.

Doch zeigt sich dieses verzerrte Yang auf diese Art nicht nur in den Femiziden der Gegenwart, sondern etwa auch in den „Hexen"verfolgungen der Vergangenheit, bei denen tausende Frauen brutal hingerichtet wurden, weil sie als zu frei, zu wissend oder zu unabhängig galten.

Die Angst vor der ungezähmten Yin-Energie führt zur Projektion: Statt sich der eigenen inneren Unzulänglichkeiten zu stellen, wurde das Weibliche im Außen als „dämonisch" und „gefährlich" gebrandmarkt.

Doch führt der eigentliche Weg zur Harmonie ins Innere: Die mangelnde Yin-Energie ist nur in einem selbst zu finden und zu befreien. In jedem Menschen sind Yin- und Yang-Energie vorhanden, ganz unabhängig davon, welche Geschlechtsteile sich da am Körper befinden. Hat man beide Energien in sich balanciert, ist man in erster Linie erstmal ein vollständiger Mensch. Doch genau da ist der Knackpunkt: Vielen Männern (und auch vielen Frauen) fehlt aufgrund der systematischen Abwertung des Yin in unserer Gesellschaft der Zugang zu ihrer eigenen Yin-Energie – ihrer emotionalen Tiefe, Empfänglichkeit und der Fähigkeit zur Selbstregulation, also der Kompetenz, ihre eigenen Gefühle zu er-

---

Dieses innere Konfliktpotenzial wird zusätzlich durch die Sichtbarkeit von trans Menschen, femininen Männern* oder starken, unabhängigen Frauen* verstärkt, die die traditionellen Narrative von Männlichkeit in Frage stellen. Die Angst, die mit Männlichkeitsidealen verknüpfte Kontrolle und Macht zu verlieren, führt oft zu destruktivem Verhalten. Insbesondere Frauen* werden in diesem Kontext häufig zur Projektionsfläche dieses inneren Konflikts und als vermeintliche Verursacher:innen der eigenen Unsicherheit wahrgenommen – was sich nicht selten in aggressivem oder gewalttätigem Verhalten manifestiert.

kennen, zu verstehen und in gesunde Bahnen zu lenken – was leider häufig in destruktiven Verhaltensmustern mündet, die sich nach innen oder außen richten.

Das Yang kann das Yin nicht halten. Es versucht, den freien Ausdruck des Yin zu kontrollieren oder auszulöschen – doch genau dadurch wird das Gleichgewicht immer weiter zerstört. Infolgedessen ist es für das Yin häufig gefährlich, sich in seiner vollen Kraft zu zeigen. So bleibt es oft verborgen, im Schatten der Gesellschaft – und im Schatten des Yang.

Doch selbst wenn das Yin aus dem Sichtbaren verdrängt wird, verschwindet es nicht einfach. Es sucht sich Nischen, in denen es überdauern kann – oft aber nur in gezähmter, regulierter Form. Eine dieser Nischen, in der Yin-Energien zwar sichtbar bleiben, jedoch vom Yang in einem kontrollierten Rahmen gehalten werden, ist die Kunst.

Man „erlaubt" es der Kunst, in ihrem eigenen Reich, Kreativität, Mehrdeutigkeiten, Intuition, Emotionalität und Spontanität zu repräsentieren, die sich allesamt einem rationalen Zugriff entziehen – alles Dinge, die genau deswegen oft belächelt oder als unnötig abgetan werden, schließlich sind sie ja *irrational* – und das gehört sich ja nicht, wir sind ja vernünftige und moderne Menschen [dieser leicht lächelnde rotwangige Emoji]. Doch kündet die klassische Frage „Ist das Kunst oder kann das weg?" davon, welchen Stellenwert die Mainstream-Meinung den Yin-Energien im Refugium der Kunst zuweist.

Von ebendiesem Narrativ erzählt uns auch die Belächelung von Schulfächern wie eben Kunst oder auch Religion und Ethik im Vergleich zu Mathe oder Biologie, durch die das Yang die Yin-Energien an dem ihnen zugewiesenen Ort hält. Es ist normal, dass den Menschen diese Dimensionen unseres Daseins als schwachsinnig, unnötig und überflüssig vorkommen, weil sie jeglichen Zugang zu dieser Art von Wissen verloren haben und zero checken, nach welcher „Logik" beispielsweise Ästhetik funktioniert.

In Konsequenz unseres materiell-reduzierten Weltbildes und dem eindimensionalen Paradigma für Wissen haben wir nämlich verlernt, andere Intelligenzen, Erkenntnisarten und Dimensionen unseres Lebens richtig zu verstehen – oder sie überhaupt erfahren zu können. Wir haben verlernt, die Sprache unseres Körpers zu sprechen und über unseren begrifflichen Verstand hinaus *zu erkennen*. So haben wir es uns zur Eigenart gemacht, das Leben komplett über Verstand, Logik und Vernunft zu erfahren. Wir rationalisieren und intellektualisieren infolge also auch diejenigen Dinge, die per se eine andere Art des Umgangs fordern: wir haben angefangen, mit unserem Verstand nicht nur zu denken, sondern auch zu fühlen – was natürlich nicht geht, schließlich können die Erfahrungsdimensionen unseres Lebens nicht in starren begrifflichen Konzepten aufgehen. Die Qualität der Erkenntnisse aus Erfahrungen sprengt schlichtweg die Bedingungen von Wortsprache und Logik.

Doch auch wenn man diese Dimensionen unseres Daseins nicht denken oder in Worten vermitteln kann, so sind sie dennoch existent, real und wahr. Schließlich fehlt irgendwie etwas, wenn wir die chemische Formel eines Hormons aufschreiben und das „Liebe" oder „Freude" nennen, weil es eben nicht beschreibt, *wie es sich anfühlt*, Liebe oder Freude zu fühlen.

Auch können wir vielleicht physikalisch erklären, was bei einem Sonnenaufgang passiert, wie das Licht sich mit der Atmosphäre verhält und wie unser Auge das Bild verarbeitet, aber *wie es für uns ist*, ja was es mit uns macht, einen Sonnenaufgang zu betrachten, das scheint eine *ganz andere* Dimension zu sein. Oder auch wenn wir im Angesicht eines Kunstwerks eine außeralltägliche Erfahrung machen, wenn wir im Flow passioniert ein Instrument spielen oder im Angesicht von Naturgewalten das besondere Gefühl von so etwas wie Erhabenheit verspüren.

Begriffe können lediglich umschreiben, wie sich etwas anfühlt und sich dem höchstens annähern, aber die komplette Qualität der Erfahrung kann nicht in diese Art von Sprache übersetzt werden.

So gibt es neben begrifflichem Wissen noch eine ganz andere Seite all der möglichen Arten und Weisen, *was* wir wissen könnten und *wie* wir etwas wissen könnten; schließlich führen verschiedene Arten von Intelligenzen, wie etwa emotionale, rhythmische, künstlerische, spirituelle, sprachliche, bildliche oder räumliche (oder oder oder), auch zu verschiedenen Arten von Erkenntnis und Wissen.

Doch erfassen wir diese Erkenntnisformen nicht mit dem von der Aufklärung heißgeliebten rationalen Kopf-Verstand, sondern viel eher mit unserem Körper-Verstand. Dieses „körperliche Wissen" wird oft in einem Teil des Gehirns verarbeitet, der nicht mit Sprache in Verbindung steht, was es schwieriger macht, es in Begriffen zu artikulieren. Deshalb fühlen sich Dinge richtig an, auch wenn wir manchmal nicht in Worte fassen können, warum.

Oftmals ist es uns nachträglich möglich, diese Art von Wissen in (Wort-)Sprache zu übersetzen – manchmal aber auch einfach nicht. Das liegt aber nicht daran, dass uns dann im Bendzko-Style die Worte fehlen, sondern weil diese Art von Wissen eine ganz andere Struktur und Natur hat als begriffliches Wissen.

Diese Wissensarten sind vielleicht a-logisch, nicht-linear und nicht-begrifflich, doch deshalb nicht weniger wertvolle Erkenntnis und Wissen. Sie haben genauso Anteil an so etwas wie Wahrheit und sind für unsere Lebenspraxis von *größter* Bedeutung. Wir wurden nur so konditioniert, andere Arten von Wissen nicht als Wissen zu verstehen.

So ging mit der frühneuzeitlichen Marginalisierung von Yin-Energien in Form der Ausklammerung des Erfahrungsbereiches auch dessen Wertung *als Erkenntnis* einher. Wir haben den Bereich des Wissens exklusiv auf den geistigen Verstand, begriffliche Logik und kognitive Intelligenz (mit ihren IQ-Tests) beschränkt, was zu einer Herabwertung anderer Fähigkeiten und anderer Arten von Intelligenzen geführt hat, die eine andere, nicht-lineare, nicht-begriffliche Sprache sprechen.

So wird im neuen Paradigma für Erkenntnis gemeinhin immer dem naturwissenschaftlichem Wissen die Dominanz über anders gearteten Formen von Wissen zugesprochen: Das Gefühl der Liebe darf sich dann schon so-oder-so anfühlen, das würde aber „nichts weiter bedeuten", weil es „tatsächlich" eben „nur" dieses Hormon, nur dieses chemische, messbare, sichtbare Molekül sei. Der Rest sei zwar vielleicht menschlich, aber dadurch eben fehlbar und nicht so viel wert und halt ein Beiprodukt evolutionärer Prozesse. Das sei vielleicht ernüchternd und entzaubere die Welt in gewisser Weise, aber das Leben sei eben kein Wunschkonzert und wir müssen halt mit dieser Nüchternheit der Tatsachen in der Welt klarkommen, wenn auch freilich verständlich sei, dass wir es gern anders hätten.

Doch sind wir nicht einfach gefühlsduselig oder ein Sensibelchen, wenn es uns kontraintuitiv erscheint, Gedanken, Gefühle und Erfahrungen auf ihre materielle Dimension zu reduzieren und zu behaupten, sie seien nichts weiter als elektrische Impulse oder hormonelle Botenstoffe und der Rest nur „Einbildung".

Die Nüchternheit einer ausschließlich faktischen Welt ist keine kosmische Konstante eines „so ist es halt". Wir erzählen uns lediglich die Geschichte, dass nur eine spezielle Wissens-Art mehr wert oder wichtiger wäre als andere, weil sie in unserer modernen Welt oft besser wirtschaftlich genutzt werden kann und weil das die Linse ist, durch die wir die Dinge betrachten.

Dass die quantitative Erklärung von Phänomenen die qualitative Dimension der Erfahrung herabstuft und ausklammert, ist kein natürlicher Vorgang und keine unabwendbare Entwicklung der Dinge. Sie ist das Resultat einer bestimmten Weltinterpretation unter vielen.

Doch bedeutet das nicht, dass sie wirklich grundsätzlich „besser" ist. Schließlich hilft logisches Denken nicht bei gebrochenem Herzen und Datenanalyse heilt noch lange keinen Weltschmerz, aber das hast du ja bestimmt auch schon bemerkt. Kommt halt drauf an, wo man die Maßstäbe für das setzt, was wichtig ist und wie man die Dinge in einem System infolgedessen hierarchisiert und strukturiert.

Schließlich gibt es auch nicht nur mehr als eine Form von Erkenntnis, sondern komplett alternative Wissenssysteme und mit ihnen durchaus auch Möglichkeiten, die Welt nicht zwingend als eine objektiv messbare Realität zu betrachten, die sich durch empirische Analysen und rational-logische Methoden vollständig erfassen lässt. Oder in anderen Worten: Man muss die Welt nicht als tot und in Scheiben geschnitten betrachten.

Man kann sie auch als ein holistisches, *gelebtes* Beziehungsnetz verstehen, in dem Wissen nicht isoliert, sondern in Verbundenheit mit Gemeinschaft, Natur und Spiritualität existiert. Es muss nicht zwangsläufig distanziert über Begriffe und abstrakte Theorie vermittelt werden, es kann auch durch direkte Erfahrung, Intuition, verschiedene Praktiken oder Beziehungen weitergegeben werden. Auch kann es nicht nur linear, sondern auch zyklisch oder zeitlos gedacht werden; als etwas, das stetig fließt und sich andauernd verändert. Und auch Wahrheit muss nicht universell und unveränderlich sein, sondern kann situationsabhängig, relational und vielstimmig verstanden werden.

Und es muss ja auch nicht immer ein „Entweder-oder" zwischen Wissenssystemen sein: Wissenschaft oder Rationalität sind ja absolut wunderbare Werkzeuge, solange sie nicht zur Doktrin für Wahrheit und Wirklichkeit werden, andere Perspektiven verdrängen und herabstufen – und das, obwohl andere Perspektiven ihnen nicht einmal unbedingt widersprechen. Will sagen: Es gibt nicht nur einen Weg, die Welt zu begreifen – sondern viele. Und dass wir denken, dass die westliche Art richtiger wäre, ist nicht die Wahrheit, sondern nur eine Geschichte. Dass es sich aber wirklich wie die Wahrheit anfühlt, zeigt, wie sehr wir diese Linse auf die Welt internalisiert haben, wie sehr sie in unsere Fasern der Wahrnehmung eingeschrieben ist.

Doch während manche alternative Wissenssysteme noch als kulturelle Besonderheiten oder philosophische Ansätze toleriert werden, gibt es Bereiche, in denen dem Ratio-Narrativ der Kragen platzt, nämlich überall dort, wo Wissen sich jenseits der messbaren Welt bewegt – in Spiritualität, Esoterik und artverwandter Hexerei (hihi).

So geht die Hierarchisierung von Wissen deutlich über den eben genannten Bereich hinaus, wenn wir neben den genannten auch an andere, mystische und unbestimmbare Arten von körperlichem, gefühlten Wissen denken – wie etwa Ahnungen, Eingebungen oder Visionen, die uns hier und da wohl auch mal von „außen" geschickt werden. Das Wissen dieser Dimension unseres Daseins wird nicht nur abgewertet, sondern vollkommen delegitimiert –

und teilweise pathologisiert, also als in irgendeiner Weise als krankhaft dargestellt.

Menschen, die behaupten, Visionen zu haben oder die von sich sagen, mit anderen Lebewesen, Bäumen oder gar mit der „Geisterwelt" zu sprechen, werden nicht nur als lügend, sondern schnell auch als äußerst merkwürdig und verrückt betrachtet. Man spricht ihnen ihre Realität als Einbildung, als Verrücktheit, Wunschdenken, Spinnerei oder Hokuspokus ab.

Meist erklärt man diese ganze Welt pauschal für abwegig und wirft ihrer Gefolgschaft vor, sich gegenüber den „Fakten" und „Wahrheiten", die die Wissenschaft bereithält, zu immunisieren. Und tatsächlich steigen die Menge von Schwurbelei und die Anzahl der Laberköppe exponentiell an, je weiter wir uns von der objektiven, messbaren Welt in die subjektive, erfahrbare Welt bewegen. Es gibt ohne Frage auch psychisch fragwürdige Konzepte, die sich in diesen Bereich mischen.

Doch wird oft übersehen, dass es auch eine andere Seite gibt. Man differenziert kaum zwischen gefährlichem, teils rechts-ideologischem Gedankengut und den friedvollen esoterischen Konzepten, die unser Leben bereichern können und die sich ergänzend zu naturwissenschaftlichen Erkenntnissen verhalten.

Man kann auch gläubig oder spirituell sein und trotzdem verstehen, dass die Evolution keine bestreitbare Theorie ist, die in ihrer Wahrheit irgendwie zur Debatte stünde. Doch die „moderne" Ratio-Wissenschafts-Polizei schmeißt alles in eine Tonne – aber mal ehrlich: wundert uns dieses typische vereinheitlichende Schubladendenken?

Ohne viel Aufwand für Differenzierung biegt man sich alle „Phänomene" anderer Natur genauso zurecht, dass das innere Narrativ weiterhin Sinn ergibt. Dinge, deren Logik sich uns nicht erschließen, nennen wir Sonderfall, Ausnahme, Glück, Zufall oder ein Hirngespinst. Dadurch gewährleistet die Ratio, dass es in einer aufgeklärten, eindeutigen Welt keinen Nebel gibt.

Genauso wie das Yang das Yin als Bedrohung sieht, so sieht die Ratio das Unmessbare als Bedrohung an. Sie muss es unterdrücken, bekämpfen, pathologisieren – um das eigene Wahrheitssystem nicht ins Wanken zu bringen.

Die Fähigkeit, das zu fühlen, was der Ratio zu entgleiten scheint, die Kraft, die Dinge zu verstehen, die man nicht messen kann, bleibt verborgen – nicht weil sie keine Bedeutung hat, sondern weil sie das allmächtige, rationalistische Yang herausfordert. Und in diesem Ungleichgewicht bleibt das Yin, die intuitive Weisheit, die spirituelle Dimension des Menschen, unsichtbar und im Schatten.

Á propos: Weißt du, wer sich noch im Schatten des Yang verbirgt, weil *es* in die Unsichtbarkeit verdrängt wurde? Genau, Gott. Gott ist nämlich gar nicht wirklich wirklich tot (Ja, ich weiß. Mich hat das auch erstmal überrascht).

Die Geschichte vom Atheismus

Man sagt, dass der Schlaf der Vernunft Ungeheuer gebiert. Doch schläft nicht unsere Vernunft gerade dann, wenn wir uns in der Arroganz einer Allwissenheit wähnen? So scheint mir der Atheismus engstirnig zu denken, denn zumindest in einem dogmatischen Atheismus lässt man ja nicht einmal einen Mini-Spalt offen für die Möglichkeit der Existenz einer höheren Macht und respektiert so zumindest die Möglichkeit. Man behauptet felsenfest zu wissen, dass es keinen Gott gibt und dass alles, das gesamte Universum, so wie es ist, ein dummer Zufall ist. Als hätten wir den Planeten erfunden und wüssten Bescheid, nur weil wir einige Dinge mit Wissenschaften beschrieben und den Dingen Namen gegeben haben. Dabei wissen wir nicht mal einen Bruchteil all dessen, was wir wissen könnten, ganz so, als wären wir kein winziges kurzlebiges Staubkorn im unendlichen Alles und Nichts.

Die ganze Geschichte des modernen Menschen in einer gottlosen Welt trieft vor Irrationalität. Wir merken nicht einmal mehr, dass wir denken, wie wir denken. Wir sehen mit der Ratio-Brille den Wald vor lauter Bäumen nicht, geschweige denn die Landschaft drumherum. Die Geschichte vom Atheismus immunisiert uns so unbemerkt gegen jedwede Erfahrung des Anderen inmitten unserer Welt, die wir vermeintlich für entzaubert und entschlüsselt halten – was wirklich schade ist, denn glaub mir, da geht noch einiges für uns Menschen. Yin-Energien hitten anders wild als Yang-Energien. Und ihre dynamische Balancierung erst… [sabbernder Emoji].

Viel vernünftiger wäre so gesehen der Agnostizismus, weil er sagt, dass er nicht weiß, ob es Gott gibt. Allerdings keiner, der denkt, dass er es nicht weiß, weil man es nicht wissen kann, sondern einer, der sagt, dass er es (noch) nicht weiß und dadurch wirklich auch offen dafür ist, Erfahrungen zu machen und Wissen zu sammeln, die es ihn wissen lassen könnten.

Darüber hinaus bemüht sich der Atheismus auch um eine sehr beschränkte Idee des Göttlichen. Denn ganz vielleicht, da liegt das Problem ja gar nicht beim „ja" oder „nein" zu Gott, sondern beim „wie". Denn wenn uns jemand fragt, ob wir an Gott glauben, meinen die meisten damit gar nicht mehr unbedingt immer, ob man in der Kirche ist. Wohl aber identifizieren sie Gläubigkeit noch mit dem Gott der großen monotheistischen Religionen und damit mit der vermenschlichten Vorstellung eines Gottes als personen-ähnlich, als individuelles, denkendes Einzelwesen, das irgendwie wie der Mensch ist (weil man uns ja erzählt hat, das wir nach Gottes Bild geschaffen sind) nur halt viel viel viel krasser. Doch muss Gott immer zwangsläufig das bedeuten, was die Religionen gemeint haben?

Ja, gibt es Gott denn gar nicht außerhalb von Religionen? Und muss Glaube immer etwas mit Manipulation und Amoralität zu tun haben? Man steht Glaubensfragen ja generell skeptisch gegenüber, weil wir überall Verrat befürchten. Wir vermuten, dass Menschen, die an Gott glauben und uns davon überzeugen wollen, irgendeinen Hintergedanken haben, ja dass sie unser Geld wollen oder uns irgendwie für ihre Zwecke manipulieren.

Kein Wunder, schließlich wurde uns über Jahrhunderte hinweg in der Kirche so einiges verkauft, das mehr mit Macht als mit Spiritualität zu tun hatte (und das wird es – Spoiler-Alarm – in manchen Kreisen bis heute…). Es war so gesehen wohl wirklich Zeit für eine Aufklärung und die damit einhergehende Befreiung dieses Aspekts der Emotio aus den Mechanismen der verzerrten Ratio-

Logik einer dogmatischen Religion. Wir haben die Kirche also wohl zurecht aus ihrem Thron gekickt. Doch ist man dann nicht auf einen neutralen Grund gekommen: Die Wissenschaft hat das Zepter übernommen. Genauso wie man früher gegen das Argument von „Gottes Willen" absolut nichts einwenden konnte, können wir heute nichts mehr gegen Wissenschaft sagen. So ist Wissenschaft selbst zur Religion geworden.

Dabei muss man Wissenschaft nicht einmal ablehnen (das ist ja auch absolut gar nicht sinnvoll, bitte tu das nicht), doch braucht man nur die Existenz eines Anderen zu erwähnen, dass *außerhalb* der aktuellen wissenschaftlichen Nachvollziehbar liegt, um sich das Label der Schwurbelei, ja der Beleidigung der *Unwissenschaftlichkeit* einzukaufen. Wenn wir heute sagen, dass etwas *irrational* ist, meinen wir damit nicht nur, dass es lediglich nicht der Ratio zugänglich ist, sondern *vernunftwidrig*, so als wäre das eine Straftat (was es natürlich nicht ist).

So geht es um den Erhalt der Möglichkeit, neben der Wissenschaft noch etwas anderes sagen zu können, das Anspruch auf Wahrheit haben darf. Denn es ist natürlich genial an den Naturwissenschaften, dass sie Dinge unbestreitbar machen – unabhängig von Meinungen. Das ist in jedem Fall ein großer Gewinn für uns alle – kein Zweifel, hat subjektive Erfahrung schließlich diesen einen Haken: Sie lässt sich nicht objektivieren.

Doch ist das Diktum der wissenschaftlichen Beweisbarkeit nicht nur zum Maßstab, sondern zur Doktrin für Wahrheit und Wissen geworden – alles andere wird radikal als falsch abgetan. Wenn wir Rationalität auf eine solche Art als Dogmatismus betreiben, dann wird sie in ihrer Verzerrung irrational, das kennen wir ja auch schon.

Man hat uns gesagt, dass Gott gar nicht da sei und dass es das Unsichtbare sowieso gar nicht gäbe. Man hat uns gesagt, dass wir uns das alles eingebildet haben, weil wir es halt noch nicht besser wussten, weil wir noch keine Naturwissenschaften hatten. Man hat uns gesagt, dass die ganze Welt aus leblosen Atomen besteht und im Endeffekt alles nichtig ist.

Ja, man hat Gott tatsächlich getötet und so wird die entzauberte, ausschließlich messbare, restlos zerkrümelte und durch und durch durchwaltete Sicht der Welt irgendwann zur Normalität – vielleicht nicht für den durchschnittlichen Menschen in seinem realen Leben, doch aber irgendwie zur anerkannten Mainstream Meinung. Wirkliches Wissen könne ja nur durch Methoden und Techniken empirisch erfasst werden – Gott gehört damit nicht mehr dem Reich des Wissens, sondern dem des Glaubens an.

Glauben ist an sich ja auch schön und gut, man lässt allen ja das Recht, ihn frei zu wählen. Doch kommt es mir so vor, dass dem Ganzen immer ein leichtes Wölkchen beischwingt, eines, das so eine gewisse Unseriösität mit sich bringt, ja eine leichte Skepsis dem Menschen gegenüber, der entschieden sagt, dass er an Gott glaubt.

Allein das Wort „übersinnlich" trägt ja schon mehr den Anstrich von Hokuspokus, als dass es uns nur mitteilte, dass etwas nicht über die Sinne erfassbar sei. Das liegt aber nicht an der Sache an sich, sondern an unserer Konditionierung und den Geschichten, die wir uns erzählen.

Weil wir seit der Frühen Neuzeit alles „Göttliche", alles „Geistige" und den Glauben mit der Kirche gleichgesetzt haben, erscheint uns heute nicht nur die Maschinerie dieser Institution als unvernünftig und „überwindenswert", sondern auch die Idee einer höheren Macht an sich. Kein Wunder, hat man uns ja gesagt, dass die

Kirche eben der Ort Gottes sei, ja „sein" Zuhause. In Konsequenz suggeriert uns das derzeit gängige Paradigma, dass es nicht nur unvernünftig ist, an Gott zu glauben, sondern vernunftwidrig, als gäbe es einen generellen Widerspruch von Glauben und Vernunft. Der Glaube an eine höhere Macht wird im Umkehrschluss als etwas dargestellt, das einer Erklärung und Rechtfertigung gegen die damit implizierte Unvernunft bedarf. So gilt die Geschichte des Atheismus jetzt solange als wahr, bis man Gott nachgewiesen hat – am besten mit naturwissenschaftlichen Gerätschaften, die solide Fakten liefern, schließlich hatten wir festgelegt, dass das die Maßstäbe für wahrhaftiges Wissen und Wahrheit sind.

Doch stimmt es natürlich nicht, dass wir nur wissen können, dass etwas *wirklich wirklich* wahr ist, wenn wir es wissenschaftlich beweisen. Dass das so sein soll, haben wir uns ja selbst ausgedacht. Es gibt keinen allgemeingültigen, kosmischen Maßstab für Wissen und Wahrheit, der uns irgendwie binden würde, die Dinge so oder so zu sehen. Jedes einzelne Wort und jede einzelne Bedeutung haben sich irgendwann irgendwelche Menschen ausgedacht. Alles und jemals. Es gibt ja nichts in der Welt, das wir irgendwie mitteilen könnten, das nicht durch einen menschlichen Kopf gedacht wurde. Wieso sollte irgendein Kopf eines anderen Menschen besser dafür geeignet sein, für dich zu entscheiden, was Wahrheit bedeutet, vor allem in Bereichen, die jenseits der empirischen Welt liegen?

Die Wahrheit für empirisch nachweisbare Dinge von der Wissenschaft herausfinden zu lassen, scheint mir ja weiterhin eine brillante Idee zu sein. Es gibt ja keinen Grund, dem nicht zu glauben, was wir durch ein Mikroskop sehen. Aber was ist mit den Fragen, die jenseits einer rationalen Begründbarkeit liegen? Oder sogar mit den Dingen, die sich nicht in irgendwelche Begriffe oder andere

Verstandeslogiken zwängen lassen? Sollten wir auch für diese Dinge einfach unkritisch die Meinungen und Erzählungen von Religionen, Familie, Freundeskreis, Politik, Prominenz und Medien übernehmen? Ja, ist es nicht vielleicht sogar unvernünftig und irrational, die Verantwortung für eine derart wichtige Frage wie die nach Gottes Existenz an jemanden anderen abzutreten? Ist der Dialog mit unserer Lebendigkeit nicht ohnehin viel zu höchstpersönlich und intim, als dass wir daraus eine Gruppenkonferenz machen sollten? Könnte es sich nicht vielleicht lohnen, selbst zu schauen, welche Erfahrung wir überhaupt mit der Welt machen, unabhängig davon, was alle anderen denken? Wäre es nicht sinnvoll, unseren eigenen Verstand für derlei Erkundung zu gebrauchen?

Denn wenn das alles nur Geschichten sind, besteht dann nicht unter Umständen doch zumindest mal ein mini bisschen die Option, dass das Leben doch mehr ist, als das, was wir sehen und messen können, als das Bruttoinlandsprodukt oder der 9-to-5-Hustle bis zum Burn-Out? Ja, vielleicht sind wir doch keine lebendigen Maschinen und der Kosmos auch kein großes totes Uhrwerk, das sich in Konsequenz einer Reihe von dummen Zufällen „einfach so" konstelliert hat. Und vielleicht ist Gott ja auch kein alter Mann mit Rauschebart, der diese Maschinerie von einer großen Schaltzentrale aus lenkt.

Vielleicht gibt es ja einen Gott, aber vielleicht ist das alles anders, als wir dachten. Und vielleicht beantwortet sich die Frage nach Gottes Existenz und dem Sinn des Lebens nicht mit einer Theorie, sondern mit und durch Erfahrungen. Vielleicht vermittelt sich so etwas in einer Art gewissem „Erfahrungsraum", von dem du Teil bist und aus dem du bestehst.

Und vielleicht kann es sich dann sogar ereignen, dass wir aus unserem spirituellen Dornröschenschlaf erwachen, der sich infolge der Dominanz der verzerrten Yang-Energien sanft über uns gelegt hat. Vielleicht können wir dann nicht nur hoffen, dass das mit Gott so alles seine Richtigkeit hat, sondern es sogar *wissen*. Schließlich hatten wir ja auch schon bemerkt, dass es die Möglichkeit gibt, Dinge auch anders zu wissen als über abstrakte Konzepte und den identifizierenden Verstand.

Wir haben durch die Überzeugung, nur noch in der physikalischen Welt Wahrheit finden zu können, unser Wissen um die Existenz einer ganzen Dimension unseres Daseins eingebüßt. Insofern ist es absolut und überhaupt gar nicht verwunderlich, dass hyper-rationalen Menschen die Existenz anderer Dimensionen wie Schwurbelei erscheinen.

Doch haben wir nicht nur vergessen, dass es sie gibt – wir können sie wirklich kaum noch wahrnehmen, denn ohne Yin-Energien verlieren wir nicht nur den Kontakt zu unserem Körper, sondern auch zu unserer Intuition und unseren übersinnlichen Fähigkeiten. Es ist fast so, als hätten die spirituellen und intuitiven Muskeln unseres Wahrnehmungsapparats abgebaut, weil wir sie zu lange nicht benutzt haben.

Statt uns nur von der Kirche zu lösen, hat uns die Aufklärung so auch vom Glauben-an-sich gelöst und damit von unserer Bezugsfläche mit dem Geistigen, ja mit den „mystischen" Aspekten von Yin-Energien, die uns mit der spirituellen Welt verbinden, inklusive unserer Erfahrung des Göttlichen. Wir haben so nicht nur den Gott der Religionen getötet, sondern uns auch von einem für unser Seelenheil essentiellen Teil der Realität isoliert, wodurch wir ein großes Möglichkeitsspektrum menschlicher Erfahrung ausgeklammert haben, das außerordentlich wichtig für unser Glück ist. Ja, wenn es da einen Ort in unserem metaphorischen Herzen gibt, an dem wir wohlbehütet bewahren, was uns lieb, heilig und göttlich ist, dann war dieser Ort einst mit Glaube, Liebe und Hoffnung gefüllt. In diesem inneren Tempel ruhten das Vertrauen in eine höhere Macht und eine größere Ordnung hinter allen Dingen – und die Demut vor einem Gott, der uns wohlgesonnen war – und das, obwohl er so viel Leid in der Welt tolerierte. Seine Wege waren unergründlich: Wir waren angehalten, nicht zu hinterfragen, warum die Dinge sind, wie sie sind. Wir sollten uns kein Bild davon machen, wer Gott ist, weil man uns keine Antwort auf all diese Fragen geben könnte. Wir sollten blind vertrauen, schließlich bedeutet Glaube, die Brücke zwischen den paradoxalen Strukturen der Wirklichkeit mit dem Geist zu schlagen. Er bedeutet, das Unsichtbare willentlich zu sehen und daraus, also aus uns selbst heraus eine Kraft zu schöpfen, die Berge versetzen kann.

Wir haben uns bei dem Versuch, das ganze Leben über die Vernunft zu erfahren, so sehr zerdacht, dass wir uns in unserem inneren Tempel der Heiligkeit einen kleinen Vampir mit Dollarzeichen in den Augen gesetzt haben, der uns langsam den Heiligen Geist aussaugt, weil er an der Quelle sitzt. Er ist der Engel des Fortschrittsoptimismus.

Erlösung und Seelenheil, uns einst von der Kirche mit Gott versprochen, sollen nun Fortschritt und Konsum liefern. Doch, siehe da: Hat leider nicht so gut geklappt. Und warum nicht? Weil das keine Gottlosigkeit ist, sondern spiritueller Tiefschlaf und weil Yang nicht ohne Yin sein kann.

Zeit, wieder an Gott zu glauben, Amen. Zeit aufzuwachen. Oder sind wir automatisch „verrückt", wenn wir behaupten, dass wir mit der Quelle allen Daseins bewusst verbunden zu sein? – Ist die typische „Beweisführung" gegen den „Hokuspokus" spirituellen Erwachens schließlich, dass man sich das alles als Bewältigungsstrategie gegen die „tatsächliche" Sinnlosigkeit des Lebens einredet.

Genau das hab ich in meiner Atheismusphase auch von gläubigen Menschen gedacht, denn ich war ja ein vernünftiger und moderner Mensch. Ich hielt die Geschichte von Gott für eine armselige Narretei. Ich hab' Glaubende sogar bemitleidet, weil sie „noch einen Gott brauchen", um glücklich zu sein. Schließlich war ich eine sehr glückliche Atheistin und hatte es geschafft, mich von dem beschränkten Blick der Religion zu lösen und mein Seelenheil zu finden – auch ohne die naive Geschichte von Gott oder ein Abrutschen in einen destruktiven Nihilismus.

Doch hatte der Kosmos andere Pläne mit mir, sonst würdest du wohl gerade ein Buch von mir lesen, in dem ich beschriebe, wie spirituelle Unternehmen letztlich ausschließlich auf Profit aus sind und dabei im Schafspelz skrupellos verlorene Seelen ausbeuten (was sicherlich einige dennoch tun) – oder darüber, wie diese New Age Narren eigentlich nur psychisch krank seien (den Teil kannst du dir gern denken); auch wenn meinem Ego das sicherlich besser gefiele, weil ich dann nicht gegen den Strom des gängigen Paradigmas schwömme – und so vermutlich mehr Zuspruch fände, da diese Sichtweise in der breiten Gesellschaft gängiger und akzeptierter wäre.

Doch gibt es diesen Widerstand nicht nur in der Mainstream-Gesellschaft, sondern vor allem in mir. Es ist für einen rational geprägten Geist, der sich seiner Ansicht sicher ist (oder zumindest mal war) nicht gerade einfach, an Dinge zu glauben, die unlogisch und irrational sind; kein Wunder, sprengen sie schließlich wichtige Grundannahmen eines ganzen Weltbildes.

Um der Möglichkeit einer höheren Macht wirklich die Chance zu geben, muss gedanklich am ganzen Fundament der eigenen Weltsicht gerüttelt werden; sprengt die Idee Gottes ja letztlich gleichsam den ganzen Rahmen des Welt- und Selbstbezugs mit einem Gedanken weg. So gesteht man sich mit dem Eingeständnis eines Gottes komplett seine eigene Nichtigkeit und sein unendliches, absolut undurchdringliches Nichtwissen ein. Ja, gewissermaßen muss man sich in dieses Nichtwissen verflüssigen, sein ganzes Ego an den Nagel hängen und sich unterordnen, zumindest für einen Moment. Man muss an dem Versuch scheitern, die Unendlichkeit zu begreifen und sich seine Verstandesgrenzen eingestehen.

Man könnte wohl sagen, dass es dem Ego-Aspekt, der die Führung der verzerrten Yang-Energie auszeichnet, nicht gerade Spaß macht, sich unterzuordnen. Kein Ego lässt einfach so etwas zu, was sich seinem inneren Narrativ widersetzt oder gar widerspricht. Dem Ego ist es auch egal, ob es vernünftig handelt, es will nur Energie sparen und in Sicherheit bleiben. Das Ego liebt stabile Systeme. Das Ego liebt die Comfort Zone. Doch müssen wir genau die verlassen, wenn wir aus der Matrix ausbrechen wollen. Wir müssen die Unsicherheit in Kauf nehmen und in ihr schwimmen lernen.

Die Geschichte vom Matrixausbruch

Die Paradigmen unserer Zeit sind mit Machtverhältnissen verschwistert. Diese Strukturen aus Denkweisen, Überzeugungssystemen und Kommunikationsmustern erzeugen unser Wissen und bestimmen, was als wahr gilt und was nicht: Sie formen so unsere Wahrnehmung von Realität und strukturieren, wie wir die Welt verstehen und deuten.

Doch von wo aus erreichen uns diese Geschichten? Das klingt ja alles fast nach einer Verschwörungstheorie. Sitzen da zehn alte, rückwärtsgewandte, weiße Männer zu Tisch, die unsere Gesellschaft steuern? Ja und nein. Nein, weil diese Menschen und Institutionen nicht geheim sind, sondern ziemlich offensichtlich und nein, weil da nicht nur ein Tisch ist, an dem entschieden wird, sondern viele. Die ganze Macht ist viel dezentralisierter und vielschichtiger, als es manchem lieb wäre; so kann man ja nicht mehr mit nur einem Finger auf die Quelle des Bösen zeigen. Wäre ja immer schön, wenn man komplexe Probleme so leicht lösen könnte. Doch sind da tausende „Konferenzräume", in denen entschieden wird, wie Prozesse gestaltet werden, worüber man redet, wie gesprochen wird, was man kommuniziert und was nicht, was gefördert wird und was nicht, wo bewertet wird, was gut sein soll und was nicht. Meistens sind diese „Konferenzräume" dann auch noch in ein Gewebe von verschiedensten Interessen gebettet, die diesen Institutionen übergeordnet sind und an denen sich Macht sammelt. Diese „Orte" profitieren von einer bestimmten Formulierung und praktischen Umsetzung gewisser gesellschaftlicher Narrative. Sie bemühen sich auf verschiedenste Weise darum, dass wir an bestimmte Geschichten glauben, weil sie davon irgendwie profitieren, sei es, weil sie so an uns Geld verdienen – oder weil sie dadurch Macht erlangen oder halten können.

Freilich sind all diese Dynamiken auch noch wild miteinander verschlungen, so wie wir es in Politik und Wirtschaft sehen. Und je häufiger sich diese Narrative wiederholen, desto hartnäckiger setzen sie sich in unseren Köpfen fest, bis wir sie selbst weiterspinnen – ohne überhaupt noch zu merken, dass es sich um Geschichten handelt, die auf bestimmten Interessen basieren.

Doch ist es bei weitem nicht nur die kapitalistische Ausrichtung von Institutionen, Märkten und Gesetzen, die eine bestimmte Art von narrativer Logik mitbringen. Es sind nicht nur Banken, Finanzmärkte, verschiedenste Konzerne oder irgendwelche anderen Unternehmen, sondern auch Regierungen und Organisationen dieses Umfelds, das ganze Justizwesen, die ganze Institution der Politik, Verbände, Vereinigungen, alle möglichen Medieninstitutionen, religiöse Institutionen, gemeinnützige Institutionen, Stiftungen, Netzwerke, Gruppierungen, tausende andere Institutionen und sonstwas für Bewegungen.

In all diesen, sagen wir mal, Vereinigungen, sind jetzt überall Menschen am Werk, die neben den Interessen, die sie vermeintlich treu für die jeweilige Institution vertreten, auch noch eigene Interessen haben. Diese Dynamiken gegeben, herrscht dann da zwischen all den Interessenströmen eine Art kollektives Tauziehen. Hin und Her und her und hin. Alle wollen irgendwas von uns, aber gleichzeitig interessiert sich keiner so richtig für uns. So bewegen wir uns alle gemeinsam aber doch allein durch ein Meer an fließenden Bedeutungen und hangeln uns entlang bestimmter Ströme, die sich je nach Interessenausrichtung und Machtverschiebung mit verschieben.

Vielseitige Bedingungen sorgen dafür, dass sie die Landschaft der Narrative mitbestimmen können und bestimmte Geschichten immer wieder gestützt und reproduziert werden – im besten Fall ja sogar durch uns selbst, indem wir die Geschichten internalisieren und sie so in gewisser Weise durch unser Denken und Handeln verkörpern. Diese Erzählungen sind also nicht nur „irgendwelche Geschichten", sondern tief verankerte, komplexe kulturelle und soziale Prozesse, die sich in uns und durch uns abspielen. Es braucht nicht einmal eine finstere Verschwörung im Hinterzimmer[7] – es reicht, dass Interessen auf Interessen treffen und Narrative sich so oft wiederholen, bis sie sich zur augenscheinlichen Realität verfestigen, deren scheinbare Alternativlosigkeit ihrer eigenen Logik keiner mehr hinterfragt. Und je tiefer sie in bestehende Strukturen eingebettet sind, desto mehr verstärken sie sich selbst. Dabei übersehen wir, dass wir durch unsere eigene Wahrnehmung und Bedeutungszuweisung an diesem Spiel beteiligt sind – denn nicht nur die äußeren Strukturen, sondern auch unser Denken selbst folgt diesen bestimmten Mustern.

Das System ist real, keine Frage – und doch liegt die wahre Macht darin, welche Bedeutung wir den Dingen geben, schließlich wären die Geschichten ohne unsere Bedeutungszuweisung nichts als Gebrabbel. Es ist unser Glaube an diese Strukturen, der ihnen überhaupt erst ihre Wirkkraft verleiht. Das System ist also nicht nur „da draußen", sondern vor allem in uns. *Wir sind die Matrix.*

---

7 Wobei ich das nicht ausschließen würde, schließlich gestaltet sich sowas oft einfacher, als man denkt, geht da dann einfach an einem Mittwochabend irgendein Thomas, der irgendwo ordentlich was zu sagen hat, mit irgendeinem Frank, der irgendwo ordentlich was zu sagen hat, auf 'n Gläschen.

Na supi. Und was bedeutet es nun, aus der Matrix auszubrechen? Definitiv nicht, was wir damit gemeinhin in der breiten Bevölkerung meinen, also irgendwie die Zivilisation hinter sich zu lassen und ein Einsiedlerkrebs-Leben im Wald zu führen. Die Matrix sind ja nicht nur die Ketten des 9-to-5-Jobs und die Strukturen des patriarchalen Kapitalismus.

Matrix ist die Realität, in der wir leben, sie ist der ganze Erfahrungsraum, den wir dadurch erschaffen, dass wir ihn als so-oder-so beschaffen für-wahr-halten. Aus der Matrix auszusteigen heißt, zu begreifen, dass es diese Beschaffenheit überhaupt gibt und dass du sie erschaffst – inklusive der Geschichte davon, irgendwo „auszubrechen".

Es ist also eine wahre Donquichotterie, wenn wir versuchen, aus irgendeiner Matrix auszubrechen, die uns vermeintlich knechtet – wenn doch letztendlich nur unsere Gedanken uns knechten, weil wir den Dingen ihre Bedeutung geben. Wir sind die einzigen, die uns einsperren können. Steuern zahlen zu müssen ist nicht das Problem. Wie sehr das für dich ein Gefängnis bedeutet, könnte ein Problem sein. Oder es ist eben kein Problem für dich – was nicht heißt, dass du nicht weiterhin die Ungerechtigkeit oder den katastrophalen Charakter einiger Dinge erkennen kannst, von denen du ja auch faktisch betroffen sein kannst (und über die man selbstredend auch mal wütend oder traurig sein darf). Du hast die Wahl, die Umstände zu akzeptieren, wie sie sind und deine Macht dahin zu verlagern, wo du direkten Einfluss üben kannst: Da, wo du den Dingen ihre Bedeutung gibst.

Um uns also von diesem System zu trennen, dürfen wir das System von uns trennen. Innere Freiheit zu finden und aus der Matrix auszubrechen ist ein Befreiungsprozess, der auf mentaler, emotionaler, physischer und spiritueller Ebene stattfindet. Selbstliebe, ein starker Geist, eine klare Intuition, ein geregeltes Nervensystem und kritisches Denken immunisieren uns vielleicht zumindest ein Stück weit gegen die unwahren und dysfunktionalen Geschichten in dieser Welt.

Es geht beim Matrixausbruch also nicht um plumpe „Systemflucht", sondern um Bewusstsein, Reflexion und Handlungsspielräume. Wir dürfen uns die Macht über unseren Geist aus den Irrgärten gesellschaftlicher Konditionierung zurückzuholen. Wir sind eingeladen, uns von vorgefertigten Rollen und Erwartungen zu lösen und die Mechanismen zu erkennen, die unser eigenes Denken und Handeln beeinflussen. Wir dürfen unser Bewusstsein erweitern und neue Perspektiven einnehmen. Wir dürfen einen kritischen Geist entwickeln und schauen, inwiefern wir an bestimmten Paradigmen partizipieren und uns bewusst für Denk- und Handlungsweisen entscheiden, die das widerspiegeln, was wir tatsächlich repräsentieren wollen.

Wir sind eingeladen, uns selbst zu der Instanz zu entfalten, die immer das Beste für uns im Sinn hat und der wir blind vertrauen können. Wir sind eingeladen, uns so weit jenseits unserer derzeitigen Konditionierung kennenzulernen, dass wir wissen, wer wir sind und was wir wollen. Niemand kann uns manipulieren, wenn unser Inneres messerscharf ist. Niemand kann uns sagen, dass wir nicht genug sind, wenn wir uns lieben, wie wir sind.

Die Macht der inneren Freiheit ist unendlich groß im Angesicht jedweder äußerer Umstände; kein System kann deine wirkliche Freiheit jemals bedrohen. Du entscheidest, was das alles hier für dich bedeutet (wenn auch das freilich viel viel leichter gesagt als getan ist). Ja, du hast jede Freiheit, dir einfach einen komplett anderen Film im Inneren zu fahren als die Mainstream Gesellschaft und dadurch eine komplett andere Erfahrung vom Lebendigsein zu machen. Es geht einzig darum, ob deine Art zu leben, zu denken und zu handeln, ein Produkt deiner freien Wahl ist, statt das Ergebnis von vorgefertigten Reaktionen oder fremder, vielleicht dysfunktionaler Geschichten, die du dir im blödesten Fall auch noch unbewusst erzählst.

Du kannst aus der Matrix ausgestiegen sein, wenn du ohne Wasser und Strom alleine im Wald lebst und von morgens bis abends im Feenkostüm durchs Dickicht kriechst und dabei Mantras rauf und runter rasselst und du kannst aus der Matrix ausgestiegen sein, wenn du Porsche fährst, einen 9-to-5-Job machst, ein Haus baust, einen Baum pflanzt und 1,5 Kinder kriegst. Das eine sagt nicht mehr über deine Freiheit aus, als das andere. Aus der Matrix auszusteigen heißt, die Box, in der man denkt, als Box zu begreifen und dann zu rallen, dass es gar keine Box gibt.

Gut, wenn's keine Box gibt, dann vergessen wir einfach mal alles, was wir über unser Leben zu wissen glauben. Hast du alles vergessen? Prima, damit hast du offiziell den ersten Schritt aus der Matrix gemacht. Hätten wir das; dann gehen wir wohl nochmal auf Anfang und stellen nochmal die Grönemeyer-Frage. Also, wenn das alles nur Geschichten sind; was soll das alles dann?

SYSTEM
DÄMON

Weiter gehtsi

Ver-rücken wir uns mal von dem, was der Mainstream als Realität anerkennt. Warum auch nicht, oder? Die Geschichten, die wir uns bis dato über unser Menschsein erzählen, sind ja ohnehin nicht sonderlich einladend, angesichts des Zustands der Welt, in den sie uns geführt haben.

Wenn wir uns auf den folgenden Seiten eine alternative Perspektive auf das anschauen, was wir Leben nennen, dann mag es so klingen, als verriet ich dir alle Geheimzahlen und malte dir die kühnsten Träume aus. Doch erklär' ich dir eigentlich nur, wovon ich nichts versteh' (richtiger Grönemeyer-Modus). Denn auch wenn ich mir bezüglich vieler Dinge wirklich sicher bin, bin ich mir vor allem einer Sache mit großer Unumstößlichkeit bewusst: Auch ich weiß, dass ich nichts weiß – und mein Nichtwissen ist viel viel größer als mein Wissen: Es gibt ja nicht nur all die Dinge, die ich nicht weiß, von denen ich aber weiß, dass es sie gibt und dass ich sie nicht weiß; sondern auch all die Dinge, von denen ich nicht einmal weiß, dass es sie gibt, und dass ich sie überhaupt wissen könnte. Mein „unbekanntes Unwissen" – könnte also potenziell *unendlich* groß sein.

Doch woher weiß ich, dass die Dinge sich verhalten, wie ich dir sage, dass sie sich verhalten? Nun, anders als man es vielleicht erwarten würde, hab ich kaum spirituelle oder theologische Werke von irgendwem von irgendwann gelesen. Mein Wissen stammt nicht wirklich aus Büchern (das der ersten Hälfte des Buches selbstredend größtenteils schon): Die wichtigsten Wahrheiten, die mein Verständnis und meine Wahrnehmung von Realität prägen, hat der Kosmos selbst mir auf verschiedensten Wegen über die

Dauer einiger Jahre in vielen Gedanken und Erfahrungen mitgeteilt.

Doch würde das Mainstream-Narrativ diese Wahrheiten wegen ihrer objektiven Unbeweisbarkeit wohl statt Wissen maximal Glauben nennen – und doch wäre das dann ein Glaube, der keinerlei Zweifel mehr in sich trägt, so klar und distinkt hab ich diese Dinge eingesehen. Es hat da jetzt kein brennender Busch zu mir gesprochen und auch hat sich mir keine engelsgleiche Erscheinung gezeigt, die mir was ins Ohr geflüstert hat (wobei ich das nicht für unmöglich halte). Mit dieser Art von Kommunikation verhält es sich eher so, dass sie immer da ist und wir uns als Menschen zu einer Art Gefäß entwickeln können, das einen Resonanzraum für die Sprachen des Kosmos in sich hält, wodurch wir all die Weisen verstehen lernen können, in denen die Dinge sich uns mitteilen – denn das tun sie permanent. Oder um es mit den Worten Walt Whitmans zu sagen: *Alle Wahrheiten warten in allen Dingen.*

Um diese Wahrheiten in den Dingen erkennen zu können, hab ich über den Zeitraum einiger Jahre den Kanal, über den ich mit dem Kosmos kommuniziere, gewischt und liebevoll geschrubbt und so gelernt, mit geschlossenen Augen richtig hinzusehen und der Stille aufmerksam zu lauschen. Irgendwann kann man dann die Dinge, die der Ego-Verstand spricht, von denjenigen unterscheiden, die unsere Intuition aufnimmt und uns mitteilt.

Dabei versteht man letztere nicht so, wie man das Wissen aus einem Buch versteht; sie flutschen nicht nur über die Oberfläche unseres Geistes, sondern schreiben sich richtig in unser Gewebe ein. So bilden sie einen sicheren Grund, auf dem man nicht ausrutscht und von dem aus man sich wunderbar orientieren kann. Man weiß sie so sicher, wie man weiß, dass Wasser nass, Feuer heiß oder der Himmel blau ist.

Einige der Geschichten, die wir gleich entfalten wollen, waren gar nicht mal so leicht zu glauben. Ihre Wahrheit hat mir oft nicht direkt so richtig eingeleuchtet, obwohl ich ihre Hebelwirkung für mein und unser aller Leben mental eingesehen hatte. Kein Wunder, wirbelten sie schließlich einiges an scheinbarer Widersprüchlichkeit auf und verhielten sie sich doch durchaus störrisch sowohl zu meiner Konditionierung als auch zu meiner augenscheinlichen Realität – vor allem auch, da ich mich ja noch von einer langen rationalistischen Atheismus-Phase erholte. Ich war es mit meiner durch und durch verwissenschaftlichen Weltsicht ja gewohnt, dass sich alles reimt: Alles war logisch und eindeutig bestimmbar. Alles, was nicht so war, war nicht vertrauenswürdig oder gar per se falsch. Es braucht also dementsprechend schon einiges an Arbeit, wieder an objektiv Unbeweisbares oder sogar Unsichtbares zu glauben.

Wenn wir über unsere drei Dimensionen hinausgehen, ja wenn wir die Welt der messbaren materiellen Phänomene verlassen, dann verändern sich die Strukturen der Logiken, nach denen diese raumlosen Räumlichkeiten funktionieren: Sie werden für uns augenscheinlich unlogisch. Sie reimen sich nicht mehr so, dass ihre Geschichten einfach durch unsere Köpfe durchrauschen; sie ecken an unseren gewohnten Denkstrukturen an; sie drehen und wenden sich so in uns, dass ihre nicht-linearen Bewegungen unsere einfältigen Verstandeslogiken mit ihrer Komplexität verunsichern.

Sie erscheinen uns als etwas, das wir ein Paradoxon genannt haben: etwas, das uns kratzbürstig aufstößt, das aber zugleich eine tiefe, verborgene, seidige Wahrheit enthält, *ohne* dass sich der scheinbare Widerspruch auflöst (ganz alltagspraktisch gesprochen klingt das dann in etwa wie ein großes, lautes, langes „*HÄ*").

Eine Struktur solcher Art hat zum Beispiel die Geschichte über Gottes Güte, die wir uns baldig in einigen Aspekten zu Gemüte führen wollen. Ich zweifel nicht daran, dass der Urgrund des Kosmos Liebe ist und dass der Himmel uns unendlich liebt und will, dass wir das beste aller Leben führen. Und ich glaube auch nicht, dass das träumerisch oder idealistisch gedacht ist; und dennoch stößt mir die Paradoxalität der menschlichen Existenz auf, ich bin ja schließlich nicht blind.

Gottes unendliche Güte und all die Harmonie und dann gleichzeitig all der Mord und Totschlag und all die anderen Übel in der Welt – ich kann schon mehr als gut verstehen, dass einem das irgendwie merkwürdig vorkommt. Glaube erfordert ja in gewisser Weise eine Sicherheit jenseits aller Logik und das kommt einem eben sehr berechtigterweise unlogisch vor – oder auch komplett crazy.

In meiner Atheismusphase machten gläubige Menschen für mich immer so ein wenig den Anschein, latent verloren zu sein, da sie ja etwas glaubten, das mir durch und durch irrational und naiv vorkam, sodass ich mich ernsthaft gefragt hab, wie man sich selbst so sehr täuschen kann, wo doch die Beweislage gegen Gott so eindeutig aussah. Denn das war es, was ich dachte, dass diese Menschen da taten: sich selbst belügen. Trotz des Zustandes der Welt glaubten diese Menschen noch an einen Gott, der unendlich gut sein solle? Dafür muss man doch offenkundig zumindest einigermaßen verrückt, trotzig oder verblendet sein.

So hab ich gläubige Menschen kategorisch von einem bestimmten Bewusstseinsvermögen ausgeschlossen; sie konnten schließlich nur begrenzt intelligent sein. Und ich bin ehrlich, meinem Ego hat diese gefühlte Überlegenheit wirklich gut gefallen; es war ein machtvolles Gefühl, weiter in der Evolution unseres Bewusstseins zu sein als alle gläubigen Menschen – man fühlt sich so modern und so aufgeklärt.

Doch ist die Welt ein Spiegel: Eigentlich hab ich damals nur meine eigene mentale Begrenztheit in diesen Menschen gesehen. Ich war es, die latent verloren war, nicht die Betenden. Zugegebenermaßen ist der Glaube an die doch tatsächlich etwas naive Vorstellung eines monotheistischen Gottes jetzt auch kein Maßstab für Intelligenz; doch worin diese Menschen mir voraus waren, war, dass sie in ihrem Geist einen Möglichkeitsraum für etwas offen gelassen hatten, dem ich mich mit meinem Atheismus innerlich versperrt hatte, schließlich hatte ich Jahre damit zugebracht, mich selbst von allen geistigen Dimensionen weg zu konditionieren.

Das war mir natürlich nicht bewusst und doch war ich damit ganz und gar nicht unglücklich – Atheistin zu sein war 'ne feine Sache: Nicht, nur, dass ich mich dadurch in Sicherheit wähnte, dass nur Wissenschaft wahres Wissen produzieren könnte und dass dadurch eindeutig war, was man guten Gewissens glauben konnte und was nicht und dass das alles der Menschheit einen gewissen Rahmen für die Entwicklung ihrer Modernität und damit ja auch meines Lebens gab; ich hatte es ebenfalls geschafft, auch ohne dieses irrationale Gott-hat-uns-lieb-Gefasel ein glücklicher Mensch zu sein. Ja, ich hab sogar in meiner Philosophie-Bachelorarbeit mit viel Stolz einen berühmten Gottesbeweis argumentativ widerlegt und damit gefühlt dem Glauben ein Schnippchen geschlagen.

Ich war mir ganz ganz sicher, dass das alles mit einer höheren Macht nicht nur wirklich unwahr ist, sondern dass es auch niemals wahr sein könnte – würde es ja den modernen Maßstäben für objektives Wissen *niemals* genügen können. Glaube müsste so irgendwie für immer etwas bleiben, für das als einziger Grund irgendein Ausmaß an mentaler Beschränkung in Betracht käme. Doch erkannte ich natürlich ebenfalls nicht, dass unsere Wahrheitsmaßstäbe letztlich auch nur menschengemachte Konstrukte waren – und keine universellen Konstanten.

Kein Wunder, man nimmt an westlichen Hochschulen ja nicht einmal östliche Philosophie als gleichwertige Philosophie ernst, weil es dort ja keine aufklärerische „rationale" Wende im Denken wie bei uns gab, die das Wissen „aktualisiert" und in wissenschaftliche Abhandlungen oder analytisch-rationale Systeme gepackt hat – so als wäre das eben *tatsächlich* die Bedingung für Wahrheit.

Das alles gegeben hatte ich gar kein Bedürfnis, mich irgendwie mit Spiritualität auseinanderzusetzen. Es war nicht einmal der Begriff in meinem Leben auch nur irgendwie jemals präsent – ja, ich glaube nicht einmal, dass wir im Religionsunterricht darüber etwas gelernt hätten, da war nach Judentum, christlichem Glauben, Islam und Buddhismus Schluss. Doch hatte der Kosmos andere Pläne mit mir und so ging es auf diese spirituelle Reise. Dass das auch bedeuten würde, einen Dekonditionierungsprozess aus der Herrschaft einer verzerrten Yang-Energie in Angriff zu nehmen, die mein Bewusstsein mit gedanklichen Zaunpfählen eingepfercht hatte, ist mir erst im Nachhinein bewusst geworden. Kaum erstaunlich, mir kam es ja auch zu Beginn dieser Reise vernünftig und normal vor, wie ich die Welt sah.

Ich hätte es niemals im Leben für möglich gehalten, dass die Welt so ist, wie sie sich mir mittlerweile offenbart hat. Genauso wenig hätte ich je vorhersehen können, dass meine Wahrnehmung dieser Welt sich so grundlegend verändern könnte, wie sie es tat – und tut. Ja, ich hätte nie gedacht, dass alles so „magisch" ist, wie es mir heutzutage erscheint – dabei war diese Magie immer da, ich hatte nur keinen bewussten Zugang mehr zu ihr.

Hätte mir jemand beschrieben, was ich dir auf den kommenden Seiten beschreibe, dann hätte ich wohl ernsthaft gedacht, dass diese Person verrückt sein muss. Aber keine Sorge, nicht alle Verrückten sind auf die gleiche Art und Weise verrückt. Oft landen sie nur in der gleichen Schublade, weil man die Komplexität mancher Dinge nicht versteht – so erging es mir ja auch einmal. Ja, wer die Existenz anderer Dimensionen kategorisch ausschließt, muss zwangsläufig alles Übersinnliche als Wahnsinn abtun – alles andere würde schließlich das eigene Selbstbild und Weltverständnis ins Wanken bringen – und unser inneres Narrativ wird ja immer dafür sorgen, dass wir alles genauso sehen, dass es im sicheren Einklang mit all dem ist, was wir tief innerlich einprogrammiert haben. So kann man dieselbe Information wahrlich weltverändernd anders verstehen, wenn man mit unterschiedlich programmierten Wahrnehmungsapparaten und von verschieden komplexen Bewusstseinsstufen auf sie schaut.

So hab ich zum Beispiel einen Gedanken, der bei Platon vorkommt, vor meinem „spirituellen Erwachen" komplett anders verstanden als danach. Platon spricht davon, dass Lernen nichts anderes sei als Wiedererinnerung und dass wir also alles, was wir lernen, nicht neu aufnehmen, sondern gleichsam in uns erinnern, als hätte die Erkenntnis schon immer in uns geschlummert. Er erklärt das damit, dass wir bevor wir geboren werden in unserer Seelenform mit allem Wissen, ja mit allen Grundformen oder Ideen, der Dinge, die es gibt, verbunden sind und sie einsehen. Als ich das mit neunzehn oder zwanzig Jahren gelesen hab, dachte ich nur WTF Platon, was laberst du: Wir haben weder eine Seele noch haben wir irgendwie vor unserer Geburt existiert. Aber gut, Platon lebte ja auch vor echt langer Zeit, damals waren die Menschen halt noch nicht so schlau und so weit entwickelt, wie sie es heute sind. Klar mussten sich die Menschen, bevor sie die moderne Wissenschaft hatten, irgendwelche esoterisch-anmutenden Dinge ausdenken und irgendwelche Hokuspokus-Theorien erfinden, die ihnen geholfen haben, die Welt zu erklären. Nur deswegen gibt es ja erst Götter und Religionen, oder nicht? Weil die Menschen sich nicht vorstellen konnten, dass das alles einfach so ohne einen Gott, der alles anstößt, geschehen ist und geschieht.

Heute weiß ich, was Platon gemeint hat und das, obwohl ich dir vor einigen Jahren unterschrieben hätte, dass das niemals der Fall sein wird. Bloß nicht, hätte ich wohl gedacht. Ich will doch seriös bleiben und seriöse Leute glauben nicht an Dinge, die man nicht messen kann. Na gut, dieser Seriösitäts-Zug ist für mich wohl abgefahren. Bin ich aber wahrlich nicht bös drum, ja ganz im Gegenteil.

So wollen wir uns jetzt noch eine ganz andere Dimension von Matrix anschauen, die weit über das hinausgeht, was wir bisher besprochen haben. Für uns war die Matrix bisher schon etwas, über das wir gesagt haben, dass es sowohl als System im Außen als auch als eine Art Struktur in unserem Inneren besteht, mit der wir die Welt entschlüsseln und dass wir dadurch die Dinge nicht immer so wahrnehmen, wie sie sind, sondern viel eher so, wie wir sind – doch haben wir dabei schon zwischen uns und der Welt samt aller Dinge in ihr unterschieden. Schließlich gibt es ja wohl ganz offensichtlich *die Welt* und es gibt *uns in* dieser Welt. Wir bewegen uns ja wohl ganz offenkundig durch die Welt und interagieren mit ihren Dingen – wir betrachten die Welt also als eine Art leeren Raum; als bloße Kulisse für unser Leben, als wäre sie eine Bühne und wir die Darstellenden.

Aber vielleicht ist die Welt gar nicht so unabhängig von uns, wie sie uns erscheint. Vielleicht ist sie nicht nur der Raum, in dem wir uns bewegen, sondern etwas, das weit mehr mit uns verbunden ist, als wir denken. Doch wie kann das sein, wenn das Außen und unser Innen so unabhängig voneinander zu sein scheinen?

Damit sind wir wieder bei der Frage, welche Geschichten uns so selbstverständlich und unumstößlich erscheinen, dass wir sie für Naturgesetze halten. Eine der wichtigsten und ausschlaggebendsten dieser Geschichten betrifft die Beschaffenheit von dem, was wir Realität nennen: Wir denken, dass die Welt um uns eine von uns unabhängige Substanz ist, eine, in die wir hineingeboren werden – und nicht etwa eine, *als* die wir geboren werden, die also irgendwie das gleiche ist, wie wir. Aber ich bin doch nicht das gleiche wie der Baum im Wald, oder? *Oder?*

Die Geschichte der Separation und die vom Kosmos im Menschen

Um die letzte Frage zu beantworten, wollen wir uns die Geschichte der Separation anschauen, also die von der Trennung aller Dinge. Unser Verständnis vom Leben ist stark durch Materie geprägt, kein Wunder, fühlt sich unser Körper-Raumanzug ja auch ziemlich fest an und Steine sowieso. Es erscheint uns, als wäre da ein Raum, in dem sich solche Dinge wie Steine oder Menschen befinden. Aber ist das wirklich alles so getrennt und überhaupt so fest, wie es uns vorkommt?

Schon seit Urzeiten stellen wir Menschen uns die Frage, was da am Grund aller Dinge auf uns wartet, wenn wir richtig crazy tief in alles, was ist, reinzoomen würden. Denn in Folge der Verwissenschaftlichung unseres Lebens und des damit einhergehenden positivistischen Weltverständnisses, das wir mit der Frühen Neuzeit geerbt haben, hat sich für unser Verständnis der menschlichen Existenz herauskristallisiert, sie als etwas Sezierbares zu begreifen – also etwas, das man vollständig messen, beschreiben, kategorisieren und katalogisieren kann. Diesen Anspruch haben wir – beziehungsweise die Naturwissenschaften – auch an die kleinsten Bausteine unserer Welt: Irgendwas muss da ja letztlich sein, oder nicht? Ja, wenn wir nachschauten, dann würden wir doch erwarten, dass da immer kleinere und kleinste Mini-Teilchen auf uns warteten, die alles ausmachen, woraus wir bestehen.

Doch sind wir dann erstmal überrascht, wenn wir der Materie physikalisch auf den Zahn fühlen und merken, dass da nichts so fest und starr ist, wie es uns erscheint. Ganz im Gegenteil: Alles im Universum ist konstant in Bewegung, es gibt wortwörtlich keinen

Stillstand. Jeder Stein ist *irgendwie* am Tanzen – und zwar nicht nur, wenn du ihn aufhebst und übers Wasser flitschen lässt: Das, was uns als Feststoff erscheint, ist zum allergrößten Teil einfach Raum und der kleine Rest, der da noch bleibt, besteht aus Mini-Mini-Mini-Teilchen, die durch ihre unfassbar schnelle Bewegung den Eindruck von Festigkeit vermitteln.

Als wäre das nicht schon verrückt genug, hat man mit der Quantenphysik auch noch herausgefunden, dass dieser vermeintlich „leere Raum", in dem die Teilchen sich so rasant bewegen doch nicht wirklich leer ist. Stattdessen ist er voll von Quantenfeldern – unsichtbaren, aber fundamentalen Strukturen, die alles als eine Art immaterielle Präsenz durchdringen und unsere physikalische Realität formen, indem sie miteinander interagieren. So könnte man sagen, dass das „wirklich Grundlegende" unseres Universums keine Teilchen oder Partikel im Sinne von festen Stoffen sind, sondern die Quantenfelder selbst.

Nach aktuellem Wissen gibt es mindestens siebzehn grundlegende Quantenfelder. Jedes davon steht für eine bestimmte Art von Teilchen oder Kraft und was wir als Teilchen wahrnehmen – oder manchmal als Welle beschreiben – ist in Wirklichkeit eine winzige Anregung eines solchen Feldes. Man kann sich das vorstellen wie kleine Wellen, die auf der Oberfläche eines unsichtbaren Ozeans entstehen, wenn Energie hineingesteckt wird. Das kleinste mögliche Paket einer solchen Anregung nennen wir ein „Quantum" – als die grundlegendste Einheit, in der sich diese Felder zeigen.

Doch selbst an Orten, die „rein logisch" leer und ohne Materie sein sollten – wie etwa im Vakuum – ist keine wirkliche Leere, weil die Felder ja auch dort präsent und in Bewegung sind. Hier und da manifestieren sich mikroskopische Blitze, um sogleich wieder zu verschwinden, ganz „spontan" und einfach so – so nimmt es zumindest die derzeitige Physik an. Die augenscheinlichen Leerräume unseres Kosmos sind also kein Nichts, sondern wie ein wimmelndes, quasi-lebendiges Feld voller Schöpfungspotenzial. Ja fast schon wie ein brodelndes Meer von Energie, ein Urgrund, der darauf zu pochen scheint, seine Möglichkeiten zu realisieren.

Materie – also das, was wir als „fest" oder „real" wahrnehmen – ent- und besteht also letztlich aus energetischen, immateriellen Zuständen. Diese Zustände sind zwar nicht leer im klassischen Sinn, aber eben auch nicht das, was wir als greifbare Substanz kennen, sie sind sozusagen von dieser schwer greifbaren „Quantenfeld-Präsenz", also von einer Art „Energiefluktuation" erfüllt.
Ich glaube, es war der deutsche Physiker Hans Peter Dürr, der einmal metaphorisch sprechend sagte, Materie sei so etwas wie „geronnener Geist" – und ich denke, dass dieses Bild es ganz gut trifft. Materie und Energie sind *irgendwie* „Geist" in einem „veränderten Aggregatzustand", ohne dass sie dadurch ihr Geist-Sein aufgegeben hätten und komplett verwandelt wären.
Nur ist das Ding mit „Geist", dass er ja eben immateriell ist und das ist der Punkt, an dem unser menschliches Bewusstsein im Prozess des Begreifens stockt – schließlich erfahren wir das Leben ja durch diesen Körper – also durch etwas scheinbar Materielles, Ausgedehntes. Wir können uns ja per se gar nicht vorstellen, was immaterielle Dinge oder substanzlose Substanzen sind, weil sie ja keine „Dinge" sind, aber halt irgendwie schon. *Kriiiiiiise.*

Selbst wenn wir Dinge benennen, sie messen und in mathematische Modelle packen, verstehen wir sie nur teilweise. Quantenfelder sind extrem abstrakte mathematische Konstrukte – sie erklären zwar reale Phänomene, die wir beobachten, aber darüber, was sie

„wirklich" sind, oder was das alles physikalisch übersetzt bedeutet, können wir bisher nur spekulieren.

Was wir allerdings sicher wissen: Es gibt weder leeren Raum noch Stillstand im Universum. Alles, was uns fest und stabil erscheint, ist in Wahrheit ein wilder Tanz der Felder, die sich permanent bewegen und miteinander interagieren. Wenn wir durch die Welt laufen, dann schieben wir quasi den Bereich der zahllosen kleinen Schwingungen, den wir „Ich" nennen, durch all die anderen zahllosen Schwingungen um uns herum. Doch sind wir in der Tiefe genau das gleiche wie all die anderen Schwingungen im Kosmos.

Die physikalische Realität entspricht nicht unserer klassischen Vorstellung als einer festen, stabilen Welt. Sie ist ein dynamisches, miteinander verbundenes Netzwerk von Feldern, deren Erscheinungen und Zustände sich stetig wandeln. Materie, so wie wir uns sie lange Zeit erzählt haben, ist also auch irgendwie nur eine Geschichte, die sich hartnäckig in unseren Köpfen weiter schreibt, obwohl die Erkenntnisse der Quantenphysik eine ganz andere Sichtweise unserer Welt nahelegen. Das ist natürlich auch vollkommen verständlich, da ja niemand so richtig weiß, was das bedeuten soll, dass irgendwie nichts wirklich fest oder fixiert ist, dass alles in Bewegung ist, dass alles – zumindest irgendwie durch diese Felder – mit allem verbunden ist und der „Grundmodus aller Dinge", die wir als fest sehen, mal so wirklich wörtlich im Grunde genommen ein immateriell, energetischer ist.

Dass das so ist, darfst du dir mal auf der Zunge zergehen lassen, denn das ist ja nicht irgendetwas, das dich nicht betrifft, sondern das, woraus du so *wirklich wirklich* bestehst. Wir mögen uns als Krone der Schöpfung wähnen, wir haben auch tatsächlich viel erkannt, viel benannt und viel beschrieben, doch wenn es darum geht, die wahre Natur unseres Menschseins zu begreifen, sind wir nicht weiter als die Menschen vor tausenden von Jahren. Wir wissen nicht wirklich, was all unsere Erkenntnisse letztlich bedeuten und alle Bedeutung, die wir haben, haben wir uns selbst ausgedacht. Das Streben nach Wissen ist nicht das gleiche wie das Erkennen von Wahrheit.

Wenn selbst die Bausteine der Welt nicht wirklich fest sind, sondern aus vibrierenden Feldern bestehen, was bedeutet das dann für unser Verständnis von Trennung? Vielleicht sind die Grenzen zwischen „Ich" und „Außenwelt" nicht so klar, wie wir dachten – das hat uns die Quantenphysik ja zumindest (unabsichtlich) angedeutet…

Also lügen die ganzen vermeintlich schwurbelnden Hokuspokus-Esoterik Onkel und Tanten gar nicht so doll, wenn sie sagen, dass alles Energie ist. Ist es tatsächlich. Aber meinen die wirklich das gleiche wie Physiker:innen? Ist das Quantenfeld der Esos das gleiche wie das der Physik?

Ja und nein [Clown-Emoji]. Ja, weil es aus spiritueller Perspektive ganz selbstverständlich das gleiche ist, aber nein, weil es aus der Sicht (derzeitiger) Wissenschaft absolut nicht das gleiche meint. Letztere liefert der Eso-Bubble mit der Quantenphysik ein begriffliches Repertoire und eine Art Denk-Bild über die Prinzipien des Kosmos und die Natur unserer Ursubstanz. Aber anders als die Quantenphysik nähme die spirituelle Sichtweise nicht die Existenz vieler verschiedener Felder als Grundlage unserer Realität an, sondern nur die Existenz eines einziges Feldes, aus dem heraus sich dann die Felder wie die Physik sie beschreibt als Kräfte oder Partikel „materialisieren", die dann gemeinsam letztlich alles bilden, das wir kennen.

Aus wissenschaftlicher Sicht bedeutet Quantenphysik nicht automatisch, dass alles mit allem in einem spirituellen Sinne bewusst verbunden ist. Die Physik beschreibt Wechselwirkungen und Wahrscheinlichkeiten, aber sie sieht darin keinen bewussten, lebendigen Kosmos – und erst recht keine göttliche Intelligenz (dazu kommen wir gleich, hihi).

Es verwundert nicht, dass die Wissenschaft spöttisch auf die Spiris blickt, die jetzt „auf einmal" Gott wiederbeleben wollen – und das auch noch unter Besudelung ihrer hart erarbeiteten Begriffe! Wir hatten mit dem Mainstream-Denken mit dem Erbe der Frühen Neuzeit doch die Vorstellung einer höheren Macht als irrational und unvernünftig abgelehnt. Wir dachten doch, dass wir endlich damit durch wären, das Universum irgendwie lebendig zu denken. Wir brauchten doch keine Geschichten mehr über Gott, wir hatten doch unsere Antwort darauf, was der Mensch im Kosmos ist: Das Produkt der Kettenreaktion einiger Zufälle...

Doch genau das erscheint der spirituellen Fraktion so, als sehe die naturwissenschaftliche Erklärung des Kosmos den Wald vor lauter Bäumen nicht. Die Physik versteht die Anregungen der Felder und alle Bewegungen im Kosmos generell als „automatisch". Bewegung und Veränderung seien einfach Eigenschaften der Struktur des Universums. *Das ist halt einfach eben so. Das braucht keinen Grund.*

Und die Spiris denken *aha! Da ist also etwas, das sich selbst bewegt, das keine erste Bewegungsursache im Außen hat und sich selbst Ursache ist; etwas, das immer da und überall ist und woraus alles besteht, das es gibt. Aha! Klingt ja, als wäre das eine irgendwie intelligente und kreative, irgendwie lebendige substanzlose Substanz!* Denn weißt du, von wem man diese ganzen Dinge noch sagt – und auch schon längst gesagt hat, bevor es moderne

Naturwissenschaften und die Quantentheorien gab? Genau, von Gott, unserem heiligen Vaddern im Himmel.

Da wären wir also wieder beim Thema. Kein Wunder und gut so, denn die Gottesfrage ist so grundlegend, dass ihre Beantwortung mit *Ja* oder *Nein* unser gesamtes Leben umrahmt: Sie ist der Schalter zwischen Sinn und Unsinn unseres Daseins. Es kann sich also lohnen, uns unsere bisherige Beantwortung der Frage aller Fragen noch einmal anzuschauen.

Ist Gott also wirklich tot? Ja und Nein [noch ein Clown Emoji]. Ja, weil die Menschen des Westens mit der Aufklärung den Gott der Religionen abgeschafft haben (das ist auch gut so, denke ich). Und nein, weil Gott nicht tot ist, sondern nur die Geschichte, die wir uns über Gott erzählen. Das Problem ist nicht die Idee, dass es Gott gibt, sondern die Art und Weise, *wie* wir diesen Gott denken. Ja, wie denken wir „ihn" denn? Na, irgendwie als einen unsichtbaren, sehr großen alten Mann mit Rauschebart, der im Himmel lebt. Das ist natürlich eine naive, zutiefst vermenschlichte Vorstellung, die wir getrost verwerfen dürfen. Gott ist kein Mann, nee, auch keine Frau und sowieso keine Person.

Gott ist eher ein „Prozess" oder eine Art „Erfahrungsraum" anstatt eines isolierten Lebewesens – und doch ist Gott jedes Lebewesen auf diesem Planeten, ebenso wie der Planet selbst und auch der unendliche Raum des Weltalls, durch den alle Planeten rasen. Gott ist keine abgeschlossene Entität, sondern „Geist" – nicht *etwas* Geistiges, das irgendwo ist, oder auch nur irgendwie irgendwo sein könnte, sondern der Raum selbst und auch jede Füllung dieses Raumes und all das, was hinter Raum und Füllung liegt. Gott ist kein anderes Subjekt als du es bist und kein greifbares Objekt irgendeiner Art, und doch ist Gott jedes Subjekt und jedes Objekt.

Nichts existiert getrennt von Gott. Gott ist alles, was wir kennen, und gleichzeitig viel mehr, als wir uns je vorstellen könnten. Es gibt nichts innerhalb oder außerhalb dieses Kosmos, das nicht Gott wäre. Und wenn es doch ein Außerhalb gibt, dann ist auch das Gott. Gott ist also nicht im Universum – Gott *ist* das Universum.

Damit ist Gott auch alles andere als unsichtbar, ja ganz im Gegenteil: Schau dich um. Alles, was existiert, ist die Sichtbarwerdung des Göttlichen. Dein eigenes Gesicht im Spiegel ist das Antlitz Gottes. Doch lässt sich Gott auch nicht bloß auf die drei Dimensionen des Materiellen reduzieren, die du wahrnimmst. Gott ist mehr als das – und was Gott letztendlich in voller Gänze bedeutet, das kann kein Mensch je angemessen wiedergeben, denn Gott ist kein Gegenstand, den wir mit unserem Verstand vollends erfassen könnten.

Universum, höhere Macht, kosmisches Bewusstsein, Natur, Heiliger Geist, Spirit, Seele, Brahman, die Schöpfer:in, die göttliche Kraft, das All-eins, die Alleinheit, die Quelle, das Informations- oder Quantenfeld, das Dasein an sich, die höchste Intelligenz, die universale Liebe, das göttliche unergründliche Licht, das stille Gewahrsein, das große Rätsel, das Mysterium oder wie ich es gerne nenne: Magie, die keine eine Pause macht, weil sie eine immer präsente Präsenz ist.

Kein Begriff kann wirklich treffen, was Gott bedeutet – alle Begriffe sind immer nur Repräsentationsinstanzen für etwas, das das Reich der Begriffe überfordert und überspannt – und nicht nur das, sowieso auch alle Kategorien, die wir kennen. Sie sind Versuche, das Unaussprechliche auszusprechen. Gott ist der Name, den wir dem gegeben haben, was insofern nicht benannt werden kann, als dass es auch das Wort ist, mit dem wir es benennen. Gott ist schlichtweg der, der er ist. Vielleicht soll man sich kein Bild von Gott machen, weil es das Ausmaß dessen, was Gott *wirklich* ist, nicht treffen kann.

Doch auch wenn ich dir eine trennscharfe Definition schuldig bleiben muss, ist diese Erkenntnis dennoch ein Evangelium im Wortsinn, also eine *frohe Botschaft*: Gott lebt; kein Witz und kein Zweifel. Schöpfung und Schöpfer:in sind dieselbe Intelligenz, die so „lebendig" und bewusst ist, dass sie Planeten anordnet und Galaxien kreisen lässt, indem sie sich selbst als Kräfte und Teilchen verhält, um aus sich selbst alles zu formen, was es gibt. Diese Intelligenz ist also mitnichten ein Automat: Sie weiß, was sie tut. Doch weiß sie das nicht, wie wir Menschen Dinge wissen, schließlich hat sie keinen Körper – außer natürlich in uns und allen anderen Lebewesen.

Die vermeintlichen Objekte unserer vermeintlichen Außenwelt sind dasselbe Subjekt, nur aus anderer Perspektive: Tatsächlich gibt es gar kein wirkliches Objekt, sondern immer nur *ein* Subjekt, das sich in unterschiedlichen Formen als etwas vermeintlich anderes erfährt.

Wenn alles dieses Subjekt ist, dann schauen wir also nicht nur auf die Dinge, die wir vorfinden, sondern die Dinge schauen auch auf uns. Ja, die Welt spürt dich, sie fühlt dich. Nicht du machst während deines Lebens eine Erfahrung vom Kosmos: Dein Leben ist die Erfahrung vom Kosmos, wie es ist, du zu sein. Du bist das Universum, das sich selbst erfährt – als du. Du hast dir nicht das Universum ausgedacht, sondern das Universum hat sich dich ausgedacht. In diesem Sinne sind wir so etwas wie dreidimensionale Gedanken im göttlichen Geist.

Vielleicht könntest du dir das so vorstellen, wie ein weiser Mensch namens Rumi sich das vor vielen Jahrhunderten veranschaulicht hat: Der Mensch sei ihm folgend nicht wie ein Tropfen im Ozean, sondern wie der ganze Ozean in einem Tropfen. Wir denken nur, wir seien Tropfen, weil wir uns mit unserem menschlichen Dasein vereinzelt wahrnehmen – nicht zuletzt deswegen, weil wir uns das Leben infolge unserer Konditionierung als ausschließlich materiellen Prozess vorstellen und uns Materie dazu dann auch noch als fest erscheint. Doch bist du trotz aller Illusion von Separation der gesamte Ozean, der für eine kurze Zeit mit deiner Tropfenform so tut, als sei er vereinzelt, um die Erfahrung von Individualität und damit letztendlich von Vielfalt zu machen. Aber eigentlich, da sind dein „Ich" und mein „Ich" dasselbe „Ich".

Durch unsere unterschiedlichen Fenster in die Welt, da denken wir, dass wir voneinander und sowieso von allem getrennt wären. Doch ist alle Form nur ein Traum, ein Versteckspiel von dir selbst mit dir selbst.

Irgendwo in dir weißt du, dass du der Ozean bist – und was das bedeutet. Du hast es vielleicht nur vergessen (vielleicht auch nicht, ich kenn dich ja nicht), doch kannst du das, „was Gott ist" (wieder)erkennen, indem du es in dir erinnerst. So kommt es dazu, dass ich dir Gott weder zeigen noch beweisen kann. Aber nicht, weil es unmöglich ist, Gott zu kennen oder sicher zu wissen, dass es „ihn gibt" (also was Realität wirklich bedeutet), sondern weil der einzige Mensch, der dir beweisen kann, dass es Gott gibt, du selbst bist.

Der Ort dieses Beweises ist nicht im (vermeintlich) äußeren, objektiven Raum zu finden, sondern tief in der Erfahrungsdimension deiner eigenen Subjektivität. Und keiner kann deine Erfahrungen für dich machen. Ich kann ja auch nicht für dich zur Toilette gehen

– das liegt in der Natur der Sache. Ganz wie Natasha Bedingfield schon sagte: *Feel the rain on your skin, no one else can feel it for you, only you can let it in.*

Die Geschichte vom Spiel des Daseins

Das, was wir Gott nennen, ist wie ein unendliches, mehrdimensionales Informationsfeld, in dem überall alle Möglichkeiten auf alles virtuell, doch dadurch nicht weniger real enthalten sind. Alles strotzt vor Potenzial, immer bereit, sich im Tanz des Daseins zu materialisieren. In jedem Moment spiegelt sich das unaufhörliche, neugierige und unersättliche Spiel des göttlichen Geistes wider: Alles fließt in einem endlosen Tanz der Transformation von Gestalt zu Gestalt – alles entsteht, besteht und vergeht. Doch existieren die Dinge nicht für ihr Ende, sondern für die Erfahrung des Daseins – egal, wie kurz oder wie lang. Und alles nur, um sich dann wieder zu transformieren und neue Formen anzunehmen – und um damit niemals aufzuhören, bis in alle Ewigkeit.

Ja, es scheint fast so, als befände sich das kosmische Bewusstsein auf einer ewigen Entdeckungsreise seiner selbst – durch alle erdenklichen Dimensionen des Seins. Es entfaltet sich, es ordnet sich an und erschafft Systeme unterschiedlichster Komplexität, allesamt sich gegenseitig tief durchdringend. Alles ist auf den Ausdruck von Vielfalt und Verschiedenheit angelegt – auf das unendliche Eintreten aller Möglichkeiten jemals – auch solcher, die unser Vorstellungsvermögen vermutlich sprengen würden.

In den für uns sichtbaren Dimensionen dieses Entfaltungsprozesses hat sich der heilige Geist nicht nur auf immaterieller Ebene ausgebreitet, sondern auch in und als Materie: Geist hat Form angenommen – nicht als Gegensatz zu sich selbst, sondern als eine neue Spielart seiner Existenz, als ein neuer Modus von Bewusstsein: So hat sich das göttliche Licht ausgebreitet und unser Universum ist entstanden. Und mit dieser Geburt von Ausdehnung und

Materie hat sich der Kosmos neue Spielmöglichkeiten einer ganz anderen Tiefe geschaffen; er ist Teilchen geworden und Molekül und Gas und Staub und wurde komplexer und komplexer.

In diesem kreativen, schöpferischen Prozess hat sich der Spirito Santo dann immer wieder an seine eigenen, aus sich selbst geschaffenen „Rahmenbedingungen" angepasst – die ja ebenfalls er selbst sind und die eher weitere Spielformen als echte Begrenzungen darstellen. Er hat so mit sich selbst gebastelt und getestet, was möglich ist, hat gelernt, was funktioniert, was nicht, hat erschaffen, verworfen, verfeinert – und so wuchsen aus ihm Galaxien, Sonnen und Planeten.

Irgendwann wurde er dann Zelle. Und mit der ersten Teilung entstand nicht nur Leben, sondern auch die Idee des Anderen: Das Ich wurde zum Du, damit das Ich verstehen konnte, *dass es* und *was es* war. Es wurde Pflanze, Flechte, Pilz, Tier und ein ganzes Ökosystem – und irgendwann, da wurde es auch zum menschlichen Tier.

So ist dieser Geist dann Platon geworden und dann Immanuel Kant und dann Money-Boy und du und ich und alles, was dazwischen liegt und auch darüber hinaus.

Jeder Tropfen im Ozean ist ein neues Spielfeld der Selbsterfahrung für das Heilige All-eins. So offenbart sich die ganze Existenz als ein ur-kreativer Prozess ewiger Schöpfungslust – ein Spiel aus dem Verlangen, alles zu sein und sich in unendlicher Vielfalt zu erfahren. Dein Leben, mein Leben und die zahllosen Lebensformen dieser Erde (und auch aller anderen) mit all ihren Daseins-Dimensionen sind Ausdruck dieser unermüdlichen Neugier Gottes, sich in immer neuen Formen zu erleben. Diese Erfahrungsfreude endet weder beim Menschen noch in starren Kategorien – ne, genau, folgerichtig auch nicht in der Binarität von Geschlechtsidentitäten, schließlich scheint das Universum unersättlich in seinem Durst nach Vielfalt.

Doch irgendwas scheint anders zu sein mit den menschlichen Tieren. Es scheint so, als hätte der Kosmos mit uns eine neue Dimension in sich selbst hervorgebracht: In uns ist er Materie, die Geist geworden ist – und Geist, der sich bewusst als Materie erfährt. Oder anders gesagt: Der Kosmos blickt durch uns auf sich selbst. Wir haben also nicht einfach nur ein Bewusstsein, sondern ein Bewusstsein von unserem Bewusstsein und sind insofern *Geist*. Und vielleicht sind wir genau in diesem Sinne „nach Gottes Bilde" erschaffen: weil wir Materie sind, die sich so organisiert hat, dass sie wieder Geist wird – verstanden als ein selbstreflexives Bewusstsein.

Es ist, als hätten wir Menschen uns durch die Erkenntnis unseres Nacktseins im Garten Eden in be-*geist*-erte Materie verwandelt. Mit dieser Art von Bewusstwerdung kam auch die Erfahrung von Trennung – nicht nur von der Welt, sondern auch von uns selbst und unserer wahren Natur. Es fühlt sich ja kein anderes Tier unverbunden – nehm' ich mal an. Es reflektiert ja auch kein anderes Tier philosophisch seine eigene Existenz im Universum – nehm' ich mal an.

Der zähflüssigen Trance von Selbstvergessenheit erlegen, schlafend in der Illusion von Separation fühlt sich der Mensch nun allein. Er erkennt inmitten all seiner Intelligenz nicht, dass er kein menschliches Wesen ist, das eine kosmische Erfahrung macht, sondern dass er der Kosmos ist, der eine menschliche Erfahrung macht. Da sitzt er nun mit seinem selbstreflexiven Bewusstsein und kommt zur bitteren Erkenntnis: „*Fuck man. Ich musste mich durch einen engen Kanal in eine gefährliche und gemeine, kalte Welt pressen lassen; man hat mich abgeschnitten von aller Ver-*

sorgung, Wärme, Geborgenheit und Sicherheit. Und hier bin ich jetzt, ganz allein gelassen mit der Ewigkeit. Alles ist sinnlos, das Leben ist Leiden. Alles ist ungerecht und sollte gerecht sein, alles ist unperfekt und sollte perfekt sein."

Doch sind die Folgen dieser Geschichte von Separation nicht nur Melancholie und Weltschmerz, sondern jedes Übel in unserer Welt. Wir glauben an Sinnlosigkeit, Trennung, Mangel und Konkurrenz, wir erfinden Hierarchien und unterdrücken uns gegenseitig. Wir kämpfen um Besitz und objektifizieren uns und andere, als wären dein Ich und mein Ich nicht dasselbe Ich.

Wir können das Göttliche nicht in anderen sehen, wenn wir es nicht in uns selbst erkannt haben und so erkennen wir dieser Separations-Trance erlegen nicht, dass wir alles, was wir anderen antun, letztlich uns selbst antun. Und mehr noch: Durch die Mechanismen und Funktionsweise unserer Psyche spiegelt das, was wir im Außen tun, oft die ungelösten Ängste und Kämpfe in uns selbst wider. Doch statt uns auf eine Reise nach innen zu begeben, um zu heilen und uns mit unserer eigenen Unsicherheit, Wut oder Ohnmacht auseinanderzusetzen, schaffen wir uns Feindbilder, an denen wir unsere Konflikte austragen. Wir trennen unsere eigene Verwundung von uns ab und projizieren sie ins Außen, wo wir dann versuchen etwas zu bekämpfen, was im Inneren eigentlich nicht etwa bekämpft, sondern befriedet werden will. Doch geschehen solche Projektionen meist unbewusst und so bleiben wir blind für diesen Spiegelcharakter der Welt und sind der festen Überzeugung, wir hätten ganz andere Motive für unsere Handlungen. So kreieren wir eine Welt voller Leid, die unsere eigene Erfahrung tiefer Trennung widerspiegelt – oder es zumindest könnte, würden wir es erkennen.

Aber warum gibt es so viel Krieg im Paradies? Ist unserm Gott im Himmel da mit der menschlichen Spezies etwa ein Fehler unterlaufen?

Wohl eher nicht – auch wenn es uns zweifelsohne intuitiv schwer fällt, das nachzuvollziehen. Generell gesprochen will der heilige göttliche Geist wissen und erfahren, wie es ist, *alles* zu sein. Man könnte also sagen, dass Gott wollte, dass Adam in den Apfel beißt. Wäre die Illusion von Trennung samt aller Folgen der sich daraus entfaltenden Polarität nicht in die Welt gekommen, wäre dem Kosmos anscheinend langweilig gewesen. Irgendwie auch verständlich: Stell dir vor, dass *alles* und *für immer* Happy-Hippo-Live-Laugh-Love-Idylle wäre – und jetzt nicht nur auf unserem Planeten, sondern *überall* und *jemals*: Eine komplette Unendlichkeit voller Frieden – das bedeutet auch: keine Heilung, keine Versöhnung, kein Verzeihen, keine Vergebung, keine Erleichterung, keine Erlösung, kein Mut, kein Wachstum, keine Hoffnung, keine Weisheit – nichts, das irgendwie mit dem zu tun hätte, was wir als negativ oder mangelbehaftet bezeichnen würden. Alles wäre immer vollkommen und makellos. Es wäre eine ganz andere Welt. Eine, in der es keine Abenteuer gäbe, weil es keine Spannungen und keine Ungewissheiten gäbe.

So gesehen eröffnet unser spiritueller Tiefschlaf dem Universum ganz neue Erfahrungsdimensionen. Wir sehen ja, was für ein absolut wildes Tohuwabohu unsere Welt ist. Langweilig wird's hier wohl erstmal nicht. Na immerhin, mh.

Doch liegt vielleicht eben genau darin der Zauber unseres Daseins. Denn irgendwie ist es gerade die Tiefe und die Weite, ja die Vielschichtigkeit des Erlebens und des Erfahrens des Spektrums des Menschseins, die unser Dasein so besonders und wertvoll machen.

Ohne die Spannung der Kontraste wäre unser Leben zugegebenermaßen eindimensionaler.

Weißt du, Licht ist an sich schon schön, aber ein Licht, das eine Dunkelheit erhellt, strahlt anders. Das Erblühen der Natur im Frühling nach einem langen, dunklen Winter hat eine ganz andere Qualität als eine ewige Blütezeit. Genauso ist Zuhause-Sein großartig, aber kennst du dieses Gefühl, nach einer langen Reise, auf der du dich vielleicht sogar verirrt hast, heimzukehren? Das Gefühl, dich nach etlichen Jahren von Angst und Ungewissheit in die sichere Umarmung der bedingungslosen Vertrautheit eines geliebten Menschen fallen zu lassen? Ich nämlich schon und glaub mir, das ist etwas *ganz* anderes, als immer nur zu Hause zu sein. Spirituell zu erwachen kickt anders, als immer wach zu sein.

So gesehen ist es vielleicht ja sogar auch gar nicht zufällig, dass wir uns mit der Frühen Neuzeit derart hyper-rationalisiert haben, dass wir gerade nur noch glauben, was wir sehen und messen können – ja vielleicht wandern wir auf derart abtrünnigen Wegen jenseits von Wahrheit, damit wir wieder nach Hause kommen können…

Derart gerahmt ist alles Vergessen unserer „über"-menschlichen oder ursprünglichen Natur nicht in etwa ein Fehler, sondern gerade der Plot Twist oder „Witz" an der Sache – auch wenn der zugegebenermaßen manchmal nicht so lustig scheint und es irgendwie ein gewisses Privileg braucht, über diese Dinge lachen zu können.

Auch wenn uns unsere rationale Konditionierung den Traum der Materie als einzige Realität nahezulegen versucht, scheint sich so zu verhalten, als seien wir tatsächlich vielmehr eine Seele, als dass wir Menschen sind – auch wenn ich dir nicht wirklich sagen kann, was das bedeuten soll, schließlich bricht mein rationaler Verstand ganz wortwörtlich bei dem Versuch ab, das in Begriffen zu ergründen.

Das Menschsein ist wie ein temporärer Akt im ewigen Transformations-Theaterspiel des Daseins, in dem unsere sterbliche Gestalt eine Art Charakter oder Avatar darstellt, durch den unsere unendliche Seele die Möglichkeit hat, Beschränkung zu erfahren und damit ganz andere Erfahrungen zu machen, als die Ewigkeit sie bietet. Unsere Seele springt gewissermaßen aus der Unendlichkeit in die Dimension der physischen Form von Raum und Zeit, um so eine Bewusstseinsreise zu unternehmen, ja eine Art spirituelle Abenteuerreise mit sich selbst als Materie.

Das menschliche Leben ist wie ein Spiel von Vergessen und Erwachen, in dem es darum geht, die Illusion von Separation zu durchschauen und die allen physischen Erscheinungen zugrunde liegende Natur zu erinnern und unser Bewusstsein von ihr in die Welt zu bringen. Wir sind auf dieser Reise zur Erkenntnis unseres Ursprungs dazu eingeladen, die scheinbare Vielheit in uns selbst als Einheit zu verkörpern und damit inmitten aller Kontraste und der Spannung von materieller, erscheinender Wirklichkeit und geistiger, erinnerter Realität zu tanzen. Freilich ist die größte Herausforderung und der Schlüssel zur Meisterung des Erdenspiels dabei, über den Illusionscharakter der Welt der materiellen Erscheinungen hinauszublicken und uns so sehr mit der geistigen Welt zu verbinden, dass wir dem unsichtbaren Urgrund mehr trauen, als dem, was wir sehen.

Es ist also kaum zufällig so, dass es da diese massive Spannung gibt zwischen dem, was wir sehen – ein wirres Chaos voller Übel – und dem, was dieser Kosmos wirklich ist: Reine Liebe. Wenn ich eine Sache mit größter Sicherheit weiß, dann ist es genau diese Wahrheit: Dass der Urgrund allen Daseins Liebe ist und die

Grundstimmung unseres Universums eine liebevolle, neugierige, fröhliche und immer wache Präsenz. Doch dass das wirklich so ist, kann dir niemand anderes außer dir selbst beweisen – egal wie Live-Love-Laugh-mäßig das auch klingen mag – oder vermessen angesichts der Übel in der Welt.

Doch hinterlässt es zweifelsohne einen merkwürdigen Nachgeschmack, dass das Universum uns wohlgesinnt ist und uns doch gleichzeitig so erscheint, wie es uns erscheint. Paradoxe Dinge haben immer diese gewisse Spannung, die wir aushalten müssen – schließlich können wir nicht erwarten, dass sich alles logisch einordnen lässt. Es ko-existieren in unserer Welt nun einmal Dinge, die wir als *genial* und *grauenvoll* empfinden und wir können nicht auflösen, dass wir ein Gefühl der Zerrissenheit, des Rätsels und der Verwunderung um das schiere Dasein von Licht und Schatten und der Skala dazwischen empfinden. Verwunderung darüber, was Menschen anderen Menschen antun und darüber, dass überhaupt alles sterben muss – Illusion der Separation hin oder her. Es erscheint uns extrem unlogisch.
Und doch ist die Un-Logik nach menschlichen Verständnisweisen nicht gleichzeitig der Beweis für das eine oder das andere – wieso sollten sich die Dinge anders verhalten, als sie es tun? Wer hat festgelegt, dass die Welt, so wie sie ist, falsch ist? Ist das Leben wirklich eine Strafe nur weil es Übel gibt? Denn ganz vielleicht, da ist es tatsächlich ein enormes Geschenk. Und vielleicht ist alles wirklich genau so, wie es ist, perfekt: Absurd, perfide, grauenvoll – und doch gleichzeitig wunderschön und höchst atemberaubend bezaubernd. Das Leben ist offensichtlich nicht fair – aber dadurch ist es nicht weniger fantastisch. Das ist keine Entweder-oder-Logik,

sondern eine des „und": Der Kosmos ist wohlwollend *und* es gibt Dinge in der Welt, die wir böse nennen.

Das Problem liegt nicht darin, dass der Kosmos irgendwie falsch ist, sondern darin, dass wir nicht wahrhaben wollen, wie der Kosmos wirklich ist. Wir kämpfen in uns gegen die Struktur der Realität an und erschaffen so Unmengen an vermeidbarem Leid. Woher könnten wir wissen, dass all das augenscheinliche Chaos nicht vielleicht die Ordnung einer Logik ist, die sich uns lediglich nicht vollends erschließt?

Vielleicht bedeutet Ordnung einfach nicht gleich auch Harmonie. Es liegt wohl irgendwie in unserer menschlichen Natur, dass wir wollen, dass sich alles reimt; aber manches reimt sich einfach nicht. Doch wer sagt, dass das keine Poesie ist?

Existenz ist und bleibt höchst mysteriös und vielleicht sollten wir uns auch aus diesem Grund kein Bild von Gott machen, weil „seine" Wege und „seine" Logiken für uns vielleicht gar nicht erschließbar sind – Gottes Wege sind wohl ganz im Wortsinn *unergründlich*: Wir können sie nicht vollends ergründen, weil unser Kopf dazu schlichtweg nicht in der Lage ist – schließlich können wir mit einem Sieb keinen Ozean austrinken.

Aber mal ehrlich, was soll das alles? Warum hat sich der Kosmos überhaupt dazu entschlossen, sich auszudehnen? Nun, dieses Spiel von Lebendigsein hat kein übergeordnetes Ziel, es ist sich gleichsam Ziel, das sich ganz im jeweiligen Moment des Daseins erschöpft: Es ist ein Selbstzweck, man spielt es, um es zu spielen, genauso wie man Spiele spielt, um sie zu spielen – oder in anderen Worten: *Life is a Rollercoaster, you just gotta ride it.*

Die Erfahrung des dreidimensionalen Lebendigseins ist derart umwerfend wertvoll, dass jede kleinste Mini-Millisekunde, ja jedes noch so kleine und kurze Fenster in die Welt für den Kosmos ein erfahrenswertes Wunder sondergleichen darstellt: Jede Maus, jede Mücke und jede Mikrobe geben dem göttlichen Geist in ihrer besonderen Anordnung von Materie eine gewisse Information darüber, wie es ist, für eine bestimmte Dauer genau diese Anordnung von Form zu sein – und genau das ist, was Gott erfahren will: Wer und was und dass „er" ist.

Für uns Menschen ist es schwer vorstellbar, worin der Wert eines eintägigen Fliegenlebens liegen könnte. Doch sieht das für den heiligen Geist anders aus. Seine Erfahrungs- und Entdeckungsneugier kennt keine Grenzen, egal wie absurd uns manche Aspekte dessen freilich aus Menschenperspektive vorkommen mögen. So gesehen will Gott ja sogar wissen, wie es ist, ermordet zu werden. Für uns klingt das erst einmal falsch und ganz und gar nicht erstrebenswert, doch erscheint aller Tod angesichts dessen, dass nie etwas wirklich stirbt und sich immer nur transformiert, wesentlich weniger dramatisch – freilich nur von dieser theoretischen Metaebene aus.

Von da aus betrachtet besteht ja gar kein Unterschied zwischen einer mordenden und einer ermordeten Person; aus der Sicht der betroffenen Personen verhält sich das natürlich anders. Und das soll auch genau so sein: Es ist wichtig, dass wir den Dingen Bedeutung geben und dass wir Definitionen für Recht und Unrecht haben. Es ist wichtig, dass wir Täter:in und Opfer klar unterscheiden können, weil das das Spiel hier auf Erden ist. Es geht nicht darum, dass alle machen, was sie wollen, weil eh alles egal und nichts echt ist.

Es geht darum, das Erdenspiel in all seinen Facetten volle Kanüle durchzuspielen, mit all dem Einsatz, den wir geben können. Mit allen Details und allen Emotionen, mit all den vielschichtigen Dynamiken zwischen den Menschen und all den Ebenen von Ausdruck, in denen wir das Leben erfahren können.

Es geht in unserer Menschenzeit scheinbar nicht darum, ob unser Glas halbvoll oder halbleer ist, sondern ums Glas-Haben und Halten all dessen, was im Glas ist, egal, was es ist. Unser Glas, ja unser aller Lebendigsein ist das Geschenk – und es scheint ein *derart großes* Geschenk zu sein, dass selbst ätzende Scheiße im Glas nicht die Güte dieses Geschenks mildert – auch wenn es sich sicherlich anders anfühlen kann. Denn freilich klingt es mehr als kontraintuitiv, dass es wohl aus Sicht unserer Schöpferin sogar angebracht wäre, sich selbst für ein Leben voller Krankheit, Elend und Leid zu bedanken, weil allein die Möglichkeit, überhaupt leiden zu können, bedeutet, am Leben – also reich beschenkt und geliebt – zu sein. Aber ja, freilich ist das Leben *viel viel härter* zu „genießen", wenn man Scheiße im Glas hat, weil man in nem Kriegsgebiet lebt und um sein Überleben bangt als wenn man alle denkbaren strukturellen Privilegien in dieser Gesellschaft genießt und mit nem Matcha Latte auf ner Parkbank sitzt. *Absolutely no doubt about it.*

In anderen Welten oder auf anderen Planeten spielt man bestimmt auch mal andere Spiele. An anderen Orten gibt es vielleicht diese Illusion von Separation zwischen den Lebewesen und zwischen allen Dingen generell gar nicht. Ja, vielleicht ist die Erde sogar einer der härtesten Orte im Kosmos, wer weiß. Es wird wohl alle denkbaren Orte in diesem Kosmos geben – es geht schließlich um die Unendlichkeit: Wir dürfen den Kontext des Ganzen, in dem sich alles abspielt, nicht vergessen. Die unendlichen Weiten da draußen betreffen uns *nicht nicht* – sie sind unser Spielfeld. Sie sind unser wortwörtlicher Rahmen – abgesehen davon, dass es weder Rahmen noch Füllung in der Unendlichkeit gibt, weil alles eins ist, *was auch immer das bedeuten soll.*

Und was sollst du jetzt speziell mit deinem kleinen Ausschnitt dieser Unendlichkeit anstellen? Nun, was du willst. Die Dinge haben ja immer nur den Wert, den du ihnen verleihst. Und vielleicht ist genau das auch irgendwie unsere „Aufgabe": den Dingen einen Namen zu geben und uns so Geschichten zu erzählen. Doch egal, was wir uns erzählen, letztlich bleibt der Kosmos selbst der beste Geschichtenerzähler. Und ich wette mit dir, dass eine der schönsten Geschichten im Kosmos die von dir ist. Wäre sie das nicht, dann gäbe es dich nicht.

Die Macht in der Ohnmacht

Eine sehr schöne Geschichte, doch klafft da irgendwie ein Spalt zwischen Theorie und Praxis, fühlt es sich doch durchaus anders an, Übel zu erleiden als über sie zu philosophieren. Also wat 'nu? Wie gehen wir mit all dem Leid um? Wie meistern wir das Erdenspiel?

Zunächst müssen wir wohl akzeptieren, dass es Leid gibt und aufhören zu erwarten, dass alles anders sein sollte, als es wohl ganz offenkundig ist. Licht und Dunkelheit gehören zum Leben dazu – oder zumindest das, was wir als solches empfinden. Wenn wir die Dunkelheit nicht aus der Welt schaffen können, können wir auch aufhören, gegen ihre bloße Existenz anzukämpfen; schließlich scheint dieser Widerstand so aussichtslos zu sein wie der Versuch, die Schwerkraft abzuschaffen. Vielleicht war es genau diese Einsicht, die Sisyphos beim ewigen Steinrollen oder Prometheus beim Aushalten seines endlosen Schmerzes irgendwann kam[8]: Der Widerstand gegen das Unvermeidliche schmerzt mehr als die Erfahrung selbst. Darüber hinaus können wir auch nicht darauf warten, dass die Welt gerecht wird, wenn wir noch zu unserer Lebenszeit mit innerem Frieden leben wollen.

So sind wir eingeladen, unsere Ohnmacht gegenüber der Art und Weise, wie unsere Realität funktioniert, nicht zu bekämpfen, sondern sie anzuerkennen – denn paradoxerweise erlangen wir die

---

8 Sisyphos wurde der Legende nach dazu verdammt, für alle Ewigkeit einen Stein einen Berg hinaufzurollen – nur damit er immer wieder herunterrollt, sobald er oben ankommt. Prometheus brachte den Menschen laut Mythos das Feuer und damit Wissen. Als Strafe wurde er von den Göttern, die die Menschen unwissend halten wollten, an einen Felsen gekettet, wo ein Adler täglich seine Leber fraß – die jede Nacht wieder nachwuchs.

größte innere Freiheit in der vollständigen Annahme unserer Kontrolllosigkeit.

Anstatt uns zu verausgaben, können wir die Macht in unserer Ohnmacht ergreifen und uns auf das konzentrieren, was wir wirklich gestalten können. Denn obgleich wir manche Übel nicht aus der Welt schaffen können, können wir doch *immer* verändern, was sie für uns bedeuten – schließlich haben die Dinge ja immer nur den Wert, den wir ihnen verleihen. Warum nehmen wir dann nicht eine bestimmte Haltung ein, die jedes Ereignis so rahmt, dass wir es zu unserem Besten wirken lassen? Auch wenn so vielleicht nicht alles *perfekt* ist, hat jedes Ereignis zumindest immer einen klitzekleinen von uns entzündeten Funken Gutes. Bleibt uns ja auch nicht viel anderes sinnvolles übrig: Entweder wir lassen uns von der Scheiße zerstören oder wir gestalten sie zu ihrer bestmöglichen Form um – und holen uns damit unsere Kraft zurück. Beides legitime Wege des Umgangs; der eine ist dabei funktional für unser bestes Leben, der andere eher weniger.

Doch wie können wir das sicherstellen? Wie können wir uns derart ausstatten, dass uns kein Sturm umhaut, den das Leben auf uns werfen könnte und wir noch im größten Scheißhaufen ein Babynugget Gold finden können? Für mich hat es sich so ergeben, dass all das möglich wird, wenn wir die Erde als eine Art spielerische Schule für unsere Seele begreifen. Durch diese Linse betrachtet erscheint uns alles, was uns begegnet, als etwas, das eine Botschaft für uns enthält – nicht mal unbedingt, weil es so sein muss, sondern *weil wir es dazu machen.*

Wenn wir unsere Erfahrungen auf diese Weise als Wachstum rahmen und allem vermeintlich Negativen ein Quäntchen Positives abgewinnen können, erheben wir uns aus unserer mentalen Ohnmacht. Wir sind es nun, die bestimmen, welche Bedeutung den Ereignissen zukommt – und wir bestimmen eben, dass alles zu unserem seelischen Wachstum beiträgt und uns ergo dient. Das heißt nicht gleichzeitig auch, dass die Dinge notwendigerweise so passieren *mussten*, damit wir wachsen. Mitnichten! Da uns nicht jedes Detail aller himmlischen Entfaltungslogik vorliegt, können wir nicht immer wissen, ob alles unbedingt einen inhärenten Sinn hat und wenn doch, was für einen. Doch sind alle Dinge *immer* empfänglich für die Bedeutung, die wir ihnen verleihen – ganz unabhängig davon, ob das jetzt „von Gottes Wegen her" alles *genauso* passieren musste, oder nicht.

Diese Geschichte ist ein Schlüssel zur radikalen Selbstermächtigung, denn sie hilft uns, auch durch stürmische Zeiten hindurch unseren Weg zu finden, indem wir liebevoll Verantwortung für unser Leid und unsere Herausforderungen übernehmen. Das heißt nicht, dass wir die Schuld für das, was geschieht, übernehmen, sondern die Ver-*antwort*-ung, als die Fähigkeit, auf das Leben zu antworten, anstatt ihm ausgeliefert zu sein. Verantwortung und Schuld sind nicht das gleiche; Verantwortung übernimmt man nicht für das, was passiert ist, sondern für das, was wir daraus machen – das ist natürlich nicht immer einfach, aber immer befreiend und ermächtigend.

Die Erkenntnis, dass die Dinge nur die Bedeutung haben, die wir ihnen zuweisen, ist eine mächtige Quelle für Empowerment – sie stärkt unsere Mündigkeit und unser Bewusstsein, sie ermöglicht es uns, aktiv zu handeln und unsere Erfahrung vom Leben mitzugestalten. Alchemistisch verwandeln wir so den größten Schmerz in wertvolles Potenzial für Heilung und Transformation. So sichern wir uns in einer Welt voller Unwägbarkeiten trotz aller Begrenztheit unseres Entscheidungs- und Handlungsspielraums immer den letzten Lacher. Vielleicht ist Humor auch deshalb so eine gute Strategie, um der Dunkelheit und Unberechenbarkeit des Lebens zu begegnen – schließlich erlaubt sich Humor, die Bedeutung der Dinge zu lockern und mit ihr zu spielen.

Dieser radikale Glaube an unsere Fähigkeit als Geschichtenerzähler:innen kann selbst Atheist:innen als kraftvolles Instrument zur Selbstermächtigung dienen. Doch können wir noch weit mehr Macht im Angesicht aller Ohnmacht ergreifen, wenn wir uns vom Atheismus wegbewegen und das Himmelreich des Glaubens betreten.

Dort angekommen können wir den Glauben an unsere innere Stärke daher nehmen, dass wir begreifen und erinnern, dass die Stärke, die in uns wirkt, die gleiche Kraft ist, die den ganzen Kosmos erschaffen hat. Dessen gewiss wollen wir uns vollends und demütig auf den Prozess der menschlichen Erfahrung einlassen, mit allem, was dazugehört. Wir können uns mithilfe dieses Glaubens darauf verlassen, dass wir hier nicht alleine sind und auch niemals waren. Wir können uns in die Sicherheit hinein entspannen, dass es einen Grund dafür gibt, dass wir leben und dass dieser Grund immer der gleiche ist, nämlich Liebe. Wir wollen uns verpflichten, diese Liebe als einzige Wahrheit anzuerkennen, ja der Liebe als Ursubstanz allen Daseins und ultimative Realität zu huldigen und uns nicht von den Phänomenen der von Menschen geschaffenen Wirklichkeit blenden zu lassen – wir wollen entschieden Nein zur Illusion der Separation zwischen allen Dingen sagen. Wir wollen tief davon überzeugt sein, dass das Universum ein guter Ort ist und dass wir zu jeder Zeit geliebt und beschützt sind.
So wollen wir glauben, dass alle Übel – selbst die schwerwiegendsten – *irgendwie* auf uns unergründliche Weise einen heiligen

Grund haben, um letztendlich, am Ende aller Tage, zu unserem Besten zu wirken. Wir wollen also nicht nur annehmen, dass alles, was uns geschieht, eine Möglichkeit für unser seelisches Wachstum ist, sondern auch, dass jede Herausforderung da wirklich für uns platziert wurde, damit wir daran wachsen können. Wir wollen glauben, dass jeder Rückstoß des Schicksals nur da ist, damit wir Anlauf nehmen können, um dann höher empor zu steigen, als wir es zuvor waren – schließlich glauben wir ja auch, dass wir wegen des Wachstums unserer Seele überhaupt hierher gekommen sind.

Doch spalten sich bezüglich dieser Perspektive – verständlicherweise – viele Geister, weil die Existenz besonders schwerwiegender Übel die Annahme unseres Universums als unendlich gut und liebevoll rational auszuheben scheint. Da ist logisch betrachtet auch einiges dran – deshalb erfordert Glauben blindes Vertrauen in den Fluss des Lebens und die Funktionsweise von Realität, die offensichtlich eine Logik hat, deren Nachvollzug jenseits unserer Verstandesmöglichkeiten liegt.

Alle Übel sind da – und doch ist das Leben ein Geschenk: Unser Ego will diese Paradoxie einfach nicht akzeptieren. Doch muss es den Kampf seines Rechthaben-Wollens darüber aufgeben, dass die Welt anders sein sollte, als sie ist, ja den Anspruch, dass es dieses Paradoxon nicht geben sollte.

Wenn wir uns dazu entschließen, dem Leben *vollends* zu vertrauen, muss das folgerichtig auch all die zerstörerischen und dunklen Kräfte mit einschließen. In diesem Sinne sind wir eingeladen, unsere Bewertung und unser Ressentiment von den Dingen abzuziehen und unseren Umgang mit der Dunkelheit zu ändern.

Wir ergreifen die größte Befreiung, wenn wir unser Ego und all seinen Widerstand gegen die Dunkelheit sterben lassen und beginnen, die Dunkelheit nicht nur zu akzeptieren, *sondern sie zu lieben* – genauso wie wir das Licht lieben.

Die Ratio unseres Egos muss ihre Macht in diesem speziellen Belang an die Emotio unserer Seele abgeben: Hingabe und Vertrauen statt Angst und Kontrolle. In gewisser Weise müssen wir der Dunkelheit die Erlaubnis geben, uns brechen zu lassen, damit die Liebe in uns einströmen kann. Denn in der tiefsten Dunkelheit verbirgt sich das Potenzial gewaltiger Transformationen; ja am Nullpunkt ist immer der Wendepunkt zur Rückkehr zur Liebe. Wenn wir dieser Dunkelheit mit offenem Herzen begegnen, hören wir auf, gegen das Leben anzukämpfen, und beginnen stattdessen, mit ihm zu tanzen – im Wissen, dass alles letztlich zu unserem Besten geschieht, auch wenn das von außen absolut nicht so aussehen mag. Doch vertrauen wir, wenn wir glauben, nicht auf das, was wir sehen, sondern auf unsere unerschütterliche Verbindung zur Quelle des Lebens, die uns ja erst hierher verfrachtet hat und von der wir glauben, dass sie das tut, weil sie uns *unendlich* liebt. In dieser Sicherheit verwurzelt, können wir aller Schwere und aller Dunkelheit in die Augen blicken und feierlich verkünden: *„Heiliger Geist! Wenn du gerade willst, dass ich Leid und Not fühle, dann will ich es lieben, ja dann will ich dich sogar bitten, mir mehr davon zu geben! Ich weiß nicht, warum geschieht, was geschieht, aber ich weiß, dass du mir das Leben geschenkt hast und dass du mich unendlich liebst! Und dass du das tust, ist die einzige Wahrheit, die ich in meinem Herzen wirklich sicher weiß. Das, was mich belebt und jeden Tag aufweckt, ist die pure Essenz von Leben selbst – wovor sollte ich mich jemals fürchten? Also enthalte ich mich meines Urteils über die Bedeutung der Dinge und sage Danke! Und wenn du denkst, ich soll jetzt in dieser Sekunde sterben, dann will ich mich dem fügen und dir für jede gelebte Sekunde* *danken, denn ich sehe zutiefst ein, dass es von Anfang an nicht an mir war, zu bestimmen, dass ich lebe und was geschieht."*

Wenn wir wirklich davon ausgehen, dass das Universum gut ist, dann macht es gar keinen Sinn, jemals Angst zu haben oder zu verzweifeln, ja nicht mal ein bisschen. Denn wahres Fallen-Lassen ins Vertrauen bedeutet, keinen versteckten Widerstand zu leisten – kein angespanntes Warten auf einen möglichen Absturz, so als spannte man die Bauchmuskel noch unterbewusst an, während man sich zurückfallen lässt, auf dass man sich im Notfall doch noch umentscheiden könne. Wenn wir wirklich vollkommen vertrauen, dann bedeutet das die vollkommene Auflösung des Widerstands nicht nur gegen die paradoxale Logik des Kosmos, sondern auch gegen jede Erfahrung von Übeln.

Das wirklich auf Zellebene zu begreifen kann ein Leben lang dauern – oder mehrere, *aber genau deswegen sind wir ja überhaupt hier*, genau darum geht es ja im Erdenspiel: die zugrundeliegende Wahrheit der Natur des Kosmos einzusehen und nach Hause zu kehren.

Ich spreche aus Erfahrung, wenn ich dir berichte, dass es erstmal nicht das leichteste der Welt ist, zu glauben, dass der Kosmos gut ist – und schon gar nicht, dem dann auch zu vertrauen. Die größte Herausforderung besteht sicherlich darin, den Glauben an die göttliche Kraft der Liebe – und sowieso an Gott – als ultimative Wahrheit aufrechtzuerhalten, wenn das Leben uns mit voller Wucht herausfordert und uns die Paradoxalität der Welt in die Knie zwingt. Wie soll man bloß glauben, dass wir beschützt sind, wenn uns gleichzeitig die wildesten Dinge angetan werden? Wo ist die Liebe des Universums, wenn uns jemand ein Messer ins Herz rammt? Die korrekte Antwort wäre wohl: überall. Und ja, das klingt absurd und falsch und paradox – und wir drehen uns im Kreis, wenn wir versuchen, diese Spannung aufzulösen. Doch *gerade* im Umgang mit der Dunkelheit in der Welt liegt der entscheidende Schlüssel für unsere Befreiung vom Leid – nicht von den Übeln an sich, sondern von unserem Kampf mit der augenscheinlichen Bedeutung ihrer Existenz.

Das Ende des Klageliedes darüber, dass die Welt anders sein sollte, ist der Beginn des Glaubens an die Perfektion im Chaos, eine Einsicht entgegen aller Logik, die pure Hingabe der Macht des Egos in Demut an den Kosmos. Die volle Bereitschaft, unser Rechthaben-Wollen aufzugeben und unsere verstandesmäßige Begrenztheit einzusehen und die Liebe zur Schöpfung alle Begriffe transzendieren zu lassen. Unsere freiwillige Ohnmacht ist die Erlaubnis an die kosmische Liebe, uns zu durchströmen, sodass wir den Gedanken annehmen können, dass wir wirklich und wahrhaftig geliebt sind – gerade auch im Angesicht aller grauenvoll erscheinenden Phänomene.

Diese Art von Glaube an die Liebe des Kosmos zu uns verändert die komplette Erfahrung unseres Daseins, weil er uns Sicherheit in aller Unsicherheit gibt – zumindest nach 'ner Weile. So bedeutet Glaube, anders als das Wort vielleicht andeuten mag, nicht etwa hoffen, weil es noch Zweifel gäbe, sondern Wissen und Sicherheit. Doch muss man für diese Bindung dem Kosmos den ersten Schritt entgegenkommen – ins Ungewisse und Unbekannte. Man muss gewissermaßen von der Klippe springen und sich entscheiden, blind darauf zu vertrauen, Flügel zu haben. Doch wird unser Glaube von Entscheidung zu Entscheidung tiefer; schließlich bleiben unsere Gebete ja nicht unerhört und schließlich liebt und belohnt der Himmel die Mutigen. Denn dadurch, dass die Welt ein Spiegel ist (dazu kommen wir bald noch), führt Vertrauen zu Vertrauen und Angst zu Angst. Erschaff' den Himmel in dir und du wirst auch in der Welt im Himmel leben – zumindest dann, wenn unser Glaubensmuskel gut trainiert ist und wir die entsprechende Dekonditionierungsarbeit leisten (dazu kommen ebenfalls noch).

Doch wollen weder das kollektive noch unser individuelles Ego daran glauben, dass alles perfekt ist, wie es ist, wenn alles so unperfekt ist, wie es ist. Ebenso schwer fällt es, die Vorstellung von unserer Unendlichkeit zu begreifen, besonders wenn wir doch offensichtlich sterben müssen. Für das Ego sind solche Gedanken widersprüchlich, da es nur die Endlichkeit kennt, weil es die Welt durch eben diese Brille betrachtet. Die Idee von Unendlichkeit erscheint ihm nicht nur unvorstellbar, sondern auch bedrohlich, da sie sein eigenes Ende implizieren würde, denn unser Ego ist ein bisschen wie der Geist unseres Körpers, also eine Art materieller Geist, der tief in der Struktur von Trennung verwurzelt ist, – in der Vorstellung von Anfang und Ende, richtig und falsch, gerecht und ungerecht. Und das ist auch völlig in Ordnung: Das Ego ist ein evolutionäres Produkt, das uns ursprünglich helfen sollte, Sicherheit zu finden und unser Überleben zu sichern. Dafür strebt es nach Verständnis, es kategorisiert, analysiert und will klare, eindeutige Antworten – es will Kontrolle, weil das seine Aufgabe ist.
Doch kann das nicht auch sein Anspruch sein – zumindest nicht in Totalität. Allerdings haben wir uns mit dem überproportional großen Anteil an Yang-Energien in unserer Gesellschaft dahingehend entwickelt, unser Ego unser aller Leben anführen zu lassen, wofür es echt nicht gut geeignet ist; ist das Leben schließlich ein spiritueller Prozess und unser Ego jenseits der materiellen Dimension orientierungslos – wie ein Verstand, der in einem Ozean aus Nicht-Wissen schwimmt.

Ein Biss in den Apfel der Erkenntnis und zack schaut man an sich herunter und denkt *„Hä, was mach ich denn hier im Garten, was ist das alles hier? Oh, ein Lineal, erstmal den Garten ausmessen, mhh spannend, krass, dass ich das herausgefunden habe. Ok Leute, nichts gilt mehr, was man nicht messen kann!"* Dabei war man nur einen Augenblick zuvor, genauso wie jede Blume und jeder Baum *der Garten*. Wir stehen ja nirgendwo drin. Wir sind ja nicht *im* Universum: Es gibt nicht „das Universum" und dann „Dinge" in ihm – dass wir uns mit unserem Bewusstsein wie eine Blase im großen Bewusstsein nach innen gestülpt haben, ist ja nur eine Illusion.

Adam ist beim ersten Geschmack des Apfels auf seinen Lippen nicht nur zu einer Erkenntnis aufgewacht, sondern gleichzeitig auch eingeschlafen, denn das ist die gleiche Bewegung. Bei unserer Geburt beißen wir alle selbst in den Apfel und je älter wir werden, desto mehr vergessen wir. Es gibt ja auch genug Geschichten, die uns konditionieren, um all das zu vergessen – und es werden immer mehr.

Doch mit jeder bewussten Entscheidung für die Liebe und das Vertrauen und gegen die Angst wächst unser Unendlichkeits-Muskel und irgendwann, da ist die Zeit, die man im Vertrauen ist, länger als die, die man Angst hatte. Dann ist die Angst die seltene Besucherin, so wie es einst das Vertrauen war.

Das Gute ist ja, dass der Kosmos glücklicherweise wirklich magical ist. Es ist ja dadurch bei dieser Art von Vertrauen und Glauben nicht so, dass man da für immer einfach auf irgendein random Pferd setzt und dann Angst hat und hofft, dass man Glück hat und dass es Gott wirklich gibt, wenn das große Los gezogen wird. Denn wenn du an die liebevolle Natur des Kosmos glaubst, dann wird sie sich dir offenbaren und irgendwann, da wirst du nicht mehr hoffen und glauben, sondern wissen. Der Kosmos ist ja wirklich viel viel viel viel krasser, als wir alle es jemals denken könnten. Es ist ja so, dass noch die verrücktesten Theorien über unseren Kosmos maximal Groschenromane sind, weil die Tatsächlichkeit aller himmlischen Herrlichkeit alle Begriffe sprengt.

Doch solange sich dir das noch nicht offenbart hat, musst du mir dahingehend wohl einfach vertrauen. Aber ja, kp ob ich jemandem glauben würde, der mir so eine Geschichte erzählt, aber du kannst ja auch einfach selbst den Weg gehen.

Doch kostet der Eintritt in diesen Himmel dein blindes Vertrauen jenseits aller rationalen Logik: Den Glauben an Gottes unendliche Liebe und Güte als einzige Wahrheit hinter allen Dingen. Sicherlich erfordert Glaube rational betrachtet 'nen gewissen Grad von Crazyness – kein Wunder, es scheint ja sogar alles komplett gegenteilig zu sein, wie Gläubige behaupten.

Doch dass das so ist, ist auch kein Zufall, sondern eben die besondere Würze dieser spirituellen Herausforderung im Erdenspiel: blindes Vertrauen und die radikale Hingabe an eine höhere Ordnung, deren Logik wir nicht mit dem Verstand einsehen können. Es bedeutet, alles zu akzeptieren, was ist und darauf zu vertrauen, dass alles einen Grund hat, der uns nur nicht einsehbar ist. Es bedeutet, egal was ist, unserer Schöpferin zu danken – sogar für den abgefuckten Stuff.

Der ottonormalverbrauchenden Person erscheint das zweifelsohne in gewisser Weise verrückt zu sein, dem Himmel noch für das schlimmstscheinende Unglück zu danken – doch am Ende aller Tage, da war es dann dieser scheinbare Narr, der Dankbarkeit im Herzen hatte und sich auch im dunkelsten Tal keines Unglücks fürchtete. Und ist das genau nicht das, was am Ende wirklich zählt? Kommt es nicht nur darauf an, wie sich alles für dich persönlich angefühlt hat? Und würdest du dich nicht lieber immer sicher, beschützt und geliebt fühlen? Und wenn du das erreichen kannst, indem du in dir selbst den Anker wirfst, der dich auch in den größten Böen nicht umhaut und nie mehr als maximal Wanken lässt, würde es sich dann nicht lohnen, den Sprung ins Reich des Unbekannten jenseits von Logik zu wagen und dem Leben bedingungslos zu vertrauen?

Ein böswilliges Universum anzunehmen oder eins, das tot und neutral ist, erschiene mir nicht nur dysfunktional, sondern auch töricht. Denn selbst wenn sich nach dem Tod herausstellen würde, dass wir doch nur Materie waren (was kleingeistiger Bullshit ist) oder dass das Universum doch ein hinterlistiger Trickster ist und aller lieblicher Klang des Vogelzwitscherns nur eine Täuschung war (das nennt man Paranoia), dann hätte man mit dem Glauben an ein wohlwollendes Universum zumindest ein hoffnungsvolles und glückliches Leben geführt. Der Glaube und das tiefe Vertrauen bedingungslosen Geliebtseins nähren ja ganz hervorragend unsere Lebenslust. Ja, wenn man doch denkt, dass hinter jeder Ecke Wunder auf einen warten, dann geht man doch ganz anders durch die Welt, als wenn man immerzu nur darauf wartet, dass endlich Feierabend oder Wochenende ist.

Der Narr wandert voller kindlicher Unbeschwertheit zentimeternah am Abgrund einer Klippe entlang. Von außen denkt man, er sei töricht und voller jugendlichem Leichtsinn, weil er den Ernst des Lebens noch nicht verstanden hat. Wie kann er so fröhlich sein, wenn doch die lodernde Klippe neben ihm klafft und er schon beinahe das Echo seines Falls vernehmen kann? Doch verbirgt er in seinem Kern etwas, das nach außen nicht zu sehen ist: Seine Narrenkappe ist eigentlich eine Tarnkappe. Unter ihr enttarnt er sich als weiser Eremit – Aha! Siehe da: Es ist ein alter Weiser, gar kein junger Dummer.

Á propos alt und jung: Es gibt da so eine Geschichte von zwei Männern, die gemeinsam auf einer ereignisreichen Reise unterwegs sind. Dem jungen Mann kommt jedes Ereignis wie ein Ausdruck göttlichen Willens vor, fest eingespannt im Gewebe des Schicksals. Dem anderen Mann, der etwas älter ist, kommt alles wie ein bedeutungsloser Zufall vor; jedenfalls schert er sich nicht so sonderlich um den Grund der Dinge. Am Ende der Geschichte haben beide die gleiche Reise erlebt, haben die gleichen Etappen gemeistert und die gleichen Dinge gesehen. Doch war die Erfahrung beider Reisender komplett unterschiedlich: Der ungläubige ältere Mann wirkt immer ein wenig miesepetrig, zynisch und mürrisch und scheint sich den Weg entlang zu schleppen, während der junge Gottesfürchtige, der in dieser Geschichte den Namen Jacques trägt, vor Fröhlichkeit und Lebendigkeit zu strotzen scheint. Für ihn war jeder Moment ein Abenteuer und alles ein Grund, um in Dankbarkeit über die Art und Weise zu erstaunen, wie sich die Geschichte seines Lebens fügte und sich der göttliche Plan dabei entfaltete.

Wenn ich persönlich die Wahl hätte – und es scheint sich ja so zu verhalten, dass das absolut der Fall ist – dann wählte ich doch genau wie der junge Gläubige einen fatalistischen Modus an mein Schicksal und stöhnte bei allem, was geschieht „*Ja Ja Ja*" und immer auch „*Danke Danke Danke*". So wähle ich der wache Jacques zu sein, statt der das Leben verschlafende Bruder Jakob, der die gar herrlich klingenden Glocken des Himmelreiches unter all den Geschichten nicht hört.

Die vermeintlichen Narren der Welt scheinen Zeit ihres Lebens zu einer Musik zu tanzen, die nur sie hören können, während alle anderen sie für verrückt halten. Du musst für dich selbst entscheiden, zu welcher Fraktion du gehören willst. Meiner Meinung und Erfahrung nach ist die einzig logische Entscheidung jenseits der Wahl ewiger Pein, die zu vertrauen und sich dem ganzen Leben vollständig hinzugeben. Denn entweder gehen wir in der Ohnmacht unter und suhlen uns für immer im Selbstmitleid und verpassen so unser Leben oder wir lernen, das Beste daraus zu machen und uns die Macht über unser Schicksal zurückzuholen. Und ich kann jeden einzelnen Menschen tief verstehen, der denkt, dass er das nicht schafft, weil er auf der Suche nach dem Licht in den verlassenen Schluchten der Verzweiflung bereits jeden Stein zweimal umgedreht hat. Ja, in mancher Dunkelheit ist wirklich einfach kein Licht zu finden. Aber wir können immer eines hineinlegen.

Dein eigener Jesus sein

Die Welt gibt uns mit ihrem doch zu weiten Teilen recht katastrophal anmutenden Charakter Auskunft darüber, welche Geschichten wir uns in unserem Inneren erzählen. Die Dominanz des Egos und die gleichzeitige Marginalisierung der Yin-Energien hat dazu geführt, dass wir alle derart von unseren Emotionen und den Sinndimensionen des Lebens abgeschottet sind, dass die Projektionen dieser inneren Dysbalance im Außen am laufenden Band Krieg, Leid und Not manifestieren: Menschen denken, sie hassen andere Menschen, aber eigentlich hassen sie nur etwas von sich selbst, das sie irgendwie von sich abgeschottet haben. Doch bahnen sich diese Aspekte immer den Weg in die Sichtbarkeit und so finden wir sie im Außen wieder, als Spiegelung dessen, was in uns los ist. Da uns aber niemand gesagt hat, dass die Welt ein solcher Spiegel ist, versuchen wir weiterhin im Außen zu bekämpfen, was nur in uns gelöst werden kann – und das nicht mit einem Kampf, sondern mit Liebe.

Doch woher kommt die ganze Dysbalance in uns? Sicherlich auch von den gesellschaftlichen Paradigmen, die wir besprochen haben, durch die unser Leben dieser permanente Überlebenskampf geworden ist. Doch auch durch unsere individuellen Geschichten, die uns unsere Eltern, Verwandte, Freund:innen oder sonstwer eingetrichtert haben. Es ist ja nicht nur der ausbeuterische Kapitalismus, sondern auch die tief verkörperten Erinnerungen an die Schwester, die permanent mit uns konkurriert hat, an die Mutter, der wir nie gut genug waren, an den Vater, der uns verlassen hat, an der Onkel, der seine Wut nicht im Griff hatte, an die Freund:innen, die uns ausgeschlossen haben und und und: All diese Umstände haben dazu geführt, dass die meisten Menschen denken, sie seien auf irgendeine Weise – oder gar nicht – wertvoll und liebenswürdig. Und niemand hat uns gesagt, dass diese Wunden nicht von selbst heilen, auch mit genug Zeit nicht – sie heilen nur, wenn wir uns ihnen zuwenden und sie mit der Liebe auffüllen, die ihnen fehlt.

Jetzt haben wir einen ganzen Planeten voller schreiender Menschen im emotionalen Kleinkindalter, die sauer sind, dass man sie aus dem Paradies geschmissen hat. Dann hat man ihnen erzählt, dass es keinen Weihnachtsmann gibt und auch keinen Gott, dass das Leben hart ist und kein Ponyhof und dass man quasi froh sein kann, wenn man's irgendwann endlich geschafft hat. Und ab in die kollektive Tunnelblick-Trance.

Doch ist diese Art, die Welt zu sehen und das Leben zu verstehen, ja nicht einmal unsere eigene Sicht auf die Welt, sondern eben ein Produkt des Umfeldes, in dem wir aufgewachsen sind. Dadurch ist das, was wir für die wirkliche Realität halten, letztlich nicht wirklich die ultimative Realität, sondern ein ziemlich willkürliches Konstrukt dessen in Form eines Gewebes aus allerlei Geschichten, die wir uns immer wieder selbst erzählen. Wir hypnotisieren uns selbst tagein, tagaus, doch keine Bang: dieses Gewebe ist flexibel, es ist formbar, ja quasi programmierbar – und so können wir das, was wir gelernt haben, auch wieder verlernen.

Wir dachten, Erwachsenwerden bedeutet, alle Bedeutungen zu kennen, die die Dinge haben. Doch bedeutet es viel mehr, volle Verantwortung dafür zu übernehmen, wie wir den Dingen Bedeutung geben und welche Geschichten wir uns über sie erzählen. Es geht darum, ein Bewusstsein für unser Dasein in der Welt zu entwickeln und ein wenig kritisches Denken zu lernen. Dafür sind wir eingeladen, das dichte Gewebe aus Bedeutungen zu verflüssigen, durch das wir uns mit unserem Verstand schleppen, um uns dynamischer durch die Welt bewegen zu können: Wir wollen die Geschichten, die wir uns erzählen, immer wieder auf eine Metaebene heben, sie aus verschiedenen Perspektiven betrachten und schauen, wie sie in diesem Gewebe wirken könnten.

Bei dem Versuch, uns vorzustellen, dass die Dinge keine Namen hätten, wird sanfter Druck auf die Bedeutungsmuster und Sinnzusammenhänge ausgeübt, mit denen wir die Welt wahrnehmen. Wenn wir so ihre Totalität in Frage stellen, kriegen wir – wenn wir aufmerksam sind – einen Einblick nicht nur in die Konstruktion unseres kleinen Ausschnitts von Realität, sondern auch in den Raum des möglichen Anderen; also in gewisser Weise in den Möglichkeitsraum, in dem die Dinge uns begegnen und in dem wir ihnen Bedeutung geben.

Doch da das eingespielte, einprogrammierte, automatische Prozesse sind, mit denen wir die Welt schließen, brauchen wir eine bestimmte Energie dahinter, ja eine Art distanzierte aber interessierte Haltung uns selbst und den Dingen gegenüber, sodass wir alles und uns derart betrachten, als ob wir Vögel im Himmel durch ein Fernglas beobachteten – frei von Wertung oder Identifikation mit dem, was wir wahrnehmen.

Von einer solchen Distanz aus wollen wir versuchen, das, was wir sehen, nicht sofort als das zu verstehen, als was es uns erscheint. Statt auf die Dinge zu reagieren, wollen wir auf sie antworten, wodurch wir ihnen quasi ihr Geschichts-Kleid ausziehen, um ein neues wählen zu können, das funktionaler für unseren inneren Frieden ist – wir knacken also sozusagen durch eine gewisse geistige Bemühung unsere eigene Matrix. Wenn wir uns in dieser Art von Ver-*antwort*ung üben, entfaltet sich (Ge-)Schicht' für (Ge-)Schicht'

eine Perspektive auf scheinbar zufällig und grundlos zusammen-
stehende Bäume *als Wald*.

Auf dieser Reise durch unser Inneres beginnen wir zu verstehen,
warum wir so sind, wie wir sind, warum wir so handeln, wie wir
handeln und warum wir denken, wie wir denken. Wir lernen unser
innerstes Selbst kennen und finden unsere Identität – aber nicht indem wir irgendetwas werden, sondern indem wir alles loslassen,
was wir nicht mehr sind – und vielleicht auch niemals waren.

Doch ist das kein rein mentaler, sondern vor allem auch ein emotionaler und überaus intensiver Prozess, hängen schließlich komplexe Muster an den Geschichten, die wir uns erzählen. Sie sind oft
mit vielschichtigen Gefühlen verwebt – und wir sind dazu ja auch
noch sehr sensible Wesen. Wir tun zwar gemeinhin so, als wären
wir alle durch und durch rational und „harte Kerle", so als würden
wir gar nichts fühlen – doch ist das ja nur ein Ausdruck der Marginalisierung der Yin-Energien in unserer Gesellschaft, in deren öf-
fentlichem Raum Rationalität als angemessen gilt – womit unsere
Emotionen hinter verschlossene Türen gesperrt wurden.

In diesem Prozess braucht es die Bereitschaft, die Türen zu öffnen
und uns durch die Geschichten unseres Inneren zu wühlen und zu
fühlen – durch den Schmerz, die Scham, die Angst, die Zweifel,
die Not, sodass wir erkennen können, wo wir uns selbst etwas Limitierendes und Unwahres über uns erzählen. Durch die Signatur
des emotionalen Loslassen beengender Geschichten, könnte es
durchaus Sinn machen, diese Reise als eine Art inneren „Heilungs-
prozess" zu verstehen. Doch könnte uns das suggerieren, dass wir
irgendwie kaputt wären – was ja wieder eine limitierende Geschichte wäre. Doch heilen wir ja, um das Gefühl von Vollständigkeit in uns zu regenerieren, das unter all den Geschichten darauf
wartet, von uns wiederentdeckt zu werden.

Die Einsicht unserer vollkommenen und perfekten Natur unterhalb aller Unperfektheit der Geschichten unserer Erdenzeit ist die „Heilung" unserer Seele: Es ist die Einsicht, dass es nichts zu heilen gibt, weil unser Kern, ja das, was wir wirklich sind, unantastbar ist. So bedeutet diese Heilungsreise also nicht nur das Loslassen von Altem, sondern auch die Annahme des Gedankens, dass wir geliebte, makellose Kinder des Kosmos sind – und das sind wir, das verspreche ich dir.

Wir sind eingeladen, ja die ganze Menschheit ist eingeladen, sich für diese bedingungslose, omnipräsente Liebe des Universums zu öffnen und gleichzeitig alle Angst und alle Ideen von Trennung zu verlernen, in die man uns hinein konditioniert hat, sodass wir verstehen können, wer wir wirklich sind: Liebe. Damit ist die Reise zu unserem innersten wahrsten Selbst gewissermaßen die Reise zu Gott, weil sie unsere Selbsterkenntnis als göttliches Bewusstsein ist.

In der Theorie klingt das jedoch etwas sonniger, als es sich in der Praxis anfühlt, führt der Weg in unseren persönlichen Himmel schließlich meistens erstmal durch unsere so empfundene ganz persönliche Hölle – dort begegnen uns alle inneren Dämonen, die wir im Laufe unseres Lebens in die Dunkelheit verbannt haben. Doch sind all diese Dämonen in Wirklichkeit keine solchen, sondern verletzte Teile unserer Selbst, die gesehen, akzeptiert und bedingungslos geliebt werden wollen.

Wir müssen also tatsächlich die Arbeit machen, die es braucht, damit die Dinge gut werden. Das alles bringt also nicht nur eine Menge Emotionen mit sich, sondern kann auch durchaus eine Weile dauern, je nachdem, wie vielschichtig die Geschichten um unseren inneren Kern liegen und mit ihrer Verkrustung unser Licht zurückhalten. Doch glaub mir: all die Geduld und alle Anstrengung dieser inneren Arbeit lohnt sich, auch wenn sie uns oftmals durch und durch ungerecht erscheint, schließlich waren es meist andere und gar nicht wir selbst, die uns verkorkst haben.

Doch müssen wir auch alle fremden Scheißhaufen wegräumen, wenn wir einen sauberen Vorgarten wollen, egal wie ungerecht das ist – sonst bleibt die Scheiße liegen, schließlich räumen die Verursachenden und Schuldigen die Scheiße meistens nicht hinter sich weg; sie bitten weder um Entschuldigung noch um Vergebung. Doch können wir nicht unser Leben lang darauf warten, dass die Scheißerchen sich entschuldigen und ihre Missetaten aufräumen, bis wir Frieden finden können. Wir verdienen den Frieden *jetzt* – also müssen wir selbst anpacken und uns selbst retten, denn auch wenn es hart klingt: Niemand wird kommen, um uns zu retten.

Das ist ein bisschen wie in dieser Harry Potter-Szene, in der Harry und Hermine mit dem Zeitumkehrer zurückkreisen, um ihren früheren Ichs zu helfen. Harry liegt bewusstlos am See, die Dementoren rücken an, und er glaubt, sein Vater würde ihn mit einem Patronus retten – so hatte er es ja erlebt. Doch als er nun aus der Zukunft zusieht, passiert nichts – bis es brenzlig wird. Da begreift er, dass sein Vater nie da war. Er war es selbst, der sich gerettet hat.

Wir müssen unseren eigenen Patronus sprechen, wenn wir wollen, dass uns niemand die Seele auszelt. Wir müssen unser eigener Jesus sein und uns selbst retten und erlösen, schließlich sind wir immer selbst das Wunder, auf das wir warten. Also gilt es, Frieden mit dem Leid zu schließen und zu heilen. Das bedeutet auch, dass wir uns von der Geschichte von uns selbst als einem bloßen Opfer der Umstände befreien dürfen, um in unsere Rolle als schöpfende Kraft unserer eigenen Realität zu treten. Und das ist für viele eine große Herausforderung – allzu verständlich! Es ist ja auch fucking hart, sich nicht mit dem zu identifizieren, was einem angetan wurde oder passiert ist oder die komplette Dunkelheit im Kosmos zu erfahren und dann darüber hinwegzusehen. Schmerz und Leid fühlen sich furchtbar an und das Gewicht der Bedeutung unserer Lebensgeschichten liegt manchmal so tonnenschwer zwischen den Zeilen, dass sich die Buchstaben fast durch's Blatt drücken.

Dazu haben viele Menschen ja sogar ihre komplette Identität an ihr Leid gehängt, dass sie kaum noch wissen, wer sie ohne diese Geschichten wären – oder im Frieden mit ihnen. Ja wir identifizieren uns oftmals derart mit irgendwelchen Geschichten, dass wir vergessen, dass wir weder unsere Erfahrungen, unsere Emotionen oder unsere Gedanken *sind*, sondern ihnen nur „zusehen" im Rahmen unserer kurzweiligen menschlichen Erfahrung als unendliches Bewusstsein.

Doch ist das Ende aller Kämpfe in uns immer nur einen Gedanken entfernt. Allerdings ist es paradoxerweise manchmal das schwerste, loszulassen und den Kampf in uns zu beenden. Ja, die Simplizität des Loslassens scheint sich regelrecht über uns lustig zu machen und es scheint schon fast grotesk, dass wir mit einem Perspektivwechsel und dem Blick über den Horizont den seidenen Faden vom Haken nehmen können, an dem unser ganzer Ballast hing und von dem wir dachten, es wäre ein unlösbares Drahtseil. Doch kommt unser Leiden stets daher, welche Geschichte wir uns über die Dinge erzählen und nicht von den Dingen selbst. Das Wetter macht uns ja nicht unglücklich; wir machen uns unglücklich.

Wenn wir schließlich verstehen, dass wir so viel unseres Leids selbst erzeugt haben, dann wollen wir manchmal lieber sturrköpfig weiter leiden, als die Liebe und den Frieden anzunehmen, den wir uns selbst so lange verwehrt haben. So kommt zu der gravierenden

Schwere der Geschichten ja auch noch die Schwere der Einsicht, dass wir theoretisch auch weniger hätten leiden können. Und dann kommt ja noch die Einsicht dazu, dass wir die Uhren nicht zurückdrehen können und alle von Leid erfüllte Zeit für immer verloren ist.

Für mich war es rückblickend wohl das härteste, alle Kämpfe aufzugeben und die Liebe des Kosmos anzunehmen, die Angst zu verlernen und dem Leben zu vertrauen. Meinem Ego, diesem inneren Geschichtenerzähler, hat das ganz und gar nicht gefallen, weil es weiter leiden wollte. Es wollte meckern, Recht haben und die Kontrolle behalten – und Vertrauen bedeutet die Abgabe der Kontrolle an den Kosmos.

So ist die Annahme der Liebe und das Halten von Frieden und Vertrauen die eigentliche Herausforderung auf unserer spirituellen Lebensreise – wir heilen nicht für die Annahme des Leids, sondern für die Annahme der Freude und Liebe. Wir heilen, damit wir uns bessere Geschichten erzählen können, damit wir Raum schaffen für andere, höhere Level von Bewusstsein, in denen wir alle Gefühle gleichzeitig halten können, ohne dass sie Hoheit über uns haben. Wir heilen, damit wir die göttliche Kraft bedingungsloser Liebe in uns durchkommen lassen können und sie als Wahrheit hinter der Wirklichkeit der Welt der Phänomene erkennen und einsehen können. Wir heilen, um glücklich zu sein und in Liebe mit der Welt zu leben. Wir heilen, um frei zu sein und in Frieden zu leben.

Als Jesus sagte, dass er der Weg, die Wahrheit und das Licht sei, meinte er vielleicht, dass er ein lebendiges Symbol für den Pfad der Erlösung sei – die ultimative Möglichkeit, ein für allemal aus der Matrix auszubrechen. Nicht durch Kampf oder Widerstand, sondern durch den Weg der Liebe, den auch er gegangen ist.

Er erkannte die Illusion der physischen Grenzen, er sah den Traum, der unsere Erfahrung von Lebendigsein ist und lebte sein Leben in voller Hingabe an die einzige Wahrheit, die es im Kosmos gibt: Liebe. Er weigerte sich, die Geschichten der Trennung weiterzuschreiben. Statt Auge um Auge zu spielen, hielt er die andere Wange hin – nicht aus Schwäche, sondern aus unerschütterlicher Klarheit.

Doch warum hatte er so viel Mitgefühl, so viel Verständnis, so viel Liebe für die Menschen? Weil er sah, dass sich jede Seele auf einer Reise zurück nach Hause befindet – zurück zur Erkenntnis dessen, was Liebe wirklich bedeutet. Er wusste, dass niemand von Natur aus böse ist und dass jene, die verletzen, nur aus ihrem eigenen Schmerz handeln, gefangen in der Dunkelheit ihres spirituellen Tiefschlafs.

Jesus erkannte, dass diese Menschen nicht mit der Quelle der höchsten Liebe in sich verbunden waren – und dass ihre Unverbundenheit sich zwangsläufig nach außen projizierte. Dass sie handelten, ohne zu wissen, was sie da eigentlich taten, dass sie nicht begriffen, dass alles, was sie in die Welt tragen, zuallererst ihnen selbst widerfährt – schließlich ist der Kern der höchsten Liebe die Erkenntnis der Einheit und Unteilbarkeit des göttlichen Lichts.

Wenn Jesus also dem, der ihn schlug, noch die andere Wange hinhielt, dann nicht aus einer Opferhaltung, sondern aus tiefstem Bewusstsein darüber, dass man Hass nicht mit Hass bekämpfen kann – und dass sowieso jeder Kampf immer nur mehr Kampf erzeugt. Er sah, dass dieser Mensch in seinem Inneren litt. Dass sein Angriff nichts mit ihm zu tun hatte, sondern nur Ausdruck seiner eigenen inneren Qual war, ja dass er sich letztlich doch selbst schlug! – Und dass es nur einen einzigen Weg gibt, um diese Spannung aufzulösen: nicht Gegengewalt, nicht Vergeltung – sondern Liebe. Denn Liebe transzendiert alles, was ist. Deshalb antwortete Jesus auf Härte nicht mit Härte, sondern mit Liebe.

Das ist auch unsere Einladung: das Göttliche nicht nur zu erkennen, sondern es durch unser Leben spürbar und sichtbar zu machen, als eine Verkörperung der reinen Liebe auf Erden, ja als Fleisch-Werdung des Göttlichen. So wie Jesus es uns gezeigt hat, geht es bei unserer spirituellen Reise namens Leben nicht darum, komplett abzuheben und die Dreidimensionalität zu verleugnen und uns dreißig Jahre meditierend in eine Höhle zu verpissen, sondern das Bewusstsein des Göttlichen in die Welt zu bringen und es für andere fruchtbar zu machen. Auf diese Art und Weise kann Jesus zu uns auf die Erde zurückkehren, um uns zu erlösen: als Bewusstseinszustand, den wir selbst in uns verkörpern können.

Wir können alle Jesus sein, wenn wir den Weg von Liebe und Einheit gehen, indem wir JA zu jedem Atemzug sagen und ihn als die heilige Zeremonie verstehen, die er ist. Indem wir alles, was wir tun, zu einem Gottesdienst im Namen der Liebe machen.

So mag es vielleicht sein, dass wir nicht ins Paradies des Garten Eden zurückkehren können – denn als Menschen können wir nicht vergessen, dass wir nackt sind; genau diese spezielle Subjekt-Objekt-Beziehung mit ihrer illusion von Separation ist ja das, was wir Menschsein überhaupt nennen – doch was wir tun können, ist, den Himmel auf Erden zu gestalten, indem wir uns an das erinnern, was unter all den Geschichten verborgen liegt.

Die Himmelspforten sind keine goldenen Tore in einer fernen Welt, sondern die Schleier unserer Wahrnehmung: Himmel und Hölle sind keine Orte, die wir nach dem Tod betreten, sondern Erfahrungen, die wir im Leben machen – sie sind Bewusstseinszustände, in die wir eintauchen können. Sie sind Ausdruck dessen, wie wir die Welt sehen und was wir in ihr erkennen. Der Himmel ist immer da. Doch können wir ihn nur wahrnehmen, wenn wir unser Herz und unser Bewusstsein für ihn öffnen – und unsere Ego- und Verstandesstimme in ihrer Lautstärke dimmen. Wir sind eingeladen, uns auf die Frequenz des Himmels einzustimmen, so wie wir uns auf einen Radiosender einstimmen, dessen Lieder dauerhaft durch die Luft säuseln – jedoch erst hörbar werden, wenn wir den entsprechenden Sender einschalten.

Wenn wir die ganze Welt mit Augen der Liebe anschauen, dann wird alles unter der Art und Weise unserer Wahrnehmung vor Liebe explodieren. Wenn wir uns auf die Liebe ausrichten, beginnen wir, die Melodie zu hören, die schon immer unter all dem Geschichten-Gebrabbel gespielt hat – das ist der Beginn unseres Parts im spielerischen Tanz des Daseins.

Die zugrundeliegende Realität des ganzen so erscheinenden Fiebertraums von Erdenspiel hat eine ganz andere Natur als die Übel, die wir über Jahrtausende in aller Illusion von Trennung aus allen Möglichkeiten manifestiert haben. Und auch wenn uns das Chaos unendlich erscheint: Die Liebe ist es tatsächlich.

Wie wir gemeinsam mit dem Kosmos unsere Geschichte schreiben

Anders als wir vielleicht gedacht hätten, sind wir dem Leben nicht komplett ohnmächtig ausgeliefert – wir können uns selbst erlösen und unsere eigene Geschichte schreiben. Das Leben ist also allein schon dadurch ein kooperativer, ko-kreativer Prozess, weil wir es sind, die den Dingen ihre Bedeutung geben. Soweit, so gut. Doch hatten wir eingangs auch den Gedanken in den Raum geworfen, dass das Außen vielleicht gar nicht so unabhängig von uns ist, wie wir dachten. Infolgedessen haben wir uns nicht nur die physikalischen Geschichten über unsere Realität, sondern auch eine spirituelle Betrachtungsweise auf sie angeschaut und alles, was ist, als göttlichen Geist identifiziert und damit alle Trennung als Illusion enttarnt.

Doch haben wir noch nicht betrachtet, wie sich der Ablauf aller Dinge auf Erden gestaltet. Wer schreibt das Drehbuch? Ja, wie entscheidet sich, was sich aus dem Potenzial der unendlichen Möglichkeiten des göttlichen Informationsfelds in unsere erfahrbare Welt manifestiert? Letztendlich sind alle Geschichten ja bereits geschrieben, da der Kosmos überall und zu jeder Zeit alle Möglichkeiten auf alles virtuell enthält. Doch wie entscheidet sich, in welcher aller möglichen Welten wir leben? Es ist ja anzunehmen, dass wir hier nicht zusammenhangslos über eine tote Bühne laufen, sondern irgendwie beeinflussen, was geschieht. Und in der Tat scheint es sich so zu verhalten, dass die Schöpfung aller Dinge auf Erden eine Ko-Kreation von Gott mit uns ist. Wir können die Manifestationskraft der unsichtbaren Hand Gottes bewusst einsetzen, um Dinge auf dieser Welt real erfahrbar zu machen und so einen Teil des Verlaufs der Dinge mitbestimmen. Tatsächlich können wir diese Kraft sogar *gar nicht nicht* einsetzen, höchstens nur unbewusst, denn Manifestation ist das, was wir natürlicherweise permanent tun.

Mit unserer Absicht, unserem Fokus und unserem Willen lenken wir die Richtung und Bewegung des Geschehens in unserem Leben: Unser Gehirn liefert uns mehr von dem, worauf wir uns konzentrieren. Das geschieht durch verschiedene psychologische Mechanismen, etwa durch den Bestätigungsfehler (*Confirmation Bias*) – die Tendenz, Informationen so wahrzunehmen, dass sie unsere bestehenden Überzeugungen stützen – oder durch das retikuläre Aktivierungssystem (*RAS*), das wie ein Filter fungiert und uns bevorzugt die Dinge in unserer Umwelt wahrnehmen lässt, die mit unseren Gedanken und Zielen übereinstimmen. Zudem verstärken unsere Glaubenssätze und unser Selbstbild unsere Handlungen unbewusst, indem sie beeinflussen, was wir für möglich oder unmöglich halten, was wiederum unser Verhalten steuert und unsere äußere Realität formt.

Doch geht Manifestation über solche psychologischen Mechanismen hinaus – sie umfasst auch metaphysische, energetische Prinzipien: Unsere Energie, ja das, was wir unseren „Vibe" nennen könnten, beeinflusst die Welt aktiv. Unsere tiefsten Überzeugungen, Gedanken und Emotionen strahlen eine Signatur aus, die unsere Realität nicht nur prägt, sondern formt.

Es ist, als sendeten wir eine Art Signal aus, das sich mit den Signalen auf unserer Frequenz in der Umwelt verbindet und uns leitet. Wir wirken so wie eine Art Magnet für Dinge, Ereignisse, Menschen und Situationen, die uns die Frequenz widerspiegeln, auf der wir schwingen: Wir ziehen aktiv Dinge an, mit denen wir in Einklang sind und stoßen die ab, mit denen wir es nicht sind. Das bedeutet nicht, dass wir jedes Unglück herbeiführen, doch beeinflusst unser innerer Zustand zu einem sehr großen Teil unsere äußere Erfahrung – zumindest wenn wir in friedlichen Umständen leben.

Unser Vibe ist also nicht etwa das, mit dem wir uns durch die Welt bewegen, sondern das, *mit dem wir die Welt bewegen*. Das erscheint uns vielleicht spukhaft, weil wir als rational konditionierte Atheist:innen gelernt haben, die Welt nicht als lebendig und das Leben als zufällig und grundlos zu denken – wir glauben ja, wir seien von allem getrennt; doch ist unser aller Leben tatsächlich ein aktiver, dynamischer und höchst lebendiger Prozess, egal wie passiv wir auch auf der Couch vergammeln mögen.

Und auch wenn wir nicht alles kontrollieren, haben wir mehr Gestaltungsmacht, als uns oftmals bewusst ist, ja kaum etwas in unserem Leben geschieht grundlos und zufällig. Die Menschen, denen wir begegnen, die Dinge, die uns geschehen – oder auch die, die nicht geschehen, auch wenn wir auf sie hoffen: All das arrangiert sich derart, dass es uns unsere innere Überzeugungslandschaft widerspiegelt. So ist unser Leben ein Spiegelbild all dessen, was wir im Inneren für wahr halten.

Da viele Menschen ihre inneren Glaubenssätze und Geschichten-Muster jedoch nicht kennen, ziehen sie ungewollt Dinge an, die sie eigentlich vermeiden möchten. So mögen uns immer wieder ähnliche Menschen begegnen oder Situationen widerfahren, die uns den Eindruck vermitteln, dass wir Pechvögel seien oder schlichtweg von Glück und Erfüllung ausgeschlossen. Doch sind Glück oder Pech kein Ausdruck schwankender göttlicher Launen, sondern das Produkt von meist unbewussten Programmen, die aktiv unsere Realität formen. So haben wir oftmals an den Geschehnissen in unserem Leben, den guten wie den schlechten, einen gewissen und in Bezug auf die schlechten Dinge meist höchst unliebsamen, blinden Schöpfungsanteil.

Manche mögen jetzt vielleicht denken, dass sich das gefährlich nach „Victim Blaming" anhört – also dem Gedanken, dass Menschen selbst schuld an ihrem Leid seien. Genau dieser Verdacht taucht rasch auf, wenn wir darüber sprechen, wie unser Inneres die äußeren Umstände beeinflusst. Es ist auch vollkommen verständlich, dass die Vorstellung, die mit dem Gesetz der Anziehung (oder Resonanz) für manche Menschen herausfordernd oder sogar ärgerlich ist – vor allem, wenn sie großes Leid erfahren haben. Allerdings geht es nicht darum, Leid kleinzureden oder jemanden für seine Umstände schuldig zu sprechen, sondern um Selbstermächtigung und die Möglichkeit, unsere Außenwelt durch einen Wandel unserer inneren Welt zu verändern.

Doch gibt es in unserer Gesellschaft dieses für unser Ego typische Phänomen, immer das zu verteidigen, das wir eigentlich loswerden wollen. Aber warum? Weil sich Machtlosigkeit manchmal sicherer anfühlt als Selbstverantwortung – auch wenn das freilich paradox klingt. Jedoch bedeutet Verantwortung Veränderung – und die ist immer erstmal unbequem und unser Gehirn will Energie sparen und uns in Sicherheit halten und bevorzugt so das Bekannte, auch wenn es uns unglücklich macht. Es wählt lieber ein uns vertrautes Unglück als ein uns unbekanntes Glück.

So ist es oft einfacher, sich als Opfer der Umstände zu fühlen, als sich selbst als schöpferisches Wesen ernst zu nehmen – mit all der Freiheit, aber eben auch der Verantwortung, die das mit sich bringt. Die Einsicht unserer Macht ist nicht nur potenziell schmerzhaft, sondern auch anstrengend, weil sie Konsequenzen für unser Leben hat. Schließlich würde die Veränderung unserer Innenwelt bedeuten, unsere Komfortzone zu verlassen und tatsächlich den Schmerz und alle anderen Emotionen zu fühlen, vor denen wir manchmal jahrzehntelang wegrennen.

So lädt uns der Spiegelcharakter der Welt dazu ein, liebevoll und mutig den Blick dahin zu wenden, wo wir eventuell – meist eben ganz unbewusst und damit auch höchst unabsichtlich und unschuldig – an Überzeugungsmustern und Geschichten festhalten, die nicht unseren höchsten Selbstwert widerspiegeln. Es ist mit Sicherheit eine der härtesten Aufgaben, die es gibt, seinen eigenen Mist ehrlich anzuschauen und sich dadurch zu wühlen – doch gibt es ohne diesen vermeintlichen Höllengang nunmal keinen Eintritt in den Himmel.

Es wüten wahrlich weniger Flammen in der Behauptung, dass das Leben halt einfach so sei und wir ja eh nichts machen können. Allerdings schwindet mit einer Machtaufgabe dieser Art auch jede Chance auf Befreiung – dabei ordnet sich alles extra so für uns an, dass wir erkennen können, wo wir uns selbst noch nicht vollends lieben, sodass wir den Weg zur Erinnerung unserer wahren, vollkommen makellosen und unendlich geliebten Natur beschreiten können. Wir sind ja auch überhaupt erst „in" die Materie unseres Körpers inkarniert, um im Erdenspiel genau diese Erfahrung von Heimkehr zu machen.

Ich persönlich bin sehr dankbar, dass der Kosmos mir gezeigt hat, wie er funktioniert, sodass ich heilen konnte, was den ganzen Mist in mein Leben gezogen hat. War das manchmal die Hölle und schlimmer als die Erfahrungen selbst? Jup. Würde ich nochmal alles in mir diesem Feuer aussetzen? Jederzeit – das Glück, das ich jetzt fühle, ist jede Träne, jeden Schrei und jeden Moment von Verzweiflung und Hoffnungslosigkeit wert gewesen. Denn auch wenn es sich ganz zweifelsohne oft anders anfühlt, trägt jedes Leid immer das Potenzial in sich, uns zum Wachstum zu bewegen und uns so für mehr Liebe zu öffnen – vor allem uns selbst gegenüber. Jeder ungelöste Teil in uns sehnt sich nach dieser Heilung, nach der Rückkehr in die Ganzheit.

All diese unzähligen unbewussten blockierenden Geschichten wollen in uns aufgelöst werden. Es gilt also vernünftig die Sense zu schwingen und den Unterbewusstseins-Acker umzupflügen, sodass wir die Saat für eine neue Realität pflanzen können, eine, die uns besser gefällt als die, in der wir vielleicht gerade leben mögen. Es ist unsere Entscheidung, in welcher Realität wir leben – und dank der Allmöglichkeit dieses Kosmos stehen uns *alle* Türen offen.

Wir kommen alle mit bestimmten Potenzialen auf die Erde; ja es existieren alle möglichen Lebensgeschichten wie Paralleluniversen, jederzeit für uns abrufbar und mit jeder Entscheidung wählen wir, welchen Weg unsere Entfaltung nimmt. Je bewusster wir unsere inneren Überzeugungen und Energien ausrichten, desto gezielter können wir uns für das entscheiden, was wir wirklich wollen und so letztlich auch unsere Traumrealität erschaffen.

So sind wir von Himmels Wegen her herzlich dazu eingeladen, alle inneren Widerstände gegen die Liebe loszulassen und unser Licht mit der Welt zu teilen. Wir sind dazu geboren, im Überfluss und in Fülle zu leben – es ist gewissermaßen Gottes Wille, unsere Natur unterhalb aller (Ge-)Schichten einzusehen und bewusst zu wählen, was sich in unserer Realität manifestieren darf. Dabei ist es uns erlaubt – ja sogar von uns gewünscht –, nicht weniger als das Beste für uns selbst zu verlangen, denn nicht weniger als genau das ist es, was wir verdienen. Falls du denkst, dass das aus sonstwas für Gründen nicht auf dich zutrifft, frage ich dich, ob du das gleiche auch von einem neugeborenen Kind behaupten würdest – oder ob du von ihm nicht vielleicht sagen würdest, dass es absolut perfekt, makellos und allen irdischen Glücks würdig sei. Sicherlich sagst du „Doch klar, natürlich ist es uneingeschränkt und bedingungslos liebenswürdig". Gut, wenn das so ist: Warum sollte dieser Anspruch zu irgendeinem Zeitpunkt nicht mehr auf dich oder mich zutreffen? Das ist ja ein absolut absurder Gedanke, auch wenn das Rauschen unzähliger Geschichten versucht, uns etwas anderes nahezulegen. Auch in dieser Hinsicht darfst du mir gerne glauben: Du bist, genauso wie du bist, unendlich wertvoll und uneingeschränkt liebenswert. Du bist nichts anderes als reine, unbegrenzte Liebe und göttliches, strahlendes Licht, egal, was unser rationaler Verstand davon hält. Also verlang bitte nur nach dem Besten für dich. Du verdienst es, glücklich zu sein. Du verdienst es, deine Träume zu leben.

Doch reicht es nicht, sich einfach etwas zu wünschen, um unser Traumleben zu erschaffen – um bewusst zu manifestieren, dürfen wir unser ganzes Selbst mit allen seinen emotionalen, spirituellen, psychischen und physischen Dimensionen auf die Realität ausrichten, die wir erschaffen wollen. Wir müssen das, was wir wollen, regelrecht verkörpern und ergo auch danach handeln und so wortwörtlich zu demjenigen Menschen werden, für den das Ersehnte selbstverständlich und komplett normal ist. Je mehr wir das, was wir uns wünschen, in uns mit jeder Zelle verkörpern, desto natürlicher und schneller wird es sich in unserer Realität zeigen. Das ist tatsächlich kosmisches Gesetz – auch wenn es wie eine Geschichte klingen mag.

Und wie stellen wir das an? Nun, um die ersehnte energetische Signatur unseres Wunsches zu erreichen, gibt es nicht „den einen Weg", sondern eine Vielzahl an Techniken, die wir hier nicht alle durchkauen können. Doch geht es letztlich nicht darum, irgendeine Technik perfekt zu beherrschen, sondern einen Weg zu finden, der *für uns* gut funktioniert, um den entsprechenden inneren Zustand zu erreichen. Vor allem bedeutet es aber immer Loslassen, was uns begrenzt und den immer-präsenten Fluss von Fülle aufhält.

Wenn die innere Arbeit getan ist, steht unserem besten Leben und der Verkörperung unseres höchsten Selbst nichts mehr im Weg. Theoretisch können wir uns dann einfach unsere höchste Möglichkeit auswählen und unser absolutes Traumleben leben.
Doch ist hier wieder so ein Spalt zwischen Theorie und Praxis, denn zweifelsohne hat nicht jeder Mensch die Möglichkeit, das ihm angeborene Recht auf Fülle in jedem Lebensbereich einzulösen. Wir starten ja nicht mit jedem Leben auf einer weißen Leinwand; wir werden ja als Erdmännchen in ein Gehege hineingeboren und da stehen dann vielleicht Zäune, die uns einsperren. Natürlich kannst du innerlich frei sein, aber das Versprechen der Allmöglichkeit scheitert oft an physischen Grenzen. Klar können wir zur schönsten Blume werden – aber nur unter den richtigen Bedingungen. Selbst die prächtigste Saat gedeiht nicht ohne Licht oder Wasser.
Die gesamtgesellschaftliche Ungerechtigkeit erlaubt es manchmal nicht, dass jede:r sich selbst verwirklicht, weil das Glück einiger auf dem Leid anderer gründet. Das heißt nicht, dass Selbstverwirklichung zwingend Leid erfordert – aber in dieser Welt profitieren nun einmal einige extrem von der Ausbeutung anderer. Und ja, die Tilgung dieses Leids würde das Glück mancher verändern.
Natürlich gibt es genug für alle – theoretisch. Die Welt ist Fülle. Jeder Wald strotzt vor Leben. Doch gehört der Wald jemandem und du darfst darin vielleicht keine Beeren sammeln oder ein Reh

streicheln. In der Praxis kann nicht jede:r immer alles haben – und nicht immer ist man selbst schuld, wenn man sich nicht einfach nimmt, was man will. Das ist eine komplexe Angelegenheit.

Wir können die soziale Realität mit all ihren Verstrickungen nicht ausblenden. Chancengleichheit ist oft auch nicht mehr als eine Geschichte; sie ist wie die Version des amerikanischen Traums der Wellness-Bubble. Denn ja, theoretisch ist nichts unmöglich – aber nein, nicht alle haben die gleichen Chancen. Manche Wege zum Ziel sind so weit, dass ein Leben nicht reicht, um sie zu gehen – auch wenn ich niemals ausschließen würde, dass in einem omnipotenten Kosmos Wunder möglich sind. Dennoch bleibt es ein Unterschied, ob du für die Verwirklichung deines Traums ein paar Euros brauchst oder die Revolution deines Staates.

Manifestation ist keine magische Lösung, die systemische Ungerechtigkeiten aufhebt, aber sie kann uns helfen, unsere individuelle Macht innerhalb dieser Matrix zu erkennen und vielleicht Wege zu finden, sie zu durchbrechen – auch für andere, die weniger Privilegien haben. Denn das ist ja immer die Einladung an uns und der Grund, warum wir überhaupt die spirituelle Reise antreten: Um erst uns zu befreien, und dann unsere Nächsten. Schließlich ist niemand wirklich frei, bis wir alle frei sind – weil wir alle eins sind.

Und das sind wir ja wirklich. Wenn das für dich alles nach Hokuspokus klingt, dann sollten wir vielleicht mal einen Blick auf einen Aspekt unserer Realität werfen, den wir noch nicht betrachtet haben – der Kosmos ist ja nicht nur das, was wir sehen.

Die Welt, die wir messen können, also alle Sterne, Planeten, Pflanzen und wir selbst, machen nur einen winzigen Bruchteil der Existenz aus. Die Materie, die wir erfassen können, stellt gerade einmal fünf Prozent des Universums dar. Fünfundneunzig Prozent – und

ich wiederhole das noch einmal – FÜNFUNDNEUNZIG PRO-
ZENT der Bausteine des Kosmos sind uns unbekannt. Wir wissen,
dass es sie geben müsste, weil unsere Berechnungen darauf hin-
weisen, aber wir haben keine Ahnung, was sie wirklich sind oder
wie sie wirklich funktionieren. Knapp dreißig Prozent dieser uns
unbekannten Baustoffe nennen wir „dunkle Materie", ohne die
alle Galaxien auseinanderfliegen würden; sie ist das unsichtbare
Gerüst, ja gewissermaßen der Klebstoff, der das Universum zu-
sammenhält.

Die verbleibenden knapp siebzig Prozent der Baustoffe nennen
wir „dunkle Energie". Sie treibt die Expansion des Kosmos an, als
wäre sie der Motor der Schöpfung selbst. Und doch haben wir weder die eine noch die andere jemals direkt nachgewiesen, schließlich können wir sie nicht messen – doch bedeutet das auch, dass
wir gar nichts mit diesen Bausteinen zu tun haben?

Das ganze Universum, ja unsere gesamte Realität funktioniert
durch Mechanismen, die wir nur in einem Hauch von Bruchstü-
cken begreifen. Und trotzdem tun viele so, als wäre der messbare
Anteil der Materie „die ganze Realität". Doch was, wenn dunkle
Materie und dunkle Energie nur der Anfang einer noch viel tiefe-
ren Erkenntnis sind? Vielleicht sind sie die ersten Hinweise darauf, dass das, was wir Existenz nennen, weit größer, magischer
und lebendiger ist, als wir es uns jemals vorgestellt haben.

Da ich wahrscheinlich seit einigen Seiten eh schon den Großteil
der rationalistischen Leser:innenschaft abgehängt habe, können
wir noch einen Schritt weitergehen. Wäre es nicht ein wilder Gedanke, wenn dunkle Materie und dunkle Energie die eigentliche
Grundlage für Manifestation bilden? Natürlich nur rein hypothetisch betrachtet... [Zwinker-Emoji].

Wenn Manifestation eine Form von kreativer Interaktion mit der universellen Bausubstanz ist, dann könnte dunkle Materie genau die Verbindung sein, über die unser Bewusstsein auf die Realität einwirkt. Vielleicht ist sie die unsichtbare Brücke zwischen Geist und Materie – die formbare Essenz, die auf unsere Intentionen reagiert und in Struktur tritt.

Materie ist ja im Grunde genommen sowas wie Schwingung und Energie in Struktur. Wenn dunkle Materie eine Art roher Baustoff ist, dann könnte Bewusstsein das formgebende Prinzip sein – sowohl das göttliche Bewusstsein für den Aufbau des Kosmos als auch unser menschliches Bewusstsein für die Gestaltungs unseres Lebens. Vielleicht reagiert diese unfassbare Substanz zwar nicht auf physikalische Dinge wie Licht oder Strahlung, sondern auf *Intention* – wie ein gestaltloses Potenzial, das durch eine energetische Ausrichtung geordnet wird, wie wir sie in einer verkörperten klaren Absicht finden. Wenn unser Bewusstsein mit dunkler Materie interagiert, dann wäre Manifestation ein Mechanismus, durch den wir diese unsichtbare „Baustoff-Energie" lenken – nicht durch reines Denken, sondern durch eine tiefe, vibrierende emotionale und geistige Ausrichtung, durch die wir Resonanz erzeugen. Letztlich ist Manifestation ja kein *„Ich wünsche mir etwas und warte"*, sondern das *„Ich werde zu dem, was ich anziehen will"*.

Wir sind ja nicht nur passive Beobachtende einer gegebenen Realität – wir sind Mitschöpfende. Wenn das Universum Bewusstsein ist und wir ein Ausdruck dieses Bewusstseins sind, dann formt sich die Realität natürlich auch durch uns. Und wenn dunkle Materie diese unfassbare Bausubstanz ist, dann ist dunkle Energie ihr Motor, ja die Kraft, die alles in Bewegung setzt. Das würde erklären, warum Manifestation oft mit einem Gefühl von Fluss verbunden ist – weil es nicht nur um das Ding selbst geht, sondern um die

Energie, die es bewegt. Wenn das Universum ein kreatives Bewusstsein ist, dann ist dunkle Energie vielleicht sein Atem – die treibende Kraft, die es wachsen, sich entfalten und Form annehmen lässt. Und wir sind nicht nur Reisende in diesem Kosmos, sondern Architekt:innen des Unsichtbaren: Wir formen das Unsichtbare, weil das Unsichtbare formbar ist.

Aber ja, vielleicht auch nicht, hihi. Das ist zumindest eine schöne Geschichte. Und es ist ja vielleicht gar nicht so weit hergeholt, wenn wir bedenken, dass wir ja maximal an der sichtbaren Oberfläche eines unendlichen Ozeans kratzen, während unter ihr ein unermesslicher Abgrund voller Möglichkeiten wartet, die wir noch nicht einmal benennen können.

Vielleicht ist die größte Hybris auch gar nicht mal, dass wir denken, dass das Universum eine Art riesige, zufällig zusammengewürfelte Maschine ist, sondern dass wir denken, dass man unseren in seiner Substanz mystischen und magischen Kosmos jemals restlos mathematisch beschreiben könnte. Das Rätsel dieser Welt lässt sich nicht in eine Formel packen und auch in keine Begriffe; es lässt sich ja nicht einmal von dem Supercomputer unseres Gehirns begreifen. Es will mit unserem ganzen Dasein erfahren werden.

So wollen wir nicht mehr fragen, was das alles soll, sondern überlegen, was wir wollen, dass das alles soll – schließlich geben wir den Dingen ja ihre Bedeutung und damit haben wir jede Freiheit, uns zu aller Zeit irgendeine andere Geschichte zu erzählen, die uns besser gefällt. Und da wir ohnehin nicht wissen, was hier *wirklich wirklich wirklich* abgeht, könnten wir uns vielleicht die Frage stellen, welche Geschichten wir uns erzählen wollten und sollten, wenn wir zukünftig andere Wirklichkeiten erschaffen wollen.

ZUKUNFTSGESCHICHTE

Systemtanz statt Systemkampf

Wir können unser ganzes Dasein verbringen, ohne uns auch nur einmal dem rätselhaften Wesen unserer eigenen Existenz anzunähern. Wir fügen uns dem immergleichen Trott der Anderen und übernehmen unreflektiert ganze Lebensphilosophien, egal wie unglücklich uns das vielleicht machen mag. Wir begegnen dem Leben nicht in dankbarer Ehrfurcht, sondern ertragen es als zähe, unkreative und ermüdende Abfolge endloser Wiederholungen – als wäre unsere Existenz gar kein Geschenk, sondern etwas, das man absitzen muss, bis es irgendwann endlich vorbei ist.

Für viele erscheint das, was ihnen als Normalität vorgelebt wird, so alternativlos, dass sie glauben, sie müssten sich damit zufriedengeben, anstatt nach Veränderung zu streben. Sowieso herrscht oftmals der Gedanke vor, dass alle Macht für unser Glück in fremden Händen läge; entweder in einer günstigen Laune des Geschicks oder in der Willkür des Systems. Doch ist genau das auch wahrlich kein Wunder: Die Gesellschaft ist darauf ausgelegt, uns systematisch zu entmachten – indem sie uns klein hält, uns Grenzen setzt und uns unsere eigene Handlungs- und Gestaltungsmacht vernebeln lässt, damit andere von unserer Anpassung profitieren können.

Und wir spielen mit. Doch ist die wahre Matrix ja nicht nur das gesellschaftliche System (*buhhh bodenloser Kapitalismus*), sondern die Gesamtsumme aller Geschichten, die wir uns erzählen, unsere gesamte Wahrnehmung der Raum-Zeit und aller anderen Dimensionen, ja des ganzen Kosmos inklusive der „Substanz", aus der wir bestehen (und von der wir nicht wirklich wissen, was sie ist). Unser Ausbruch in die innere Freiheit beginnt, wenn wir Verantwortung dafür übernehmen, wie wir den Dingen Bedeutung geben – etliche Male, jeden einzelnen Tag.

Wir halten die Matrix fleißig am Leben, indem wir ihre Narrative wiederholen und so wieder und wieder die Welt erschaffen, in der wir leben – viel öfter, als es uns vielleicht bewusst ist. Wir tun das jedes Mal, wenn wir uns nicht für die Liebe entscheiden. Wenn wir Fremde als Feind:innen betrachten und vergessen, dass wir in Wahrheit alle eins sind. Wenn wir glauben, wir müssten alles alleine schaffen. Wenn wir Pausen als Faulheit abtun. Wenn wir unsere mentale oder physische Gesundheit zugunsten des BIP vernachlässigen. Wenn wir das gute Geschirr für irgendeinen „besonderen Anlass" aufheben, so als wäre jeder neue Tag nicht schon ein Anlass für ein Freudenmahl. Wenn wir denken, Männer müssten stark sein und wütende Frauen seien „hysterisch". Wenn wir uns vor dem Spiegel zu alt, zu dick, zu dünn oder irgendwie anders nicht als genug wahrnehmen. Wenn wir glauben, dass wir uns Liebe verdienen müssten. Wenn wir so tun, als wären Gefühle eine Bedrohung. Wenn wir „normal" sagen, ohne zu hinterfragen, was als normal gilt und wer das festgelegt hat. Wenn wir die Träume anderer als unrealistisch betiteln. Wenn wir die Möglichkeitsallmacht des Kosmos dadurch einschränken, dass wir potenziell mögliche Dinge für unmöglich halten. Wenn wir das Außen für wahrer halten als unsere innere Führung. Wenn wir vergessen, dass wir Mitschöpfer:innen unserer Realität sind und glauben, wir seien irgendwas ausweglos ausgeliefert. Wenn wir Angst vor unserer eigenen Größe haben und unser Licht lieber dimmen, statt es hell und frei strahlen zu lassen. Wenn wir uns einreden, dass wir nicht würdig seien, das Leben unserer Träume zu leben. Und jedes Mal, wenn wir behaupten, dass das Leben eine Strafe sei und der Weltuntergang unabwendbar.

Ja, wenn ich höre, wie viele Menschen der Zukunft pessimistisch entgegen sehen und uns bereits heute für verloren erklären, kann ich nur in Unverständnis mein hübsches Köpflein schütteln. *Ja, Hallo mein schläfriger Bruder Jakob, die Zukunft ist doch schon per definitionem ein uns unbekanntes Objekt* – zumindest mal rational und linear betrachtet.

Wir nehmen die Vergangenheit als Blaupause für die Zukunft und schlussfolgern, dass es unrealistisch sei, dass die Zukunft wirklich fundamental anders sein könnte, als die Vergangenheit es war. Wir projizieren Erinnerungen in Erwartungen und antizipieren im Unbekannten das Gewohnte und drehen uns und unseren Erfahrungsspielraum damit in unkreativen Kreisen.

Doch können wir wirklich sicher wissen, dass es unumstößlich wahr ist, dass sich nichts in unserer Welt ändern kann, selbst wenn es seit Jahrtausenden gleich läuft? Aus einer materialistischen Perspektive auf die Welt kann man dem sicherlich zustimmen. Doch sieht das von einer spirituellen Warte aus anders aus: Dass die Dinge in der Welt nur die Bedeutung haben, die wir ihnen geben, bedeutet auch, dass wir entscheiden, wie realistisch oder unwahrscheinlich etwas ist. Woher kommt schließlich diese Bedeutungszuweisung, wenn nicht von uns? Wir waren es ja selbst, die definiert haben, was Realität und Wahrscheinlichkeit bedeuten. Und wenn wir denken, dass etwas nicht möglich ist, dann wird der Kosmos (und auch unser Gehirn mit seinem inneren Narrativ) infolgedessen alles tun, um uns diesen Wunsch zu erfüllen.

Wer sich die Geschichte erzählt, dass die Veränderung von Normalität oder die Verbesserung unseres Status' Quo nur jugendlicher Idealismus sei, ja dass sie zu träumerisch oder gänzlich unrealistisch sei, ist immer auch ein Teil des Problems: Denn jeder Unglaube bestätigt und manifestiert die Geschichte von Ohnmacht, die uns im alten System mit seinen alten Paradigmen festhält. Sei bitte keiner dieser Menschen. Um unser aller Himmels Willen – im wahrsten Sinn des Wortes.

Wenn ich eins sicher weiß, dann dass im Unbekannten immer alles passieren kann, schließlich leben wir in einem Kosmos unendlicher Möglichkeiten. Ja, schon allein angesichts dessen erscheint es mir doch einigermaßen töricht, immerzu nur die Vergangenheit auf die Zukunft zu projizieren und immer nur das Schlimmste zu antizipieren, anstatt auch mal all dem Noch-nicht-Gewesenen die Chance zu geben und den Bruch zum Besseren für möglich zu halten.

Die Zukunft darf und kann anders sein als die Vergangenheit. Wir haben ja noch längst nicht alles ausprobiert, es ist ja auch echt noch nicht aller Tage Abend. Und wir stehen ja auch erst am Anfang der Menschheitsgeschichte. Es ist an der Zeit, uns unseren Geist und unsere Freiheit zurückzuholen.

Wir sind die Programmierenden, nicht das Programm. Wir müssen unsere Macht wieder erkennen – alle von uns. Wir müssen aufhören, die Verantwortung für alles nach außen abzugeben. Wir sind für uns selbst verantwortlich, besonders für unser eigenes Glück. Wir können das nicht einem System überlassen, das offensichtlich nicht darauf ausgelegt ist, uns glücklich zu machen – wenn es das wäre, dann wären wir alle längst glückselig.

Doch sträubt sich unsere physische Natur erstmal gegen alle Veränderung – schließlich will sie die Sicherheit des Bekannten nicht aufgeben. Viele Menschen klammern sich beharrlich an die

Überreste des alten Systems und ächzen ein „Früher war alles besser" entgegen dem laut rauschenden Strom der Veränderung. Alles solle „wieder normal" werden, so wie es einmal gewesen sein soll. Doch ist das per se unmöglich und nicht mehr als eine Weigerung unseres begrenzten Egos, die wahre Natur der Dinge anzuerkennen. Veränderung ist kein Fehler im System – sie ist die Natur aller Systeme im Kosmos: Der Wandel aller Dinge ist unser einziges ewiges Schicksal.

Aber unser Ego fürchtet sich vor dem, was es nicht kontrollieren kann, es fürchtet die Veränderung, das Unergründliche, das Wilde, das Unlogische, das Dunkle, das Undurchsichtige, das Geistige, das Spontane – es fürchtet die Yin-Energien in der Welt. Es fürchtet die Erinnerung daran, dass es geatmet wird, die Ohnmacht und den Kontrollverlust. All dem hat unser kollektives Ego durch Überstrukturierung und die extreme Betonung von Yang-Energien gewissermaßen vorgebeugt.

Doch egal wie lange wir noch versuchen, das alte System aufrechtzuerhalten: wir können nicht verhindern, dass sich das Leben unkontrollierbar entfaltet, wild und kreativ – nicht linear und geordnet. Wir können nichts dagegen tun, dass sich für immer alles verändert. Wir können zwar versuchen, uns an irgendwelchen Geschichten festzuhalten, doch wird sich jeder Griff irgendwann lösen müssen und wir werden wieder liebevoll in den Rausch des Wandels gesogen. Und so muss auch dieses System fallen, weil es ausgedient hat.

Wenn das Licht der Vernunft uns in der Frühen Neuzeit aus der Selbstverständlichkeit gesellschaftlicher Gegebenheiten aufklären durfte, dann brauchen wir heute vielleicht keine zweite *Aufklärung*, sondern die gesamtgesellschaftliche *Erleuchtung* in der Strahlkraft einer Atombombe, um uns daraus zu lösen, was wir heute nicht nur als Normalität, sondern überhaupt auch als Realität wahrnehmen (das ist wirklich ausschließlich als Metapher zu verstehen). Und es funkt ja auch schon.

Als ich aufgewachsen bin, war Bio auch noch Abfall und kein Lifestyle. Da hat noch niemand von inneren Kindern gesprochen und auch kaum jemand hat hierzulande Yoga gemacht. Ja, es ist wohl nicht zu verleugnen, dass dieser Tage und Jahre allerhand Traditionen und Werte rasant auf- und umbrechen – und mit ihnen auch unser Verständnis von Normalität.

Wir sind so aufmerksam für Ungerechtigkeit wie nie, uns sind die Dinge einfach nicht mehr egal. Wir übernehmen Verantwortung und schauen nach, welche Geschichten uns Schmerz verursachen und schaffen Raum, um einen anderen, liebevolleren Weg von Dasein zu gehen. Wir hinterfragen, warum Arbeit oft mehr zählt als Leben. Warum wir Status mit Leistung verknüpfen, als gäbe es eine moralische Pflicht zur Erschöpfung. Warum Bildung eine Ware ist, und kein Recht. Warum wir Obdachlosigkeit als gegeben hinnehmen, obwohl genug Wohnraum da ist. Warum so viele Worte, die wir sprechen, Herrschaftsverhältnisse aufrechterhalten. Warum wir Angst vor Fehlern haben, obwohl Lernen ohne sie nicht existieren kann. Wir verändern, wie wir reden und denken, wie wir träumen und wohin wir den ganzen Karren der Menschheitsgeschichte vielleicht lenken wollen. Denn wenn wir so weitermachen wie immer und wenn alles „beim Alten" bleibt, dann können wir wohl die Luft, die uns umgibt, bald nicht mehr atmen.

Irgendwie scheint es ja wohl naheliegend, dass wir als Spezies nur überleben können, wenn wir aufhören, uns weiter in wessen Namen auch immer zu spalten und uns Geschichten auszudenken, die uns beweisen sollen, warum wir so verschieden sind und stattdessen den Gedanken der Kooperation verinnerlichen. Ich finde das auch nicht nur Live-Laugh-Love-hippymäßig richtig und wichtig, sondern schlichtweg logisch. Komplett irrational, sich abzuschlachten. Komplett irrational, sich als kleine Gruppe zu verschließen und nichts global zu regeln.

Das einzusehen bedeutet natürlich, dass man hier und da mal ein bisschen gefordert wird und nachzudenken hat – oder sogar sein Verhalten anzupassen hat. Und dass das viele Menschen extrem nervt, die sich an die augenscheinliche Ruhe ihrer Komfortzone gewöhnt haben, kann ich gut verstehen, nützt aber dennoch halt nichts – schlussendlich ist und bleibt Veränderung die einzige Konstante im Kosmos.

Das ist für einige Nostalgie-Fans vielleicht tragisch, aber kannste machen gar nichts. Statt romantisch der Illusion nachzuhängen, dass bitte alles wieder so wie früher werden möge, könnten wir unsere Energie sinnvoller nutzen und lernen, wie wir mit Veränderung umgehen können und wie wir zum Auge im Sturm werden können, aber gut, wem erzähl ich das.

Die Welt, wie wir sie kennen, wankt. Sie ist müde geworden von ihrem Dauersprint gegen die Zeit, der von Anfang an aussichtslos war. Dominanz, Ausbeutung und Kontrolle einer verzerrten Yang-Energie haben uns ausgelaugt und langsam nicht nur unsere Seelen ausgezuzelt, sondern auch die der Natur. So ist es kein Zufall, dass sich viele Menschen im Westen gerade vermehrt östlichen Lebensphilosophien und -praktiken zuwenden, die ja teils in scharfem Kontrast zu unseren westlichen Geschichten stehen: Wir beobachten hier die Konsequenz eines Selbst- und

Weltverständnisses und der damit einhergehenden Lebensweise, die ihre Re-Balancierung fordert.

Wir wenden uns gen Osten, weil „der Osten" keine so radikal-rationalistisch geistesgeschichtliche Epoche der Aufklärung durchlebt hat, wie der Westen. Es gibt dort selbstredend Rationalität, doch blieb diese anders als im Westen meist in eine größere Balance zwischen Logik, Tradition, Mystik und Ethik eingebettet – sie blieb in ihrem Werkzeug-Status und wurde nicht als All-Prinzip herauskristallisiert und zur Doktrin erhoben wie im Westen. Damit ist die Yang-Energie im Osten nicht derart verzerrt worden wie im Westen.

In Folge spricht aus vielen östlichen Traditionen ein ganz anderer Umgang mit Mensch und Kosmos; es herrscht keine derartige Trennung von den Yin-Energien und damit auch von allen Aspekten des Unsichtbaren, nicht Bestimmbaren, Unmittelbaren, ja des Geistes und des Glaubens (wenn auch es freilich in allen Traditionen irgendwelche Schatten-Aspekte gibt).

Genau das ist dann ja auch der Grund dafür, dass die „aufgeklärten" Europäer:innen das östliche Denken als rückständig dargestellt haben. Doch ist es nicht etwa rückständig und „weniger rational", sondern nur weniger fanatisch-rationalistisch. Im Unterschied dazu haben wir uns mit dem Geist der Aufklärung so absurd von unserer eigentlichen Natürlichkeit und Menschlichkeit weg-zivilisiert, dass wir eine saftige Sinnkrise in unseren Seelen mit uns rumschleppen, durch die wir innerlich ausbrennen. Ganz so, als wären unsere Wurzeln etwas, zu dem wir unbedingt Distanz schaffen müssten, sofern wir Halt im Rad des Seins finden wollen.

Die Abgrenzung des Westens gegen „alle anderen" und seine Identifikation mit der eigenen Idee von Künstlichkeit gibt uns

Ausdruck von der Angst des Menschen vor seiner eigenen Natur, ja des Unbestimmten in sich selbst, dem die Zählung und damit restlosen Bestimmung aller Dinge durch die Naturwissenschaften entgegenwirken sollte. Man hat versucht, das Mysterium des Kosmos zu tilgen, dabei ist dieses Mysterium nichts, das entschlüsselt werden will – *es will erfahren werden*.

Wir brauchen keine Angst vor dem Unbekannten und dem Unerkennbaren zu haben. Im Gegenteil. Wir dürfen uns mit dem Unbekannten anfreunden, und das nicht dadurch, dass es uns bekannt wird, sondern dadurch, dass wir die Spannung zum Nichtwissen aushalten und das Rätsel lieben lernen, das unser Dasein einhüllt und auskleidet. Schließlich ist es der Bodenbelag für unsere Existenz, ja der Estrich, mit dem die Idee unseres menschlichen Lebens ausgegossen ist.

Es geht also nicht darum, die Welt wieder zu verzaubern, sondern darum zu erkennen, dass die Welt niemals entzaubert war, weil man sie nicht entzaubern kann. Niemand kann den Rätselcharakter tilgen, keiner kann den Glitzerstaub aus den Rillen des Fußbodens wegsaugen, weil er der Struktur des Grundes eingeschrieben ist.

Statt also der Illusion einer möglichen Beherrschung unserer Selbst zu verfallen, ganz so, als hätten wir uns selbst erfunden, mögen wir demütig vor dem gewaltigen Gebirge des Nicht-Wissens um den Grund der letzten Dinge auf die Knie gehen – in tiefer Einsicht, dass wir den Sturm der Veränderung nicht bändigen können.

Vielleicht hat mein Opa auch genau das weise eingesehen, wenn er immerzu sagte „*Nützt ja all' nichts; kannst nichts machen; so ist das Leben*": Dass er sich dem Kosmos und seiner Funktionsweise einzig und allein widerstandslos hingeben kann. Wir können nur dadurch zum Auge im Sturm werden, wenn wir uns vollends ohnmächtig der höheren Macht im Universum anvertrauen. Und das sei uns geraten, schließlich geht es um alles, was wir haben und sind – denn auch wenn uns unser eigenes Leben im Angesicht aller Unendlichkeit wie ein unwirklicher nichtiger Wimpernschlag vorkommt, so bedeuten diese Momente für uns doch immer unsere eigene kleine Ewigkeit.

Um uns eine funktionalere Zukunftsgeschichte zu erzählen, müssen wir nicht einmal der „alten Welt" den Krieg erklären, denn wenn wir versuchen, dieses „alte System" zu *bekämpfen,* dann setzen wir verzerrte Yang-Energie gegen verzerrte Yang-Energie und erzeugen, na rate mal: mehr verzerrte Yang-Energie.

Kämpfen wir gegen das System, bleiben wir im Kampf gefangen – schließlich wächst immer das, worauf wir unseren Fokus richten. Ein Problem durch eine Herangehensweise seiner eigenen Frequenz lösen zu wollen, wird uns immer auf genau dieser Ebene festhalten. Die Lösung liegt immer in einem anderen Bewusstsein auf einer höheren Frequenz – so wie man den zweiten Horizont erst sieht, wenn man über den ersten hinaus blickt. Wenn wir das System verändern wollen, dann dürfen wir Yin-Energie einsetzen; nicht, um das Alte zu bekämpfen, sondern um das Neue zu schaffen. Wir brauchen das System also nicht zu ficken, wir dürfen mit ihm Liebe machen. Denn wenn du das System fickst, dann fickt es dich. Wenn du mit dem System Liebe machst, dann macht es Liebe mit dir.

Jesus hält ja auch die andere Wange hin und vergilt nicht Auge um Auge und auch nicht Zahn um Zahn. Man bekämpft Hass nicht mit Hass, sondern man befriedet Hass mit Liebe – sie ist das Prinzip, das alle Dualität transzendiert. Durch diese Transzendenz können wir über die Grenzen des Gewohnten hinausgehen. Wir brauchen einen Systemtanz als Liebesakt und nicht noch einen Systemkampf.

Statt im endlosen Kampf gegen das, was uns schadet, unsere Energie in destruktive Widerstände zu stecken, könnten wir sie nutzen, um aktiv neue Lösungen zu erschaffen – um bessere Geschichten zu schreiben, die unser Miteinander und unsere Welt nachhaltig transformieren.

Indem wir unsere Perspektiven ändern, unsere inneren Narrative neu gestalten und so das Positive, als das, was wir wirklich wollen, in den Vordergrund rücken, können wir das System von innen heraus entzerren – so als wandelten wir die heiße, brodelnde Energie des Konflikts in eine sanfte, transformierende Kraft um, die nicht nur uns innerlich abkühlt, sondern letztlich auch die Atmosphäre. Dann könnten wir und alle Eisbären erleichtert durchatmen und endlich wieder hart chillen.

Natürlich ist friedlicher Widerstand irgendwie ein Privileg, doch geht es nicht darum, dass man sich nicht mehr wehren darf, wenn's wirklich hart auf hart kommt. Es geht darum, welche Geschichte uns motiviert und in welchem Narrativ wir leben: Bekämpfen wir den Krieg oder setzen wir uns für den Frieden ein? Es ist ein Trugschluss zu glauben, dass nur Kämpfe zu einer Verbesserung führen können, schließlich ist Frieden höchst aktiv – er ist viel mehr als das bloße Unterlassen von Krieg.

Das eigentliche Problem liegt in der Vorstellung, dass wir denken, der Umwelt oder anderen Menschen helfen können, indem wir uns in Wut oder Trauer stürzen. Zu viele Menschen zerstören sich selbst, indem sie meinen, sie könnten irgendwie helfen, indem sie mitleiden, als gäbe es einen geheimen Schmerz-Olymp, bei dem man moralisch gewinnt, wenn man am meisten leidet. Dass geteiltes Leid halbes Leid ist, bedeutet, dass es hilft, wenn wir unser Leid aussprechen und uns jemandem anvertrauen – wenn allerdings zwei leiden, haben wir doppeltes Leid.

Man sieht es in den Augen der Verbissenen, die unter dem Deckmantel der Fürsorge für irgendetwas gegen augenscheinliche Missstände kämpfen und dabei vor allem sich selbst bekämpfen. Diese Kämpfe sind oft die Projektion eines inneren Konflikts, der unter dem Vorwand einer äußeren Rettung geführt wird, um sich selbst nicht mit der eigenen inneren Not auseinanderzusetzen.

Doch bringt es absolut niemandem irgendetwas, wenn wir uns selbst quälen, um unser Dasein zu legitimieren. Was wir brauchen, sind keine weiteren Kämpfe, sondern Verständnis, Liebe, Gemeinschaft, Miteinander und Unterstützung – keine Frustration, Hass, Stress oder noch mehr Angst.

Wenn wir wollen, dass es der ganzen Welt besser geht, dann müssen wir dafür sorgen, dass es den Menschen besser geht. Denen wird es aber nicht besser gehen, wenn sie weiterhin im Außen nach der Medizin suchen, die nur im Inneren zu finden ist. Die (Heilungs-)Reise in unser Innerstes ist ein zentraler Schritt in Richtung unserer inneren Freiheit – und letztlich auch in Richtung Weltfrieden, schließlich verursachen wir automatisch weniger Leid anderen gegenüber, wenn wir die Illusion der Separation überwinden und die Kraft der Liebe in uns erwecken.

Doch wirft man uns manchmal vor, dass uns gesellschaftlich Relevantes egal würde, wenn wir erstmal uns selbst heilen und raunt uns das klassische „Check your privilege" zu, wenn wir uns erlauben, trotz der aktuellen Weltlage oder gar unserer eigenen Narben Glück, Fülle, Leichtigkeit oder Wachstum zu erfahren – so als wären wir dazu verpflichtet, unsere Freuden zurückzuhalten, um dem Leid in der Welt gerecht zu werden. Ja, es mag uns inmitten aller Missstände falsch erscheinen, in innerem Frieden zu leben. Doch hindert uns gerade dieser Trugschluss daran, das zu tun, was wirklich wirkt: Wenn wir zunächst den Krieg und das Leid in uns selbst beenden, schlägt das enorme Wellen, weil wir unseren ganzen Mist dann nicht mehr ins Außen projizieren, schließlich ist die Welt ein Spiegel und wird automatisch friedlicher, wenn wir selbst in Frieden sind.

Wenn wir in unserer eigenen Kraft und Freude stehen, können wir nicht nur klarer und mitfühlender handeln, sondern auch als lebendes Beispiel dienen, dass Veränderung möglich ist. Das wahre Geschenk, das wir der Welt machen können, ist nicht unser Leiden, sondern unser Licht – weißt du, wie viel Dunkelheit schon von einem winzigen Teelicht erhellt werden kann?

Wenn wir uns erlauben, die Liebe des Kosmos anzunehmen, dann helfen wir der Welt damit mehr, als wir denken. Also zünde bitte dein Licht an, falls du es noch nicht getan hast. Wir brauchen dich hier. Wir wollen dich hier, mit allem, was du bist.

Deine eigene Geschichte schreiben

Um einen entschlossenen Schritt Richtung einer lichtvolleren Zukunft zu gehen, ist es an der Zeit, die Yin-Energien aus ihrem Archiv zu erlösen. So sind wir alle herzlichst eingeladen, das weiß gewordene Yin- und Yang-Zeichen in unseren Herzen wieder mit Schwarz aufzufüllen, mit den geistigen, ungreifbaren, flüssigen, mystischen Energien dieses Universums. Dafür wollen wir beide Hände fest in den Bruch des Systems stecken, durch den das Andere, Neue sich blitzhaft zu erkennen gibt, und ihn mit unserer ganzen schöpferischen Kraft aufreißen, sodass all das Licht durch uns in die Welt strömen kann, das seit jeher in seiner Reserve darauf wartet, zu expandieren und heimzukehren.

Dieser nie versiegende Yin-Strom von Fülle und Liebe, diese urkreative kosmische Schöpfungskraft, sprudelt in allen von uns. Sie ist der Ozean, aus dem alle Ströme des Seins entspringen, die uns nähren und tragen. Sie ist das Webmuster der Wirklichkeit, das uns verbindet, uns durchdringt und uns in einen Tanz mit allem, was existiert, führt. Sie ist die Energie, die uns wieder mit der Erde verbindet, mit ihrem Herzschlag, mit ihrer Weisheit, die älter ist als jede Zivilisation. In ihr sind die Antworten auf alle Fragen, nicht in Form kühler Berechnungen, sondern als lebendige Erkenntnisse, die uns spirituell zufließen. Sie lehrt uns zu empfangen und Verbindungen zu nähren, untereinander und zu Gott. Sie bringt nicht nur Zusammenhalt, sondern auch Heilung – denn sie ist das Gegengift zur Trennung, zum entfremdeten Dasein, zur Kälte einer Welt, die sich selbst nicht mehr fühlt. Sie erschafft und transformiert, lässt aus der Dunkelheit das Licht wachsen, aus der Asche den Neubeginn emporsteigen und aus der Stagnation den

Tanz des Werdens wirbeln. Sie kann alles in uns heilen, nicht durch Kampf, sondern durch Hingabe, nicht durch Kontrolle, sondern durch Vertrauen. Und sie hilft uns, die Dunkelheit zu transzendieren, nicht indem sie sie verdrängt, sondern indem sie sie umarmt und in neue Schönheit verwandelt. Und all die Dunkelheit ist all der Raum, in dem das Licht gehalten werden kann.

Um die Yin-Energie wieder in der Welt zu entfesseln, müssen wir sie in uns entfesseln, da ist ja diese Sache mit dem Spiegelcharakter. So wollen wir die noch vorherrschende Überbetonung des Yang mit einer *Wieder*betonung des Yin *ausgleichen* – aber nicht ersetzen. Wir wollen die Ratio mit Emotio entzerren, nicht überschreiben, denn es geht nicht darum, unseren rationalen Verstand hinter uns zu lassen und nicht mehr nachzudenken. Es geht nicht darum, in unserer Evolution rückwärts zu gehen und nur noch aus dem Affekt zu leben. Genau das Gegenteil ist der Fall: Es geht um ein differenziertes, ruhiges, feinfühliges Fühlen. Der Weg führt also nicht hinter die Ratio, sondern darüber hinaus und durch sie hindurch. It's time to make rationality rational again. Eine rationale Rationalität hält sich selbst in Zügeln aus Einsicht in ihre Begrenztheit. In einer rationalen Rationalität unterdrückt das Yang das Yin nicht. Es hält den Rahmen für die kreative Entfaltung des Yin. Es kontrolliert nicht; es sichert den Raum, in dem die Dinge sich erschaffen, so dass das Yin unbeschwert tanzen kann und erreicht genau dadurch die Befriedigung seiner Bestimmung, genau wie das Yin.
Fragt sich freilich, wie wir die Yin-Energien in unserem Leben stärken können. Nun, wir sind eingeladen, uns mit der Quelle der göttlichen Urkraft in uns selbst wieder zu verbinden und unser Leben von unserer Intuition und unserem Herzen statt unserem Ego

leiten zu lassen. Das ist alles andere als irrational, denn in Wahrheit ist unsere Intuition das Unbestechlichste der Welt – während gerade die Rationalität uns oft dazu verführt, uns in Sackgassen zu verrennen. Deshalb dürfen wir uns dafür öffnen, das Leben nicht nur durch Logik zu erfahren, sondern auch unsere anderen Intelligenzen zu entfalten. Wir dürfen uns unserer emotionalen Intelligenz zuwenden, schließlich gleicht sie derzeit weltweit einer Großbaustelle. Doch tragen wir dankenswerterweise nicht nur unsere inneren Baustellen in uns, sondern auch unsere höchsteigenen Schaufeln und Bagger, mit denen wir sie zu größerer Funktionalität für unser bestes Leben umgestalten können.

Frieden und Heilung warten auf uns – nicht als ferne Ziele, sondern als Wege, die wir beschreiten können. Und wir müssen sie nicht alleine gehen: Es ist völlig legitim und heilsam, uns Unterstützung zu suchen, sitzen wir am Ende schließlich alle im selben Boot. Gerade deswegen wollen wir unser Miteinander wieder stärker in den Fokus rücken, unser Gefühl von Gemeinschaft nähren, uns weniger vergleichen, die Konkurrenzkämpfe aufgeben und uns an unseren inhärenten Wert erinnern. Doch geschieht Heilung nicht nur im Geist, sondern auch im Körper: Wir sind eingeladen, wieder ins Spüren zu kommen und unseren Körper nicht als bloßes Instrument, sondern als lebendigen Ausdruck unseres Seins zu erfahren. Durch achtsame Bewegung, Atmung, Berührung, Tanz und Gesang können wir uns mit uns selbst verbinden und alte, tief gespeicherte Spannungen sanft lösen, die unser Verstand zwar längst vergessen hat, unser Körper jedoch hellwach erinnert. So dürfen wir ihm lauschen lernen, ihm vertrauen und ihm die Zeit geben, sich auf seine eigene Weise zu heilen.

Gleichzeitig sind wir eingeladen, Glauben nicht mehr als Gegensatz zu Wissen zu verstehen, sondern beide als zwei Facetten einer

Wahrheit anzuerkennen. Es gilt, die Vielfalt und Einzigartigkeit aller Dinge zu ehren, ohne darüber die zugrundeliegende Einheit aus dem Blick zu verlieren. Wir dürfen lernen, anders mit den Dingen umzugehen, unsere Perspektive zu weiten und weniger hierarchisch, weniger kontrollierend oder instrumentell mit allem zu verfahren – und allgemein in einer solchen Manier zu handeln. Alles kann mehr sein als bloß ein Mittel zum Zweck – es darf vielmehr Ausdruck eines lebendigen Miteinanders sein.

Statt immer nur zu machen, dürfen wir einfach sein – statt nur zu reden, dürfen wir mehr lauschen. Statt auszugrenzen und gnadenlos zu canceln, dürfen wir Dialoge suchen, die auf Verständnis und Mitgefühl basieren, nicht auf Wettbewerb und Rechthaben-Wollen.

Es liegt an uns, unsere Werte bewusst zu reflektieren und neu auszurichten – uns zu fragen, was uns wirklich wichtig ist, und dann auch entsprechend zu handeln. Wir haben die Möglichkeit, das ständige Streben nach einer nie erreichbaren Zukunft loszulassen und uns in der reinen Erfahrung des Hier und Jetzt zu verwurzeln. Dabei können wir unsere Zeit bewusst mit Tätigkeiten füllen, die keinem wirtschaftlichen Zweck dienen, sondern allein unserer spielerischen Freude.

Die Kunst darf ihre Käfige verlassen – Museen und Werkstätten hinter sich lassen – und ins Alltägliche zurückkehren. So wird der Alltag zum Ort des gerade-noch-Außeralltäglichen und wir selbst erkennen uns wieder als schöpferische Wesen, die ihren eigenen Ausdruck gestalten.

Wir dürfen uns auf die Alltagsmagie einlassen und wieder das Heilige im Profanen erkennen. So mögen wir unser Leben von allem befreien, was seinen Zauber verschleiert und erkennen, dass Magie und Rationalität keine Gegensätze sind, sondern verschiedene Blickwinkel auf dasselbe Wunder. In Demut und Ehrfurcht vor dem Mysterium des Lebens möchten wir nebst aller Entschlüsselung unserer Wirklichkeit auch der Unergründlichkeit ihren Raum geben und so dem Leben erlauben, uns zu überraschen.

Wir sind dazu ermutigt, in einen Dialog mit dem Unsichtbaren und Nicht-Messbaren zu treten und unseren Geist für das zu öffnen, was jenseits unserer gewohnten Grenzen liegt.

Wir dürfen lernen, uns dem Leben hinzugeben, statt es kontrollieren zu wollen – zu erkennen, dass wir nicht gegen den Strom schwimmen müssen, sondern von einer größeren Intelligenz getragen werden, schließlich folgt der göttliche Geist, von dem wir ein untrennbares Fraktal sind, seiner eigenen Weisheit. Indem wir uns dem Vertrauen öffnen, dass das Leben für uns geschieht, können wir mit mehr Leichtigkeit, Gelassenheit und Freude durchs Dasein gehen und so eine Welt mitgestalten, die uns nicht mehr bekämpft, sondern trägt.

Wir sind eingeladen, nicht nur zu geben, sondern auch bewusst zu empfangen – uns für das zu öffnen, was uns das Leben schenken möchte, ohne sofort in die Pflicht zu geraten, es erwidern oder rechtfertigen zu müssen. Wir sind eingeladen, uns den Zyklen des Lebens anzuvertrauen, den Phasen von Werden und Vergehen, von Licht und Dunkelheit und so zu verstehen, dass nichts im Universum in geraden Linien verläuft – und dass das gut so ist und nicht bedrohlich. Wir dürfen unser Ego verständnisvoll umarmen und endlich Frieden mit der Realität schließen.

Ja, wer weiß, vielleicht können wir durch derlei Wiederbelebung des Yin in der Welt ein neues System erschaffen, das eine ganz andere Logik haben könnte, als sie unsere derzeitige Welt prägt. Vielleicht könnten wir es so schaffen, die dauerhaft klingelnden himmlischen Erinnerungs-Glocken zu hören und aus unserem spirituellen Tiefschlaf zu erwachen. Und vielleicht geschieht das ja auch schon. Menschen haben sich durch die Zeit schon immer ihrer kosmischen Natur erinnert, doch beobachten wir dieser Tage tatsächlich ein kollektives globales Erwachen zu einem neuen Selbst-Bewusstsein aus dem Tiefschlaf der Illusion aller Geschichten, die wir uns über unser Menschsein erzählen. Es trifft ja sogar so überzeugte Atheist:innen wie mich.

Vielleicht beginnt gerade tatsächlich etwas Neues, wer weiß. Es gibt einige Menschen, die diese Geschichte des New Age erzählen – also die Vorstellung, dass die Menschheit sich gerade in einer Transitionsphase zu einem neuen, liebe- und lichtvollen Zeitalter befindet. Ganz so unplausibel ist das alles auch gar nicht, wenn man bedenkt, dass die Geschichten vom zyklischen Verlauf unserer Zeitalter und Zivilisationen keine neuen Ideen, sondern uralte, fast zeitlose Konzepte sind. Die Hippies waren ja nicht die ersten, die ganz bestimmte Antworten auf die Fragen danach gefunden haben, was der Kosmos ist und was der Sinn des Lebens – die haben höchstens 'n paar Blümchensticker draufgeklebt.

Allerdings weiß ich nicht, ob wirklich gerade ein neues Zeitalter anbricht. Das kann ich dir vielleicht in hundert oder auch tausend Jahren sagen – also könnte ich, wenn ich nicht viel früher schon sterben würde, zumindest in dieser physischen Form. Doch hört sich die Geschichte eines besseren Zeitalters für mich ziemlich funktional an. Ich glaube nicht, dass man der Zukunft zu hoffnungsvoll entgegenblicken kann – in jedem Fall endet diese Phase erst, wenn wir kollektiv erkennen, dass wir die Geschichten, die wir uns über uns selbst erzählen, aktiv verändern müssen. Wir müssen verstehen, dass wir auf keinen Wandel von außen warten können, sondern ihn jetzt hier und heute verkörpern müssen. Es gibt ja ohnehin kein Außen.

Vielleicht brauchen wir auch noch ein paar Wunder dafür, dass es besser wird, aber ich glaube auch, dass wir solcher Wunder längst fähig sind. Und wenn du keine Hoffnung hast, leih' ich dir meine – ich hab mehr als genug davon. Die Welt, in der wir leben, ist ja ein Produkt unseres Bewusstseins und da ist immer in Expansion, nur mal schneller, mal langsamer. Ohnehin ist die ganze Schöpfung bereits vollendet – alles, was hier geschieht oder geschehen könnte, existiert ja bereits. Schließlich ist unser Kosmos unendlich und enthält bereits jetzt in diesem Moment alle Möglichkeiten auf alles jemals. Wir entscheiden, in welcher dieser Möglichkeiten wir leben wollen, im Himmel oder der Hölle auf Erden. Wir machen die Regeln für das Erdenspiel.

Was wäre, wenn es wirklich einen Grund dafür gäbe, warum sich moderne und uralte Mystiker:innen (und schließlich auch ich) die gleiche Geschichte darüber erzählen, was das alles hier ist und soll? Es weisen ja schon tausend Jahre alte mystische Traditionen aus unterschiedlichsten Kulturen und Epochen trotz aller sprachlichen und kulturellen Unterschiede auf denselben Kern von Wahrheit hin. Sie sprechen in Bildern und Symbolen, die sich zwar unterscheiden, doch letztlich stets auf eine gemeinsame Essenz verweisen. Ob in jüdischer, christlicher oder islamischer Mystik, in den vedischen Texten, in den Überlieferungen vieler indigener Völker oder anderen spirituellen Ideensystemen – es ist, als würde jede Tradition auf ihre Weise versuchen, ein und dasselbe unaussprechliche Mysterium zu umkreisen. So als schlummerte wahrlich und ganz wahrhaftig in jedem einzelnen Menschen, ganz unabhängig von Raum oder Zeit, die gleiche Essenz derselben universellen Wahrheit: Das Licht als Ursprung allen Seins, die untrennbare Einheit allen Lebens, die alles durchdringende Liebe und die tiefe Sehnsucht nach der Rückkehr zu einer ursprünglichen, göttlichen Quelle. Was wäre, wenn diese Wahrheit auch in dir schlummert?

Glaub's mir oder nicht: Das Leben ist eine spirituelle, geistige Reise. Wir leben nicht in Materie, sondern *in* und *als* Bewusstsein. Deshalb sind die Beziehungen, die du zu deinem und zum göttlichen Bewusstsein hast, die wichtigsten Beziehungen deines Lebens. Alles hängt von deinem Bewusstsein und deiner Wahrnehmung ab – nicht nur, weil die Geschichten, die du dir erzählst, bestimmen, wie sich etwas für dich anfühlt, sondern auch, weil dein Bewusstsein bestimmt, was dir in deinem Leben geschieht.

Auch wenn ich es wirklich nie-nie-nie-niemals gedacht hätte, läuft hier sowas wie 'ne Art interaktives, dreidimensionales Videospiel des göttlichen Geistes nicht nur mit uns, sondern *als wir* ab. Eine große Abenteuerreise der Heimkehr zur Einsicht in unsere Vollständigkeit und der puren Liebe.

Alles in dir wartet seit jeher genau und nur darauf, zu dieser Einsicht aufzuwachen, ja alle Wahrheit will hier und jetzt von dir als Erinnerung empfangen werden.

Doch egal wie sicher ich mir dieser Umstände bin: Bevor du mir einfach glaubst, bitte ich dich, dich deines eigenen Verstandes zu bedienen und dich selbst auf die Reise nach deiner eigenen Wahrheit zu begeben. Wirklich von der Matrix emanzipieren können wir uns schließlich nur, wenn wir den Mut aufbringen, uns die Welt eigenständig zu erschließen.

In diesem Prozess darfst du getrost alle Bücher zuklappen und das Handy weglegen, um sodann in einen Dialog mit dem Leben selbst zu treten, so als wärst du gerade erst geschlüpft und hättest niemals ein menschliches Wort gehört.

Freilich ist es nicht möglich, sich bis in den Mutterleib zurück zu dekonditionieren – doch wäre das wohl auch wenig zielführend. Viel eher geht es darum, alles, was du bereits weißt und gelernt hast, unter einer neuen Perspektive zu integrieren und mit einem frischen Blick – falls nötig – neu zu bewerten. Du darfst überwinden, was dich auf deinem Weg in Richtung innerer Freiheit aufgehalten hat, und diejenigen Geschichten umschreiben, die dich einengen. Du hast jetzt und hier und heute das Recht dazu, zu entscheiden, wer du bist. Niemand kann dir deinen Wert oder deine Würde nehmen oder dir ein Label aufkleben, dem du nicht zustimmst. Auch wenn andere dir ein Menschenleben-Stickeralbum ins Regal stellen, hast du jede Freiheit, es nicht zu beachten. Du entscheidest, wer und was du bist. Du schreibst deine eigene Geschichte. Also nimm den Stift in die Hand – sonst macht es jemand anders für dich.

Du darfst das hier als liebevollen Weckruf verstehen, so richtig ins eigene Leben einzusteigen, ja, so richtig mitzumachen und es als den ko-kreativen Prozess zu verstehen, der es ist. Also trau dich und sei mutig. Denn Bruder, Schwester, Geschwisterkind, ich schwöre dir bei allem, was mir heilig ist (und das ist ne Menge): Alles kommuniziert unaufhörlich mit uns und das Universum wartet nur darauf, dass du mit ihm in den Dialog trittst. Es liegt an uns, den entsprechenden Sender einzuschalten und hinzuhören.

Also sprich ruhig mal 'n bisschen mit Gott. Unser innerer Kirchenraum, unser eigener innerer Tempel, ist ja immer nur einen Gedanken weit entfernt, egal, wo du gerade bist. Es gibt keinen Ort, an dem Gott nicht zu erreichen wäre, du musst dafür keine vermeintlich heiligen Hallen betreten. Du kannst auch beim Müll rausbringen, Pickel ausdrücken oder sogar vom Klo aus beten, schließlich verbinden wir uns im Gebet nicht mit einer Kraft außerhalb von uns, sondern mit dem göttlichen Funken in uns selbst. Wir rufen niemanden im Himmel an, sondern holen den Himmel in uns hervor. Gott sieht uns nicht von außen, sondern von innen, weshalb sie freilich all unsere Gedanken hört – denn letztlich sind wir selbst ja Gott und damit alles, was es gibt, ob wir uns dessen bewusst sind oder nicht.

Wenn wir den Weg ins Innere gehen und uns der Schöpfung demütig anvertrauen, dann verspreche ich dir, dass sich dein Leben verändern wird – der Kosmos liebt es, wenn seine Schäfchen nach Hause kommen. Das Universum will nichts lieber, als dass du zu deiner Schöpfungsmacht erwachst und dir erlaubst, dein eigenes Schicksal zu schreiben – und das nicht irgendwie, sondern auf die bestmögliche Weise, schließlich liebt es dich unendlich und will dir alles schenken, was du dir ersehnst. Ja, tatsächlich will dir der Kosmos sogar viel viel mehr geben, als du dir jemals erträumen könntest. Infolge unserer Konditionierung neigen wir allerdings dazu, chronisch zu unterschätzen, was wir verdienen oder was wir alles erreichen könnten, können wir ja nie das ganze Spektrum der möglichen Dinge überblicken, in die unsere Seele Einsicht hat.

Wenn wir also unsere allerallerhöchsten Möglichkeiten leben wollen, dann sei es uns geraten, uns nicht einfach irgendein Leben zu manifestieren, sondern die Führung hingebungsvoll und demütig an unser höchstes Selbst und das allgütige göttliche Geschick abzugeben. Wenn wir der göttlichen Führung blind vertrauen, dann wird sich uns *immer* der nächste Schritt zum höchsten Glück offenbaren – das ist es auch, worauf der Narr vertraut, wenn er voller Leichtigkeit in tiefer Versunkenheit an der Klippe entlang schlendert. Er weiß, dass er gar nicht fallen kann, weil der Kosmos ihn führt. Doch ist Gott immer nur so stark, wie unser Glaube an ihn stark ist. Unser Glaube, unser Bewusstsein und unsere Wahrnehmung bilden die Brücke zwischen Möglichkeit und Unmöglichkeit, zwischen Potenzialität und Tatsächlichkeit in der dreidimensionalen Welt.

Ohne den Glauben an Wunder können wir keine Wunder erfahren: Wir müssen bereit sein, auf das Unsichtbare und Ungreifbare zu vertrauen, statt an Materie und Logik zu glauben – unsere Vorstellungskraft ist wichtiger und wirksamer als unsere sinnliche Wahrnehmung.

Schon komisch alles. In der Tat funktioniert das Leben in vielerlei Hinsicht regelrecht gegenteilig zu dem, was man uns erzählt hat. Ich dachte, dass die Geschichten, die wir uns erzählen, schon irgendwie nahe an dem sind, was abgeht. Ja, das stimmt wohl nicht. Und ich will ehrlich mit dir sein: das hätte ich alles wirklich niemals für möglich gehalten. Ich hätte nicht gedacht, dass das Leben wirklich das ist, was es mir derweil zu sein erscheint. Ich hätte jemanden für verrückt erklärt, der mir erzählt hätte, dass das Leben so magisch ist, wie es ist. Ich nehm's dir wirklich nicht krumm, wenn du mich auch für verrückt erklärst. Doch zu deinem eigenen Wohle sei dir folgendes ohne jedweden Druck und mit vollstem Wohlwollen nahegelegt:

Respektier die Möglichkeit von Magie, gib dein Recht-Haben-Wollen auf und nimm deine Ohnmacht an. Kultiviere Dankbarkeit, Zuversicht, Entschlossenheit und Vertrauen. Übe dich in Hingabe an Gottes Liebe als die einzige Wahrheit und Substanz im Kosmos. Brich von Tag zu Tag mit jeder Entscheidung aus der Matrix aus und wähle statt Separation immer wieder die Liebe, in allem, was du tust, denkst und fühlst. Erlaube dem Leben, dir zu zeigen, wie schön und magisch es sein kann. Denn mal ganz unter uns: Was spricht dagegen, nicht mal einen Schritt ins Abenteuerland zu wagen? Wenn du schon das riesige Privileg genießt, Gestaltungsmöglichkeit über dein Leben zu haben, warum solltest du sie dann nicht auch nutzen? Wenn schon, denn schon, oder?

Was dir schlimmstenfalls passieren kann, wäre eine Erfahrung mit dem Leben, die anders ist als das, was du kennst. Und vielleicht ist das ja eine richtig gute Erfahrung. Ich weiß ja nicht, wie es dir geht, aber ich hab Bock auf ein richtig richtig geiles Leben, kein vernünftiges. Außerdem darf man in manchen Zeiten ruhig riskieren, von den richtigen Menschen als verrückt bezeichnet zu werden. Lass dir von Menschen, die in einem Universum unendlicher Möglichkeiten leben und in Beschränkungen denken, nicht erzählen, was möglich ist und was nicht. Sei kein Erdmännchen, sei ein Adler. Oder halt eine Eule, der Weisheit wegen. Ach, weißt du was? Sei einfach du selbst. Das ist das Allercoolste und Rebellischste, was du in einer gleichförmigen Welt tun kannst. Denn solange als Norm gilt, was jetzt gerade als solche gilt, solange ist die Bezeichnung „*ver-rückt*" – im Sinne einer Distanz zu dieser Norm – immer ein Kompliment. Das sind doch sowieso alles nur Geschichten. Bist du in diesem System noch ein Dämon, bist du im Neuen schon ein Engel.

Wenn ich es nicht greifen kann,
das große Rätsel,
hinter allem Sein und auch allem Nicht-Sein,
wenn ich also nicht verstehe, warum,
dann kommt mir alles magisch vor.
Und wenn ich es nie greifen können werde,
und das für immer so bleibt,
bis in alle Ewigkeit –
oder zumindest meine Lebenszeit,
dann ist das Unverstehen des Wie
wahre Magie.
Und mein Leben ein Zauber,
Ein kosmischer Tanz.
Und ich tanze

Danksagungen

Dank gilt der bedingungslosen Liebe meiner Eltern und der feurigen Unterstützung all meiner Schwestern *#yinisrising*.

Dank gilt meinen wahren Lehrmeistern: Dem Licht und der Dunkelheit, der Freude und dem Leid, dem Tod und der Lebendigkeit, der Stille und der Zeit, der Liebe und der Schönheit, Mama Gaia und Mutter Mond, meinem Verstand und meiner Phantasie, meinen Sinnen und all den Zwischenräumen, in denen die Dinge sich mir offenbaren konnten.

Dank gilt auch den folgenden Menschenkindern, die mich alle inspiriert haben: Epikur, Platon, Lucius Annaeus Seneca, Yeshuah ben Yosef, Dschalāl ad-Dīn Muhammad Rūmī, René Descartes, Blaise Pascal, Friedrich Nietzsche, Hermann Hesse, Walter Benjamin, Theodor W. Adorno (und Max Horkheimer), Roland Barthes, Hans Belting, Paul Simon und Art Garfunkel, Michael Bernard Beckwith und Jagadish Vasudev.

Dank auch an die Bibliothek der Folkwang Universität der Künste in Essen Werden, in der ich einen Großteil dieses Buches verfasste. Die freundlichen Gesichter aller Mitarbeitenden haben mir diesen Schreibprozess enorm versüßt.

Zuletzt gilt der größten Dank dem Ruf des Heiligen Geistes, dieses Buch zu schreiben – schließlich habe ich dieses Buch nicht geschrieben, es hat sich durch mich ausgedrückt.

XOXO
P.S.: Wenn dieses Buch eine Hymne hätte, dann wäre es *Désenchantée* von Kate Ryan und damit geht ein Gruß raus an meine stets sinnsuchende Generation, [Peace-Hand-Emoji].